U0100506

大展好書　好書大展
品嘗好書　冠群可期

大展好書　好書大展

品嘗好書，冠群可期

陳式太極拳 11

陳式太極拳
太極論道

王青甫
趙會珍 | 編著

大展出版社有限公司

2009 年王青甫、趙會珍夫婦在石家莊子龍大橋

2008 年王青甫與學生在石家莊世紀公園

2009 年王青甫、趙會珍與學員在世紀公園

2007 年王青甫、趙會珍與學生們一起在石家莊世紀公園晨練

2012 年王青甫、趙會珍與學生在石家莊東環公園

弟子聶志勇拳姿　　　　　　　弟子聶志勇劍姿

弟子白海霞拳姿　　　　　　　弟子白海霞刀姿

弟子劉永強春秋大刀　　　　　弟子劉永強劍姿

弟子袁青拳姿　　　　　　　　弟子袁青槍姿

2009 年青甫太極拳培訓學校參加中國承德第三屆全國旅遊城市太極拳
（體彩杯）邀請賽，榮獲集體項目第一名和個人多項金獎，賽後合影留念

2005 年在山西綿山參賽獲獎歸來留影（後排從左：李淑梅、榮慶敏、王青
甫、嚴榮芹、梁荷蔭；前排從左：徐素平、康鐵英、趙會珍、耿曼尼、古計恩）

1990 年與馬虹、陳正雷、朱天才等在陳家溝合影留念（前排從左：王青甫、陳正雷、朱天才、馬虹、石岳、張同海；後排從左：王健農、聶新棟、萬明群等）

1990 年參加河北省滄州「農機杯」武術比賽後在滄州鐵獅子前留影（前排從左：溫連鎖、沈安、丁新民、趙會珍；後排從左：石建義、張益民、王青甫、閻波、聶新棟）

2006 年參加河北省武術文化研究會武術交流獲獎後，與副省長王幼輝、省武協主席劉鴻雁等合影留念。（後排從右往左第三人王青甫）

2005 年王青甫與馬海龍老師（吳氏太極拳掌門人）在山西介休綿山合影

2005 年王青甫與楊振鐸老師（楊氏太極拳掌門人）在山西介休綿山合影

2014 年王青甫老師傳授陳式二路（炮錘），與全體學員合影

2015 年 8 月青甫太極拳代表隊參加焦作國際太極拳比賽時留影

2016 年 4 月火炬廣場站合影

2014 年 5 月在東環公園合影

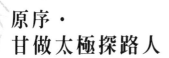

原序·
甘做太極探路人

　　我們只是太極拳普通的習練者和傳承（播）者。雖然自幼熱愛武術，研習太極拳幾十年，教授學生數千人，但面對這一博大精深、學無止境的文化瑰寶，仍不敢言懂拳，只能說有所體悟，積累了一些粗淺經驗與認識而已。

　　太極拳是武術中的一個拳種，它屬於內家拳，習練太極拳必須以拳理為依據，以拳法為準繩，不唯書、不唯人、不唯上；習練太極拳必須崇尚武德，要以強身健體、弘揚傳統文化為宗旨；以武會友，和諧相處；太極拳有門派之分，但切不可有門派之見；天下太極拳是一家，要以海納百川的氣度，相互欣賞，相互借鑑，博採眾家之長，共同切磋提高。太極拳是一個傳統拳種，同任何事物一樣，其生命在於不斷地發展和創新，要師承傳統，又不斷創新，切不可拘泥於古人。

　　但同時，太極拳也是文化，蘊含著中國古典哲學、倫理學、美學、中醫學、兵法學、力學等國學的

精華。學練太極拳不僅可以強身健體，還可從一招一式中體會陰陽太極之理，品味養生處世之道，在心靜體鬆中享受太極拳的美好意境，感受傳統文化的薰陶。作為一個太極拳習練者，我們有責任和義務傳承、傳播太極健康文化。

在今天而言，太極拳更直接的是一種最佳的科學健身運動。運動是為了健康，所謂健康，是指身心兩方面。健為壯，是體，是外表的健壯；康為安，在內，為內壯，指心神安康。所以說心康體健。太極拳不是簡單的肢體運動，如楊澄甫大師所說「乃心氣功夫」。它先在心，後在身，以心領氣，以氣運身。身心並練，內外雙修。它在靜中求動，動中求靜，是人體內在的氣血貫通運動。這種運動只有在身鬆意靜的情況下，才能收效。特別是在喧鬧浮躁充滿競爭壓力的今天，太極拳當仁不讓地被國內外公認為是最好的健身運動之一。

用有限的語言去描繪似乎無盡的道理，是一切著述所面臨的困境。對博大精深的太極拳而言，我們的點滴體會更是掛一漏萬，似乎只有用老子的「道可道，非常道」才能表明說不盡的困頓和無奈。但畢竟要說，就像盲人探路的竹竿，竹竿不是路，但沒有竹

竿，就無法探知。我們把自己的點滴經驗權作探知太極拳的竹竿，幫助人們探求太極拳的真諦。

基於此，我們在習練和傳授弟子的同時，擠出時間研讀了大量有關太極拳方面的古籍和名家文論，對太極文化進行了深入思考，結合研習實踐，陸續撰寫和發表了一些文章，有的還獲得一定的反響。此次編輯出版的《太極論道》，就是將過去的文稿進行篩選整理，並附部分名家經典拳論和民間流傳拳論，把我們對太極拳的理解和認識進行系統總結，目的是為學練者尤其是初學者，更好地學習和掌握太極拳的基本知識及領悟拳理拳法提供幫助，也為普及推廣太極拳作點貢獻，還為今後完善創新留些借鑑的資料。

由於水準所限，本書的不足乃至錯誤之處，望各位同仁不吝賜教。我們權當這是一塊粗糙的磚，期盼能引出各方美玉來。

本書編輯出版過程中，得到了振華、岩波、尚武等同志的大力協助，在此一併致謝。

王青甫　趙會珍
於石家莊

目　錄

原序‧甘做太極探路人 ⋯⋯⋯⋯⋯⋯⋯⋯⋯⋯⋯ *11*

I‧太極 理法篇 ⋯⋯⋯⋯ *25*

太極人生歌訣 ⋯⋯⋯⋯⋯⋯⋯⋯⋯⋯⋯⋯ *26*
太極拳的理法之源 ⋯⋯⋯⋯⋯⋯⋯⋯⋯⋯ *27*
　　一、《易學》的基本概念 ⋯⋯⋯⋯⋯⋯ *27*
　　二、《易學》的形成與發展 ⋯⋯⋯⋯⋯ *29*
淺議太極圖 ⋯⋯⋯⋯⋯⋯⋯⋯⋯⋯⋯⋯ *35*
　　一、太極圖 ⋯⋯⋯⋯⋯⋯⋯⋯⋯⋯⋯ *35*
　　二、太極圖與社會 ⋯⋯⋯⋯⋯⋯⋯⋯ *38*
　　三、太極圖與太極拳 ⋯⋯⋯⋯⋯⋯⋯ *39*
太極拳的歷史源流與發展歷程 ⋯⋯⋯⋯ *43*
　　一、太極與太極拳 ⋯⋯⋯⋯⋯⋯⋯⋯ *43*
　　二、太極拳的源流 ⋯⋯⋯⋯⋯⋯⋯⋯ *46*
　　三、太極拳五大流派 ⋯⋯⋯⋯⋯⋯⋯ *48*
太極拳的生命在於發展與創新 ⋯⋯⋯⋯ *53*
　　一、改革創新是一切事物發展的動力 ⋯ *53*
　　二、太極拳的歷史沿革與發展創新 ⋯⋯ *54*
　　三、太極拳的今天和明天 ⋯⋯⋯⋯⋯ *56*
傳播健康文化　弘揚太極拳運動 ⋯⋯⋯ *61*
　　一、人類健康的標準 ⋯⋯⋯⋯⋯⋯⋯ *61*

二、習練太極拳的好處 ……………………… 63

三、明拳理，懂拳法 ………………………… 67

II·太極 技法篇 ………………………… 69

略談陳式太極拳的身形身法 ……………… 70

一、關於三節 ………………………………… 72

二、關於四梢 ………………………………… 72

三、關於三合 ………………………………… 73

四、關於三個丹田 …………………………… 73

五、陳式太極拳對三盤的要求 ……………… 73

論陳式太極拳的「纏絲勁」 ……………… 77

一、「纏絲勁」的概念 ……………………… 78

二、「纏絲勁」的功能性 …………………… 81

三、螺旋勁的科學性 ………………………… 84

漫談太極拳的「氣」與「勁」 …………… 88

一、「氣」 …………………………………… 88

二、「勁」 …………………………………… 94

太極拳推手知識 …………………………… 98

一、太極拳推手的發展與演化 ……………… 98

二、太極拳推手的理法知識 ………………… 101

三、練太極拳推手的方法和步驟 …………… 107

淺談太極拳的「呼吸」 …………………… 109

一、胸式呼吸 ………………………………… 113

二、腹式呼吸 ………………………………… 114

中國氣功與太極拳 ················ 116
　一、「氣功」的概念 ··············· 116
　二、「氣功」的分類 ··············· 117
　三、「氣功」的由來與發展 ········· 119
　四、「氣功」與太極拳 ············· 121

如何理解「太極勁」 ·············· 123

太極拳與養生 ···················· 128
　一、何為「養生」 ················· 129
　二、中國傳統「養生」觀念 ········· 132
　三、太極拳的「養生」之道 ········· 136

III · 太極 體悟篇 ················ 141

「理法」與太極拳 ················ 142
　一、什麼是「理法」？ ············· 142
　二、什麼是太極拳的「理」「法」？ ····· 145
　三、遵循「理」「法」練太極拳 ········ 145

說「佛」論「道」悟「太極」 ········ 149
　一、說「佛」 ····················· 149
　二、論「道」 ····················· 158

太極拳的「運」與「動」 ··········· 166

太極人生有感，師生傳承感言 ······ 168
　一、隱退養生 ····················· 168
　二、發展與傳承 ··················· 170

文化理念與養生運動之道 ·············· 174

一、西方文化 ·············· 174

二、印度文化 ·············· 174

三、東方〈中國〉文化 ·············· 175

太極拳循天地陰陽之理

——學（練）拳悟道（一）·············· 178

力在驚彈走螺旋

——學（練）拳悟道（二）·············· 180

練拳有序 用勁有道

——學（練）拳悟道（三）·············· 183

一、練拳之序 ·············· 183

二、用勁之道 ·············· 188

學練拳要有方

——學（練）拳悟道（四）·············· 191

Ⅳ·太極 知識篇 ·············· 195

太極拳基礎知識與基本概念 ·············· 196

一、太極拳 ·············· 196

二、太極十三勢 ·············· 198

三、八法 ·············· 198

四、太極拳五勁 ·············· 202

五、勁與力 ·············· 205

六、虛與實 ·············· 207

七、剛與柔 ·············· 208

八、鬆與靜 …………………………… 210

九、腰與胯 …………………………… 211

十、「順纏」與「逆纏」 …………… 214

十一、「四正」與「四隅」 ………… 215

十二、心與意 ………………………… 217

十三、三合 …………………………… 218

十四、四梢 …………………………… 219

十五、精、氣（人體之氣）、神 …… 220

十六、三焦 …………………………… 225

十七、氣與血 ………………………… 225

十八、臟與腑 ………………………… 228

十九、丹田 …………………………… 229

二十、經絡 …………………………… 230

二十一、穴位與經絡 ………………… 235

二十二、易學 ………………………… 240

二十三、無極 ………………………… 242

二十四、太極 ………………………… 243

二十五、陰陽 ………………………… 245

二十六、五行 ………………………… 247

二十七、八卦 ………………………… 250

二十八、「河圖」與「洛書」 ……… 253

二十九、道 …………………………… 254

三十、　德 …………………………… 256

三十一、悟 …………………………… 257

三十二、圓 …………………………… 259

三十三、形、像、質 ………………… 259

Ⅴ·名家名論篇 ····································· 261

太極拳名家經典拳論節選 ···················· 262

一、陳王庭拳論 ······························· 262

二、陳長興十大拳論 ······················· 263

三、陳鑫拳論 ·································· 269

四、王宗岳太極拳論 ······················· 270

五、楊澄甫太極拳說十要（楊澄甫口述陳微明錄）
　·· 272

六、武禹襄拳論 ······························· 275

七、李亦畬五字訣 ··························· 278

八、吳公藻拳論 ······························· 279

九、孫祿堂太極拳學論 ····················· 282

十、孫劍雲太極拳運動歌訣 ················ 285

十一、陳復元太極拳論 ····················· 287

十二、陳伯先太極拳練習概要 ·············· 290

十三、陳立清學練太極拳十三要 ··········· 297

十四、石磊太極拳三論 ····················· 305

十五、顧留馨《太極拳論》解 ·············· 315

十六、馮志強「纏絲行功歌」 ·············· 326

附錄·民間流傳太極拳拳論技法節選 ···· 327

附1　民間流傳太極拳論解二十四篇 ················ 328

一、太極力、氣解 ····························· 328

二、太極正功解 ································· 328

三、太極拳體用解 ····························· 329

四、太極懂勁解 ······························· 329

五、太極平準腰頂解 ··························· 329

六、太極四隅解 ······························· 330

七、太極膜、脈、筋、穴解 ··················· 330

八、太極尺寸分毫解 ··························· 331

九、太極輕重浮沉解 ··························· 331

十、太極文武解 ······························· 332

十一、太極下乘武事解 ······················· 332

十二、太極懂勁先後論解 ····················· 333

十三、太極節拿抓閉尺寸分毫解 ··············· 333

十四、太極拳表解 ····························· 334

十五、太極血氣根本解 ······················· 337

十六、審敵法 ································· 338

十七、太極拳練法（一）····················· 339

十八、太極拳練法（二）····················· 339

十九、太極拳指明法 ························· 339

二十、八法 ································· 340

二十一、研手法（一）······················· 340

二十二、研手法（二）······················· 341

二十三、太極拳陰陽論剛柔 ··················· 341

二十四、練太極拳要有恆心 ··················· 342

附2　太極拳拳論歌訣三十二首 ··············· 343

一、八法秘訣 ······························· 343

二、亂環訣 ································· 344

三、打手四字訣 ……………………………… 344

四、打手四病訣 ……………………………… 345

五、十三勢行功訣 …………………………… 345

六、十三勢用功訣 …………………………… 345

七、十八在字訣 ……………………………… 346

八、八字法訣 ………………………………… 346

九、五字經訣 ………………………………… 347

十、陰陽訣 …………………………………… 347

十一、虛實訣 ………………………………… 347

十二、推手八法要訣 ………………………… 348

十三、二十字訣 ……………………………… 348

十四、「太極拳譜譯義」歌訣七首 ………… 348

十五、十三勢歌 ……………………………… 349

十六、太極拳走架打手白話歌 ……………… 350

十七、口頭流傳打手歌 ……………………… 351

十八、授秘歌 ………………………………… 351

十九、八字歌 ………………………………… 351

二十、太極人盤八字歌 ……………………… 352

二十一、打穴歌 ……………………………… 352

二十二、十六關要論 ………………………… 352

二十三、「三十七」心會論 ………………… 352

二十四、「三十七」周身大用論 …………… 353

二十五、八法八要 …………………………… 353

二十六、手足篇 ……………………………… 353

二十七、約言 ………………………………… 354

二十八、五字經 ……………………………… 354

二十九、太極進退不已功 ⋯⋯⋯⋯⋯⋯ *354*

三十、太極圈 ⋯⋯⋯⋯⋯⋯⋯⋯⋯⋯⋯ *354*

三十一、太極上下名天地 ⋯⋯⋯⋯⋯ *355*

三十二、身形腰頂 ⋯⋯⋯⋯⋯⋯⋯⋯⋯ *355*

附3 「形意拳」訣輯要 ⋯⋯⋯⋯⋯⋯ *356*

附4 「八卦掌」訣輯要 ⋯⋯⋯⋯⋯⋯ *358*

八卦掌虛實論 ⋯⋯⋯⋯⋯⋯⋯⋯⋯ *358*

八卦掌的三個鍛鍊步驟 ⋯⋯⋯⋯⋯ *358*

八卦掌歌訣摘錄 ⋯⋯⋯⋯⋯⋯⋯⋯ *359*

八卦掌的鍛鍊方法 ⋯⋯⋯⋯⋯⋯⋯ *361*

參考文獻 ⋯⋯⋯⋯⋯⋯⋯⋯⋯⋯⋯⋯ *363*

王青甫、趙會珍弟子名單 ⋯⋯⋯⋯ *364*

I 太極 理法篇

　　仰觀天文，俯察地理，中通萬物之情，究天人之際，探索宇宙人生及事物必變、所變、不變的大道理……

太極人生歌訣

太極一氣即一圓，一氣濁清分地天。
天地陰陽萬物生，生生不息永循環。
古人依此創太極，植根民族文化源。
自古太極安天下，五行八卦顯奇觀。
非弧即圓太極拳，陰陽動靜剛柔兼。
虛實開合巧轉換，柔運剛發走螺旋。
核心本是心與氣，鬆柔真氣沉丹田。
太極妙語有深淺，「道法自然」是真言。
太極功夫在修練，內外雙修心胸寬。
習練太極何所求，心康體健享百年。
百年人生轉世過，健康文化世代傳。
太極人生得圓滿，和諧社會同構建。

太極拳的理法之源

一、《易學》的基本概念

俗語說：「水流有源，物源有根。」太極拳的根和源是什麼呢？就是《易學》的太極陰陽之理。古人說：「太極拳得易理而為用。」「太極拳非純功於《易經》之理不能得也。」不懂易理，不明陰陽相濟、剛柔相摩、八卦相盪、虛實相應的變化，打太極拳不是軟了就是硬了，很難得到太極拳的精髓。因此，學練太極拳不能不學習和瞭解有關《易學》的一些基本知識。

有道是「行得正道，明得正理」，幹什麼事情都得走正道，講正理。打太極拳也不例外，也得「寧循理以求真，莫越理以爭勝」（徐振三《太極拳發微》）。不能越過「理」去爭高低、論是非，講的就是個「理」。「理」是什麼？按佛教講就是「經」，按道教講就是「道」。天道亦人道，天理即天地之間的大道理；人道即人生的大道理。古人用「日」「月」代表天地，天陽地陰。所以《說文解字》中說：「日月為『易』，象陰陽也。」

天地之初為太極，道立於一，造分天地，有了陰陽，運化了萬物。所以天地的大道理，人生的大道理，也就是「易理」。《繫辭傳上》中說：「易有太極，是生兩儀，兩儀生四象，四象生八卦……」古人把闡明天理、人道的書稱為「經」。所以「易」理又稱為《易經》。古人認

為，「經」就是最神聖、最權威的著作之一，也是一切真理的源泉，是一切行動的指南。這也是中國太極文化的根。

那麼《易經》究竟是怎樣的一部書呢？邵偉華在《周易與預測學》的前言中給《易經》作了高度的評價，認為《周易》是我國最古老、最有權威、最著名的一部經典，是中華民族聰明智慧的結晶。《周易》講的是理、象、數、占。它的核心是運用唯物主義辯證法，揭示了宇宙間事物的發展、變化的規律，並運用八卦預測自然界、社會和人身的各種訊息。

《周易》的內容十分豐富，涉及的範圍很廣，它上論天文，下講地理，中談人事；從自然科學到社會科學；從社會生產到社會生活；從帝王將相如何治國，到老百姓如何處世做人等等，都有詳細的論述，可謂包羅萬象，無所不容。

《周易》在世界上享有「宇宙代數學」「科學皇冠上的明珠」的美稱。《周易》是生命的學問，宇宙的真理，文化的智慧，價值的源泉。《周易》不僅是中國的，也是東方的，更是世界的；不僅是古代的，也是現代的，更是未來的。《周易》是預測科學，是決策科學，所以中國古人非常迷信《易學》。說「人得易則傑」「神得易則靈」「人不知易不足以談醫」「人不知易不足以論太極」「太極大可以治國安天下」，因此，自古以來不知有多少名人志士終生研究《易學》，探討太極陰陽八卦的奧妙。但多數人還是終生無果，因為它太深奧了，真正學懂並用於實踐且有成就的也只是少數。

　　老子得易理而創造了道教，影響了中國幾千年文化。孫子、孔明得易理而用於軍事，為中國的兵法、佈陣、打仗留下了光輝篇章。但多數江湖術士都是用來算卦、看風水，用迷信騙人餬口，也給《易學》蒙上了玄妙迷信的面紗。但是，有一位外國朋友卻說：「練太極拳不能不瞭解《易經》，如果只會打拳而不懂得太極是什麼，那就太不夠味了。」

二、《易學》的形成與發展

　　《易學》就是《易經》，或說《周易》，是中國最古老的經典之一。自古以來，《易經》就被推崇備至，尊為「群經之首」。那為什麼叫《易經》呢？因為古人用日月代表天地，日月為易，是指字的形體而言。上日下月，有日往月來、互相更化的意思。象徵晝夜往來，陰陽交替，宇宙間萬物生生相息的變化。生生化為之「易」。

　　那什麼是「經」呢？「經」就是「道」，就是理。闡明天理人道的書，稱為「經」。「經」就是最神聖的典籍，最有權威的著作。

　　《周易・繫辭》中曰：「夫易廣矣大矣，以言乎遠則不御，以言乎邇則靜而正，以言乎天地之間則備矣。」意思是說「易」與天地同其大，與日月同其明，無所不備，而亦無所不察；在時間上無古無今，可以追溯到開天闢地之先，可以推測到地老天荒之後；在空間上無大無小，大則大而無極於天外，小則小而極於無內。致廣大盡精微，知其與天地為準而無所不備。所以古人曰：「天大地大不

如《易經》大。」充分說明《易經》的博大精深。

國際《易經》學會主席成中英先生說：「《易經》是生命的學問，宇宙的真理，文化的智慧，價值的源泉。」但是，也有人認為《易學》太抽象，太籠統，太原則，認為《易學》只能算是古典哲學。但從《易學》的內容看，「易」有爻卦象的天文，有含弘生化的地理，有製器尚象的工藝，有參伍勾股的演算。它超越了哲學的範疇，而進入了科學的領域。

也有人認為《易學》太隱晦，像迷信，太玄妙，認為「易」是「玄學」。「玄學」是從老子的「玄之又玄，眾妙之門」而來。所謂玄是指「天玄地黃」的玄色而言。凡屬遠的到了看不見的程度為玄色。所以太空因無際而稱是玄色的。意思是說「易」是專門研究看不見的那一部分學術的。換言之，就是研究探討宇宙間的無形之能。

所以說《易學》不單純是哲學、占卜、天文、地理、數學、力學、工藝、中醫學、預測學等方面的學問，而是包羅萬象，綜合各個方面學術的學問。所以說《易學》是一部最偉大、最古老、最經典的著作之一，它凝聚著我們祖先的集體勞動和智慧，是最古老的中華民族文化，是一部揭示宇宙生化運動的奇書。

宇宙包羅萬象，變化萬千，人生機緣際遇難以預料。在這錯綜複雜變化莫測的大千世界裡，我們的祖先透過觀察大自然，瞭解大自然，發現大自然，不斷總結大自然，才總結出這個一切事物都有它發展運動的規律和行動準則。《易學》就是古人：「仰觀天文，俯察地理，中通萬物之情，究天人之際，探索宇宙人生及事物變化的大道

理。透過古今之變，闡明人生知變、應變、適變的大法則，以為人類行為的規範和準則。」這就是我國「天人合一」的哲學思想，也稱「天人之學」。這也是我國文化的重要起源與基礎，也是我國傳統文化的最大特色。

當然太極拳也不例外，所以才有「太極拳得易理而為用」，「太極拳非純功於《易經》之理而不可得也」之說。學習研究中國的傳統文化，首先要學習研究《易經》。

至於《易經》的萌生與發展，也決非一人一代之功，也是相當複雜而漫長的。它經歷了太極、陰陽概念的產生；八卦、五行的創立；卦、爻、辭的問世和《十翼》的形成等幾個階段。在時間上它經歷了夏、商、周、春秋戰國等。在成書上，它經歷了《連山易》、《歸藏易》到《周易》的發展過程。《連山易》和《歸藏易》已經失傳。現在的《易經》就是《周易》，它是由「經」和「傳」兩部分組成。

原文部分稱作「經」，解說部分稱作「傳」。「經」是一部訊息預測學，分上下兩「經」。「傳」就是《十翼》，它是一部哲學著作，它由《彖》上下、《象》上下、《繫辭》上下、《文言》、《說卦》、《序卦》、《雜卦》共十篇構成。所以又稱為《十翼》。

《十翼》有說是孔子和他的弟子們所作。是圍繞著解「經」而著作的。《十翼》的完成，更充實完善了《易經》的內容。「經」和「傳」在內容上有區別，在形式上又有密切聯繫，二者合而為一，才是一部完整的《易經》。

但是「經」形成於殷周之際，而「傳」形成於春秋戰國時期，二者相距近 800 年。從《連山易》、《歸藏易》再到《周易》，前後經歷了近千年的歷史。可見，《易學》的產生與發展，確實是一個複雜而漫長的過程。

所以，在「易論」中曰：「夏曰《連山》，商曰《歸藏》，周曰《周易》。」在「周禮」中也有春宮大卜《掌三易方法》：一曰《連山》，二曰《歸藏》，三曰《周易》。

因此，我們說《連山易》就是夏代的易學，《歸藏易》就是殷商時代的易學，《周易》就是周代的易學。「三易」全稱為《易經》。下面簡單介紹一下「三易」。

1.《連山易》

古人說：「伏羲畫八卦（先天八卦），為我國文字的雛形。文王演周易，是我國文化的開端。」《山海經》中說：「伏羲得河圖，夏人因之，曰《連山》。」相傳在我國原始社會氏族部落領袖伏羲氏時期，有龍馬出自黃河，背負「河圖」，有神龜出自洛水，背負「洛書」。伏羲氏根據「河圖」「洛書」上的陰陽點而畫八卦。所以後來的《繫辭》上就有「河出圖，洛出書，聖人則之」。

這就是人們常說的「河洛文化」，最早的《易學》，即《連山易》。

《連山易》是以「艮卦」為首卦，為八卦的起點。因為八卦的「艮」代表山，象徵「山之出雲，連綿不斷」。這反映當時人們的思維能力所限，對天地概念的認識還很膚淺。因為當時洪水經常氾濫，大地不斷沉浮，人們生活

在山林，居住在山洞裡，所以把山的連綿不斷作為地球的主體。

《周易・繫辭》中說：「古者，伏羲氏之王天下也，仰則觀象於天，俯則觀法於地，觀鳥獸之文，與地之宜，近取諸身，遠取諸物，於是作八卦，以通神明之德，以類萬物之情。」

2. 《歸藏易》

《易學》傳到黃帝時代，又得到進一步發展，因為黃帝號稱「歸藏氏」。故名為《歸藏易》。當時社會體制已立，禮樂已興，百官以治，萬民以濟。但當時還是母系社會，人們把大地喻母為坤，所以黃帝之「易」，卦首為坤。坤象徵大地而屬土，地上萬物春生夏長，秋收冬藏，莫不是由坤土之功。

老子受此啟發，尚「坤」從「柔」，曰有三：一曰「守靜」，二曰「尚柔」，三曰「無為」。老子的思想理論是以「天下之至柔，馳天下之至堅」，這就是太極拳的以柔克剛的理論依據。

老子的《道德經》，從始至終都在闡明易義。老子的所謂「道」與《易經》的太極陰陽之論在意義上相同。道教崇尚老子，而老子之學尚坤至柔，源於皇帝的「歸藏易」。故道教也稱「黃老」。

《素問・靈樞》中說：「諸經其論陰陽氣派，貴在心神內守，亦以中宮為主，中宮乃生命關鍵之所繫，而為坤土之所居，是亦『歸藏之義』。」

3.《周易》

《周易》就是周代的《易學》。《易經》傳至周代稱為《周易》。傳說周文王在沒稱王之前，爵位是西伯侯，在被殷紂王囚禁在羑里期間演義周易，推演成六十四卦，並改變了先天八卦的標位，後稱為「後天八卦」。

是由乾坤二卦開始，象徵「天地之間，天人之際」。乾代表天為陽，坤代表地為陰。萬物無天（陽）不生，萬物無地（陰）不長。孔子遊說列國得不到重用，晚年就研究易學，寫了很多易學解釋筆記——就是後來由弟子們整理的《十翼》。孔子及弟子作《十翼》，更加充實完善了《易學》的內容。

所以說《易經》傳至《周易》，內容已十分豐富，從自然科學到社會科學，從社會生產到社會生活，從帝王將相如何治國安邦到老百姓如何處世做人等等，都有詳細的論述。可以說是包羅萬象，無所不備。

淺議太極圖

一、太極圖

　　太極圖，人稱「天下第一圖」。它的基本圖形結構，形似兩條黑白魚首尾相追逐而形成的一個整體圓，因此它又稱「陰陽魚太極圖」。它的結構極簡單明瞭，而又極玄機深奧。太極圖是中國古人智慧與知識的結晶，是中華民族文明的標誌，是太極文化的象徵。它囊括了宇宙星辰、天地蒼生等萬事萬物，反映了太極陰陽變化、派生萬物、週而復始、循環不息的運動規律。太極圖包羅了宇宙萬物、生命以及人類高級思維的各種祕密。至今仍有許多解不開的宇宙之謎，還有待於用太極圖來破譯。

　　關於太極圖，陳鑫在「太極圖歌」中說：「我有一丸，黑白相和，雖是兩分，還是一筒；大之莫載，小之莫破，無始無終，無左無右；八卦九疇，縱橫交錯；今古參前，乾坤在坐。孔曰太極，惟陰與陽，是定吉凶，大業斯張，形即五行，神即無常，惟規能圓，矩以能方。」

　　關於太極圖的起源，傳說是伏羲所畫。這麼完美科學的圖絕非某一人所創，它一定會有一個長期發展演變逐步形成的過程。應當說是先有太極後有太極圖。《周易・繫辭》中說：「易有太極，太極生兩儀，兩儀生四象，四象生八卦。」可見太極圖應該是源於「易」。所以也有人稱之為「易圖」。古太極圖的樣子很多，在「河圖」和「洛

書」出現後，才逐步完善成一個有陰陽魚的太極圖，從而演繹出太極陰陽八卦圖。根據太極圖盤旋的陰陽魚圓形結構分析，可能來源於遠古人對當時各種事物的觀察，如水的漩渦，螺殼和蛇的盤旋狀態，植物出芽時旋轉的形態，紡線車的旋轉，風車、水車、碾和磨的圓轉和滾動，特別是母體胎兒的捲曲狀等，使古人認為這種盤旋的結構形狀，是最有活力和生命力的。

事實上，宇宙到處都充滿著螺旋結構，如太陽系的星辰、地球、月亮等，都是按照螺旋的軌跡而運動的。可以說大到宇宙，小到原子的結構都不例外。這說明太極圖的圓形結構是非常科學的，也說明我們的祖先是非常有智慧的。這是他們在長期的生活實踐中獲取的知識結晶。

太極圖的形成，是中國古代哲學史上的重大突破。它總結了前人的各種學說，形象地解釋了陰陽變化的道理。

《邵雍・皇極經世》中說：「太極圖其外圓者，太極也。中分黑白者，陰陽也。黑中含一白點者，陰中有陽，白中有黑點者，陽中有陰也。」中間分界 S 形曲線，使陰陽的變化互為其根，共生互補。負陰而抱陽，負陽而抱陰，表示陰陽消長的轉化過程，也就是事物發展變化是週而復始，無窮無盡。雖然變化無窮，但它是有一定規律的。

周敦頤在《太極圖》中說：「無極而太極，太極動而生陽，靜而生陰。動極而靜，靜而生陰，靜極復動，一動一靜，一陽一陰，互為其根。陰陽分，兩儀立焉。陽變陰合，而生水、火、金、木、土五所順布，四時行焉。」

太極圖的結構形狀，反映了陰與陽的關係是相互獨

立、相互滲透、相互依存、相互影響、相互消長而又統一的。而這一切又都是在陰陽變化的運動中體現出來的，並且反映出太極生兩儀，兩儀生四象，四象生八卦的發展過程。所以，太極圖在中國人類文明起源與發展中有著極其重要的地位。從古到今，美術工作者都認為太極圖是一切圖畫的秘訣，從一筆一畫到整幅畫面都離不開 S 線的流動和渾圓的整體造型。任何繪畫都有對陰與陽的處理，都要考慮陰陽比重的關係。因為只有在陰中有陽、陽中有陰的情況下，才能獲得圖畫的立體感和美感。

太極圖的陰陽造型，在繪畫中非常有動感和氣韻，它是繪畫中生命律動感的基礎。古人說：「太極圖是宇宙萬物萬象的意象圖。」畫家在作畫的過程中，只有領悟了這種適應萬物萬象共有的宇宙感，才能使作品更加協調，更有深度，更有生命力。太極圖簡潔、對稱，旋轉的螺旋圖形表達了複雜、深奧、抽象的最基本的人類智慧和知識，反映了宇宙萬事萬物生生不息的運動規律，非常完善而富有動感。特別是太極圖中間的 S 線，充分體現了陰與陽的關係。在古人眼裡太極圖還代表著天、地、人三才和日、月、星辰三光。這和老子的「道生一，一生二，二生三，三生萬物」的思想是一致的。

太極圖是一個圓，又似一個旋轉的球體，它可以處於任何一個角度的位置。有人認為陰陽魚上下垂直最有立體感；有人認為陰陽魚左右平行最有對稱感；有人認為有傾斜度最能體現太極圖的美感。

中國道教的太極圖都採用上下陰陽魚圖形；伏羲太極圖也是上下陰陽魚；但文王太極圖則是傾斜的。由於角度

不同，八卦的方位也不相同。所以伏羲八卦定位是乾坤定南北，離坎定東西；文王八卦方位是離坎定南北，震兌定東西。

目前，太極圖作為萬事萬物之基本圖，已被各國和各行各業廣泛應用，並繪製在各種地方，如道觀、武校、武館、畫展等等。

二、太極圖與社會

太極圖內在的核心是：從混沌（無極）中產生出兩種基本力量（或者說是物質、能量）。古人稱之為陰與陽。兩種力量處於一個整體中（或者說一個體系中），它們相互獨立，但又相互影響、相互滲透、相互結合，並處於相對的積極的運動狀態中。因此太極圖核心模式是一種充滿活力的相對穩定結構。「天體相交萬物通（萬物生），上下相互其光同」。一個體系中，可以是宇宙，可以是地球，可以是一個國家、一個單位、一個家庭等。人們都在尋求兩種力量（或者說兩種勢力，兩種社會觀念）都充滿活力而又相互獨立，相互包容，處於相對穩定狀態。這就是社會的太極圖模式，或者叫太極圖的社會模式。

美國國際易經研究會主席成中英說：「《易經》是一部包含過去，開創未來的學說。中國人能將易經中的宇宙論、方法論、智慧論運用到經營、決策之中，做到整體設計、應變、創新、綜合，將是很有意義的一件事，這也是《易經》研究的發展方向之一。」

人類對知識的積累，使人類認識到社會發展形式，並

不一定要單一的，完全可以有兩種形式或更多的形式，也不一定非要排斥。《易經·繫詞》中說：「天下同歸而殊途。」兩種基本方式同時存在而又相互影響，可能是一種最穩定的而又最有活力的發展結構。

三、太極圖與太極拳

太極圖，它外看是一個圓，內有一條 S 線，形似兩條陰陽魚首尾相交合抱的一個整體圓。無論怎麼運轉，無論從哪個角度看，它都是一個圓，一個立體的圓，一個陰陽對立、對稱、和諧而又統一，相互包容而又相互穩定的圓。正如《太極正功解》文中說：「太極者，圓也。無論內外、上下、左右，都離不開此圓也。」圓無始無終、無休無止、無窮無盡。圓是一種運轉變化無窮的神奇象徵，圓是一切事物的開始，圓是圓滿和諧的標準，圓是人類最理想的內心意境。因為圓而通，圓通即無阻。圓者，無偏缺；通者，無障礙。所以，圓通則是人品格高尚和理想的思想境界。

太極拳正是根據太極圖的陰陽之理而創編的一項拳術。太極拳講陰陽、虛實、開合、剛柔等，對立而統一。

太極拳運動處處走螺旋，非弧即圓，使人形似一個運動的球體。然而球是無機物，而人是有機物，人體不但有類似於球體的功能，而且還有頭腦、智慧和全身若干靈活的關節，各關節之間還有能夠相互調節和協調的肢體。因此人這個球體可就靈活多了，它可以隨著開合可大可小，各個關節都有各自的轉動功能，猶如許多小球相互連接，

相互協調。這樣球不但可大可小，而且可分可合。合則全身一個大球；分則成若干小球，使人形成一個上下左右旋轉而無處可擊的球體。正如拳經所講「氣行如九曲珠，無微不到」。再加上人的智慧，能夠巧妙運用「不丟不頂，沾黏連隨」的技法，就能使人練出「進之不著，揪之不脫」的上乘太極功夫。

太極拳運動的基本法則即「八法、五步、十三勢」。八法為首，掤字為先，並貫穿太極拳的每一招一式。人在打拳時就像充滿氣的氣球，八面支撐，形成一個有彈性的球體。不著力則罷，一著力則隨之旋轉，立即化解掉對方的來勁，讓來力找不到你的中心所在。猶如皮球在地，讓人很難站立於上一樣。其靈活的程度，就像天平，猶如轉輪。這就是拳譜所說：「靜則合之，動則分之。」「立如平準，活似車輪。」

1. 太極圖中Ｓ線與圓周相連

Ｓ線豎看似螺旋彈簧，橫看似水的波浪。我們知道，太極拳講勁而不用力，太極勁就是彈簧勁。楊班侯說太極拳「力在驚彈走螺旋」，但它又是傚傚水性，像波浪一樣連綿不斷。即如拳譜所說：「形似流水，連綿不斷。」「如長江大河，滔滔不絕。」因為人體有三節，各節中還有三節，每一關節都有一定旋轉功能，並且節節相連，一旦遇有外力，即起層層連鎖反應。即隨屈就伸，像水的波浪一樣，忽隱忽現，忽聚忽散，忽高忽低，忽伸忽縮，忽開忽合，忽剛忽柔，如旋風，如漩渦，使人無處可擊，無處可破，無處可藏，無處可躲，就像用膠黏住一樣。深則

不可攀，低則下沉不可測。欲進不能，欲掙不脫。正如拳譜所說：「仰之則彌高，俯之則彌深，進之則愈長，退之則愈促。」

在太極圖內的 S 線，是陰陽天地的分界線。古人聰明地認識到：天、地、人本源一氣。人與萬物息息相關，天、地、人是一個整體。大自然是生命的源泉，人體不是一個封閉的體系，而是處在天地人動態平衡的格局之中，人無時無刻不與賴以生存的周圍環境發生著物質能量、訊息的傳遞和交換之中。S 線既是天地分界線，也是天地的連接線，上連天下連地。所以古人講「天地人合一」。

人不能與天地逆行，必須順應天地之規律。因此說太極拳是科學的健身運動，因為它符合宇宙中一切物體的運動規律。

2. 太極圖中有兩個陰陽魚

正如《太極拳譜》所說：「太極者，陰陽之母也。」「太極者，圓也。」圓代表太極，兩條魚代表了陰陽。陽為天、為乾、為剛，它代表了宇宙間一切「動態」的能；陰為地、為坤、為柔，它代表了宇宙間一切靜態的形跡。太極陰陽的變化派生萬物。因此它有四大特徵：

（1）陰陽對立而又統一。

（2）陰陽合抱而相容。

（3）陰陽可以相互消長。

（4）陰陽可以相互轉化。

這是陰陽變化的四大規律和屬性。古人就是由此而發明了太極圖，並演繹出五行八卦。中國古人以此創造了璀

璨的中華民族文化，並運用到兵法打仗、安邦治國等各行
各業之中。在敵強我弱的情況下，不與敵人硬碰硬，而是
打運動戰。虛中有實，實中有虛，虛虛實實；敵進我退，
敵退我進，敵駐我擾，引化敵人，調動對方，在運動中分
而滅之。

　　打太極拳也正是如此，特別在太極推手中要善於運用
不丟不頂，隨屈就伸，沾黏連隨。敵進我走為化之；敵退
我進為隨之；逢拿必進，逢直必發，這叫待機得勢擊之。
推手講究能吞能吐，能引能進，引進並舉，上引下進，下
引上進，左引右進，處處體現出陰陽消長，陰陽轉化的運
動規律。

　　太極圖陰陽分明、對稱、對立而統一，陰陽消長轉化
而平衡和諧穩定。太極拳要求虛實分明，剛柔相濟，內外
雙修，身心並練，都是講對立統一的。陰陽、動靜、虛
實、剛柔、開合，缺一不可。純陰不生，純陽不長，陰陽
合而太極。太極拳純剛為硬，純柔為軟，不軟不硬、剛柔
相濟才為太極拳。

　　正如顧留馨老師所說：「太極弧形走螺旋，直線要抽
曲線纏。一柔到底非太極，有剛有柔太極拳。纏絲有顯有
不顯，各式共有方能圓。」

　　在太極拳運動中，動為陽，為開、為發、為剛；靜為
陰，為蓄、為合、為虛、為柔。根據太極圖之理（**動，陰
陽分；靜，陰陽合。動則分陰陽，靜則合太極。**）得出太
極拳運動要在動中求靜，在靜中求動。可見太極拳運動源
於太極圖的螺旋運動規律。

太極拳的歷史源流與發展歷程

一、太極與太極拳

古人說：「太極拳得易理而為用。」「太極拳非純功於《易經》太極之理不能得也。」《說文解字》中說：「易有太極，象陰陽也。」所以，不知易，不知太極陰陽之理，不能善於太極拳。不懂得陰陽相濟、剛柔相摩、八卦相盪、虛實相應的變化，很難得到太極拳的精髓。因此練太極拳必須明拳理，懂拳法，弄清楚太極哲理與太極拳的關係和基本概念。

1.太 極

太極原是中國古代的一個哲學名詞。它源於中國的《周易・繫辭》，是派生萬物的本源。王宗岳《太極拳論》中說：「太極者，無極而生，動靜之機，陰陽之母也。」《易學導言》中說：「太極本無名之名，表示最高無對的意思。以時間而言，乃最初的創始；以空間而言，又無往而不在。所以說：『獨立而不改，周行而不殆』。」南宋大思想家、哲學家朱熹認為：「總天地萬物之理便是太極。」古人對太極的概念及其內涵做出了高度概括。

如果我們單從「太極」的字義講，太者，即太大或太小也，極大極小也。極者，即極點，極致，盡頭，無窮無

盡也。「太極」就是大到宇宙，小到看不見的分子原子，無限無盡的意思，包括時間的無限和空間的無限。

如果我們從數字講，無極就是什麼都沒有，應為零。那麼「太極」於數應為一，絕對的一，整體的一，渾沌未分的一。無極為零，「太極」為一，兩儀（陰陽）為二……。「太極」就是一，是一切事物的開始，也是數學的開始。

如果我們從物質形態講，「『太極』就是天地未分之前太始渾沌清虛之氣也。從無極而『太極』，就是物質形態從無到有的過程，從無形無象，到有形有象的過程」。也有人說是從無到有的交叉點。有道是：「惟初太極，道立於一，造分天地，生成萬物。」才有了今天我們這個世界。

如果從哲學講，「太極」就是派生萬物的根源。古人用太極圖陰陽魚，完美地表示出「太極」陰陽對立統一的哲理。

陽統天，為能，為剛，稱「乾」，用〔—〕表示。陰為地，尚柔，從靜，稱「坤」，用〔--〕表示。陽無形而為能；陰有形而為質。陽為輕清之氣而上，為天；陰為重濁之氣而下，為地。陽資始；陰資生。陽無陰則無所歸；陰無陽則無所主。陰陽是不可分割而統一的；陰陽是可以相互轉換的；陰陽是可以相互消長的。由於陰陽變化而造就了萬物。

如果從太極拳講，一個人，就是一個「太極」。「不動為無極，已動為『太極』」，「靜則無極，動則『太極』」，「無極為靜態，『太極』為動態」。無極是一種

靜止的狀態，沒有虛實、剛柔、形象、高度空淨的境界。做到心不動，神不動，形不動，全身鬆靜的狀態。也有人說是「心神合一，全身透空，心神內守的一種境界」，如「無極樁」。有動有靜、有陰有陽、有虛有實、有剛有柔、有開有合變化的運動，就是太極拳運動。

綜上所述，「太極」就是一種陰陽未分的原始渾沌狀態；「太極」就是整體的一，它是世界（宇宙）的開始，萬物生化的根基，是一切事物生生不息變化的源頭。

2. 太極拳

有關太極拳的定義和基本概念說法很多。

（1）《太極拳釋名》中說：「太極拳一名長拳，又名十三勢。長拳者，如長江大河，滔滔不絕也。」「十三勢者，掤捋擠按，採挒肘靠。五行者，進，退，顧，盼，中定也……。合而言之曰『十三勢』。是技也。一招一式，均不外乎陰陽，故又名太極拳。」

（2）太極拳是在太極陰陽學說理論的指導下，結合我國氣功「導引吐納術」和人體經絡學而創編的一門拳術。

（3）太極拳是以太極、陰陽理論為指導，動作同太極圖圓轉，非弧即圓並顯示出陰陽消長的變化。在技擊上，以掤捋擠按，採挒肘靠（八法），進退顧盼中定（五行），共「十三勢」為基本運動內容的一門拳術。

太極拳顧名思義，是古人根據「易學」的太極陰陽八卦五行學說，運用陰陽、動靜、剛柔、虛實、開合、對立統一的運動哲理，結合我國氣功、中醫經絡學以八法五行

為技（基本內容），而創編的一門國術。說它是拳術，其實它已高於拳術；說它是氣功，它又超出了氣功的功法功能範疇。因為它集武術、氣功、藝術、醫學、哲學、力學、心理學、美學等眾多學科而大成。

太極拳運動是把人體作為一個太極的人身整體運動。它從上到下、從內到外、從氣到血、從骨到肉、從筋到脈、從臟到腑、從頭到腳全身每一個細胞無不在運動，但它又是平心靜氣、體鬆柔順、心神安逸的一種狀態和意境。所以說它是身心並練、內外雙修之術。由於它順應了人體生命運動的規律，從而使人體氣血暢通，內氣充盈，陰陽平衡，健康長壽。太極拳是我們的祖先辛勤勞動與智慧創造的結晶。它內涵深蘊，博大精深，奧妙無窮，高深莫測，可以說是學無止境的。無論是在強身健體，修心養性，延年益壽和藝術表演方面，還是在實戰技擊，防身護體等方面，都是完整的、科學的運動體系，是其他運動方式所不能代替的。而且在政治、哲學、經營管理、人際關係等諸多領域都有借鑑和應用的作用。可以說，太極拳不光是武術中的一個優秀拳種，而且是一種「文化」，是中華民族傳統文化的重要組成部分，太極拳是人體生命科學，是一門科學的、多功能的健身體育運動項目。

太極拳是中國的國粹，太極拳是人體自身的體驗，太極拳是人生道德的完善。

二、太極拳的源流

關於太極拳的起源與創始人的問題，一直都有爭議。

由於歷史沒有給我們留下更詳細的記載，時至今日，仍然眾說不一。李亦畬在《五字訣序》中寫道：「太極拳不知始自何人，其精微巧妙，王宗岳拳論詳盡矣。後傳至河南陳家溝陳姓，神而明者，代不數人。」意思是說陳式太極拳之前就有太極拳，但不知始自何人。陳鑫在《陳式太極拳圖說》中寫道：「太極理循環，相傳不計年。」究竟是誰創的太極拳都不明朗。加之中國古人言學，又多有傳說和演義，往往把個人的思維和想像藉助某一歷史名人加以玄說，甚至有的假借神仙夢中學藝，什麼白虎星下凡等等。雖然都不足為據，難以使人致信，但它增加了人們的懸念、推測和臆斷。究竟陳王庭創始陳式太極拳之前，有沒有太極拳？如果有太極拳又是什麼樣子呢？誰都說不清楚。只說有「十三勢」，但具體的詳細情況就不甚明朗，因此才出現了眾說紛紜的現象。有的說太極拳就是河南陳家溝陳王庭在明末清初所創；有的說是清朝山西王宗岳所創；有的說是宋朝張三豐所創；有的說是明朝武當道士張三豐所創；有的說是唐朝許宣平所創；還有的說是老子所創，因為老子的「道學」思想與太極拳理論極為相似。

當然，這些說法都缺乏可靠的歷史實據，至於真偽，還有待歷史學家們進一步的考證。但就當前我國武術界比較公認的太極拳五大流派（即陳、楊、吳、武、孫）卻是一脈相承的，都是源於河南溫縣陳家溝陳王庭在明末清初所創編的陳式太極拳。至於陳式之前的太極拳，還有待專家們進一步考證。

現在流傳的各派太極拳儘管在拳架和風格上各有不同，但其理都為一家。總體要求是一致的。不管哪一派太

極拳習練者，都崇尚王宗岳的《太極拳譜》，並把它視為太極拳的理論經典。

三、太極拳五大流派（見附1、附2、附3）

1.陳式太極拳

《太極拳全書》中寫道：「陳式太極拳創始於明末清初的著名拳師陳王庭。至今已有三百多年的歷史。」

陳王庭（1600—1680）字奏庭，河南溫縣陳家溝陳氏第九世。年輕時走鏢河南、山東一帶。明末曾為御兵守備；清初隱居鄉間（故里）；晚年立志創拳遺留後世。他的遺詞《舒懷》中說：「嘆當年，披堅執銳掃蕩群氛，幾次顛險。蒙恩賜，枉徒然。到而今，年老殘喘，只落得《黃庭》一卷隨身伴，悶來時造拳，忙來時耕田。趁餘閒，教下弟子兒孫，成龍成虎任方便……」於是他在祖傳拳術和多年研究民間武術的基礎上，結合太極，陰陽八卦五行學說，氣功「吐納、導引」之術，以及中醫經絡學說，創編了一種陰陽開合、虛實轉換、剛柔相濟、快慢相間的拳種。在陳氏中代代相傳（開始並不外傳），這便是我國最早的陳式太極拳。（摘自《陳式太極拳志》）

2.楊式太極拳

楊式太極拳是太極拳的一個重要流派。是由河北永年人楊露禪（1799－1872）及其兒子楊健侯（1839－1917）其孫楊澄甫（1883－1936）等在陳式老架太極拳的基礎上發展創編的。

楊式太極拳創始人楊露禪（字福魁），為學太極拳曾三下陳家溝從師陳長興學拳。藝成後返鄉，後教拳於北京，廣為流傳。

3. 吳式太極拳

吳式太極拳始於滿人全佑（1834－1920），後從漢姓吳，跟楊祿禪之子楊班侯學習楊式小架，後傳其子吳鑑泉（1870－1942），並加以改進修潤而形成的一個流派。

4. 武式太極拳

武式太極拳創始人是河北永年廣平府武清河，字禹襄（1812－1880）。武禹襄與楊露禪是同鄉，武氏兄弟三人，自幼酷愛武術。始跟楊露禪習拳，後又從師陳清萍學習陳式小架。1852 年其兄武澄清於舞陽縣鹽店得王宗岳《太極拳譜》。武得譜後，深研而有悟，後自成一家，稱為武式太極拳。

武禹襄傳其外甥李經綸，字亦畬（1832－1892），李經綸又傳同鄉郝和，字為真（1849－1920）。

5. 孫式太極拳

孫式太極拳創始人孫福全，字祿堂，晚號涵齋，河北完縣（今順平）人。自幼酷愛武術，先從師李魁恆、郭雲深學習形意拳，又從師程延廷，學八卦掌，後又師從郝為真學習太極拳。

孫祿堂畢生研究武術，精形意、八卦、太極，並聚三家拳術之精義融合一體，而創孫式太極拳。

附1 | 太極拳各門派創始人及主要傳人表

門派	姓名	主要貢獻	生卒年月	備註
陳式	陳王庭	陳式太極拳創始人	1600-1680	80 歲
	陳長興	陳式老架創始人	1771-1853	82 歲
	陳　鑫	陳式太極拳理論	1849-1929	80 歲
	陳發科	陳式新架創始人	1887-1957	70 歲
	陳青萍	陳式小架創始人	1795-1868	73 歲
楊式	楊露禪	楊式太極創始人	1799-1872	73 歲
	楊建侯	楊式第二代傳人	1839-1907	68 歲
	楊澄甫	楊式第三代傳人	1883-1936	53 歲
武式	武禹襄	武式太極拳創始人	1812-1880	68 歲
	武澄清	武式主要傳人	1800-1884	84 歲
	郝為真	武式主要傳人	1849-1920	71 歲
吳式	吳全佑	吳式太極拳創始人	1834-1902	68 歲
	吳鑑泉	吳式第二代傳人	1870-1942	72 歲
	吳圖南	吳式主要傳人	1884-1989	105 歲
孫式	孫祿堂	孫式太極拳創始人	1860-1933	73 歲
	孫劍雲	孫式第二代傳人	1914- 2003	89 歲
其他	和兆元	和式太極拳創始人	1810-1890	80 歲
	李景炎	忽雷架太極拳創始人	1825-1893	68 歲

附 2｜太極拳流派傳遞簡表

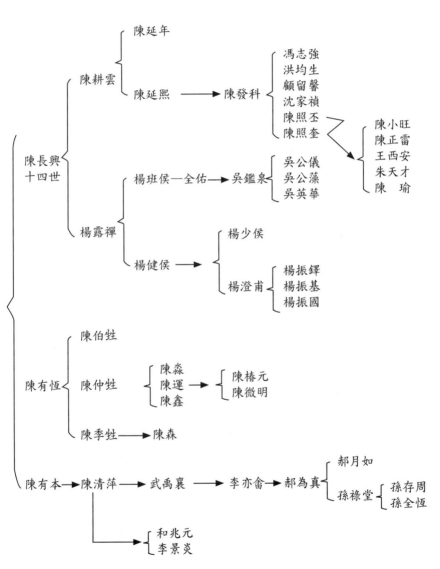

附3 | 太極拳流派發展演變簡圖

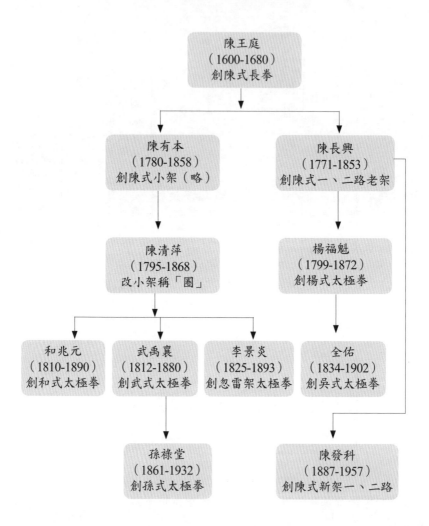

太極拳的生命在於發展與創新

太極拳是中華民族的寶貴文化遺產，它既是我國武術寶庫中一顆璀璨的明珠，又是傳統的健身方法之一。太極拳經過三百多年的傳承與發展，派生出陳、楊、吳、武、孫五大門派。然而，在太極拳如何發展與創新方面，卻是仁者見仁，智者見智。

一、改革創新是一切事物發展的動力

原國家武協主席李杰 2000 年 11 月在全國第四屆武術工作會議報告中指出：「對傳統的武術拳路和比賽要進行大膽的改革，使之更加適應時代的需要。」「要拋開門戶之見，摒棄保守思想，敢於打破老祖宗留下的東西不能改的說法，要大膽地吸收新東西，包括傳統武術中沒有的，甚至是外國有用的東西，古為今用，洋為中用。」「既適當保留一些傳統的精華，又滿足社會時代的需要。」太極拳是武術中的一個拳種，當然也應該如此。

歷史在前進，社會在發展，人類在進步，一切事物都應該與時俱進。不進則退，進則生，退則亡。所以必須隨著社會的發展而不斷發展，否則就會被社會所淘汰。傳統的東西再好，它只是適應那個時代。隨著社會的發展，傳統的東西也必須隨之發展。要發展就得改革，就得創新。

當然，這種改革創新都是在繼承傳統的基礎上，去其糟粕，取其精華，輸入新鮮血液，使之耳目一新，趨於更完美、更科學。

問題的關鍵是要善於繼承和科學創新。改革和創新是藝術之本，是一切事物發展的動力。沒有創新就沒有生命力。繼承不是目的，繼承是為了發展，光繼承就會停止不前。要發展就得改革創新，只有改革創新，人類才能進步，社會才會發展。太極拳也不例外，也是在不斷改革創新，不斷向前發展的。

二、太極拳的歷史沿革與發展創新

太極拳的創始，決非像今天這樣完美。因為任何一個新興事物，從開始到完善，都有一個萌生、創新、改革、發展的過程，決非一人、一代之功。太極大師吳圖南先生說：「太極拳非閉門造車，個人獨創，太極拳是中國人民的寶貴財富，是古代勞動人民集體智慧的結晶。」

太極拳原本就是武術，它的原始任務就是武事。所以太極拳古拳論多是從技擊、實戰的角度出發，來加以論述的。它重點闡述了太極拳的技擊方法，強調要做到「人不知我，我獨知人，英雄所向無敵……」但是，隨著社會的發展，特別是槍炮的產生，太極拳在其發展的路途上，也在不斷地修正、改革和創新。在體用上，逐步從以技擊為主要目的發展過渡到以健身為主要目的。在思想理論方面，融入了道教修練養生和剛柔相濟的訓練特點，進一步豐富了中華民族太極文化的內涵，強調陰陽對立統一的運

動哲理。

《太極拳文武解》中講：「文者體也，武者用也。文功在於武用於精氣神也，為之文體；武功得文體於身心也，為之武事。文無武之備，謂之有體無用；武無文之體，謂之有用無體……文者內理也，武者外數也，有外數無內理，必為血氣之勇……」因此，在太極拳的訓練方法上，逐步充實了練神、練氣、練意的內容，強調了「以意領氣，以氣運身，先在心後在身」的練習方法。也就是說增加了「氣功」健身養心的功能，因而太極拳也就有了養生、健身、體療的作用。

當然，在技擊方法上也逐步由粗而精。特別是在傳承的套路方面，更是不斷地創新和發展。如陳式太極拳原始是五路長拳，經幾代人不斷總結歸納，逐步改革創新為以柔為主的老架一路、以剛為主的老架二路；傳至 17 世陳發科時，又將老架一路、二路進行加工提煉，改進創新為更加嚴謹的新架一路、二路。新中國成立後，為了適應比賽的需要，國家體育總局武術管理中心又創編了陳式 56 式國家統一競賽套路。

楊露禪在學習了陳式老架的基礎上，又經其祖孫三代的努力，大膽改革創新，創編了舒展大方、動作緩慢均勻的「楊式太極拳」。

滿人全佑在學習了「楊式太極拳」的基礎上，加以改進，又形成了「吳式太極拳」。

武禹襄在學習了陳式小架和楊式老架的基礎上，也改革創新，發展為自成一家的「武式太極拳」。

孫祿堂在學習了武式太極拳後，綜合太極、形意、八

卦三位一體，又獨創了「孫式太極拳」。

太極拳派生出陳、楊、吳、武、孫五大門派。雖然理論一貫，但五大門派特色各異，各具千秋。新中國成立後，為了便於推廣，同時也是為了便於表演和比賽，國家體育總局武術管理中心在繼承傳統的基礎上，又先後創編了「24 式簡化太極拳」、「42 式太極拳」，並相繼創編了陳、楊、吳、武、孫等五大門派競賽套路，從而才有了我們今天豐富多彩的太極拳運動。

三、太極拳的今天和明天

太極拳蘊含著中國古典哲學、美學、中醫學、兵法學、力學等多種學科博大精深的文化內涵。學練太極拳不僅可以強身健體，而且還會受到傳統文化的感染和薰陶，從一招一式中體會陰陽太極之理，品味養生處世之道，在身鬆心靜、動中求靜、靜中求動中享受太極拳的美好意境。

今天，我們的責任就是讓太極拳盡量做到至善至美，讓古老的中華民族文化為今天所用，讓太極拳傳遍世界，讓全人類共同享受太極拳運動之妙，讓太極拳運動更好地為全人類健康服務。

以此為宗旨，我們就要不斷改進創新，使太極拳運動適應當今世界各國人民的需要。其實，太極拳從創始到現在，一天也沒有停止創新發展，這是人類社會發展的必然趨勢。所以，我們要總結過去，適應現代，讓太極拳朝著以下方面去完善，去創新。

1. 從豐富太極文化，領悟太極之理方面追求其科學性

太極拳應沿著武術—文化—科學這條線去發展，即太極拳從武術到文化向更科學的健身運動發展。也就是說太極拳從以武論事開始，在易理的指導下，不斷地進化。由於它的運動講究陰陽對立而統一，從而進入了哲學領域；由於它遵循陰陽八卦五行學說而進入古代兵法領域；由於它的陰陽虛實論而進入中醫領域；以不丟不頂，螺旋纏絲而進入力學領域；由於它以心領氣，以氣運身，全身鬆靜，氣沉丹田而進入「氣功」領域；又由於它非圓即弧、不陰不陽、陰陽相濟、不卑不亢而進入了外交和人際關係等多種學科，涉及了諸多方面的文化內容。

所以要真正瞭解太極拳，理解太極拳的真諦，就必須從文化、理論方面下工夫，決不能把太極拳降低到以武論道、談武論打上去，必須從細微處去體味。它不僅健身、健心，防身、護身，而且還淨化人的心靈，提升人的生活品味和生活品質。

太極拳是科學的人體生命運動，加強對太極拳的理論指導，加強對太極文化的學習，是太極拳能否向著正確、科學方向發展的關鍵。

2. 從技擊、健身、藝術「三位一體」方面追求其實用性

也就是說，太極拳要從單純的技擊到以健身為主要目的，向技擊、健身、藝術「三位一體」方面發展，使太極拳不僅能防身、護身、健身養心，而且還要有一定的藝術性、觀賞性。

　　我們知道，最初的太極拳是以技擊為主要目的，攻防對壘，講究實戰武用。隨著社會的發展，太極拳的武事退居第二線，健身、健心成為其主要目的。當然，這並不是說太極拳沒有武事，如果沒有武事，那就不是武術，也就不能稱其為拳了，只是說它在武事方面削弱了。今天溫飽問題已經解決，人們在建設小康社會的同時，開始注重身心健康和業餘文化娛樂活動。

　　所以，太極拳運動必須適應時代的發展和人們的需求。它不光是武術，也可以透過鍛鍊強身健體，可以以藝術的形式展現給人們，供人們欣賞；它不僅使練習者身心愉快，還可以使觀看者賞心悅目，給人以藝術享受。

3. 從太極拳的演練方式、方法方面追求其趣味性

　　太極拳從最初枯燥的個人單練，逐步發展為對抗性的雙人對練（即推手），今天又向著集體組合演練的方向發展。這就有效地增加了太極拳演練的趣味性和娛樂性。特別是隨著太極拳的推廣和普及，太極拳越來越成為人們休閒、健身娛樂的主要方式之一。尤其對於中老年人來說，無論是在朝陽初生的清晨，或是夕陽西下的黃昏，無論是在公園裡，還是在小河邊、便道旁、林蔭中，到處都可以看到他們在悠揚的音樂聲中，群起群舞，翩翩而動的身影，宛如一幅太平盛世的和諧美景。

4. 從太極拳表演比賽和弘揚光大方面追求其多樣性

　　太極拳是中華民族文化藝術寶庫中的瑰寶，需要繼承、弘揚、推廣，但是不能墨守成規，必須對太極拳進行

改革，在改革中求創新，在改革中求發展。

太極拳要想得到更廣泛的推廣和普及，要想得到弘揚光大，就得不斷開展表演比賽活動，讓廣大人民親眼目睹太極拳的風采，讓太極拳適應不同的人群，讓更多的人接受和喜歡這項運動。因此，應根據不同的人群，開展以下不同形式的太極拳表演比賽活動。

（1）開展以技擊（推手散打）為主要目的的太極拳運動。即指開展太極推手、散打的比賽活動。它是一項帶有一定對抗性的競技體育活動，比較適合青年人。青年人身體素質比較好，大都喜歡對抗性、刺激性的活動。開展這項活動有利於激發他們的積極性，同時也有利於他們強身健體，培養和提高勇敢頑強的氣質和精神。

現在我們國家正在完善這方面的比賽規劃，以保證太極拳推手的安全性。這樣，既能體現太極拳的不丟不頂、引進落空、四兩撥千斤、借力打力的競技技法，又能充分展示太極拳的技巧性、實戰性和科學性。

（2）開展以表演比賽推廣為目的的太極拳運動。太極拳的表演比賽，必須以國家特有的競賽套路為標準來安排，要以推廣太極拳運動為宗旨。

它要求運動員要有較高的技能。在編排上要有較高的藝術性和觀賞性，充分體現太極拳的柔順圓活、優美大方、動作流暢、剛柔相濟的特點。它比較適合專業運動員和有一定基本功的中青年人。

（3）開展以全民健身為主要目的的太極拳運動。以全民健身、提高民族身體素質為目的的太極拳運動，主要適合中老年人群，或體弱多病的人群。他們以繼承傳統太

極拳為主。這些人的太極拳演練，可以流派紛呈，百花齊放，百家爭鳴。

他們以晨練或各種類型的宣傳表演活動為中心，以豐富人們的業餘文化生活為內容，以強身健體，提高身心素質為前提。透過參加太極拳鍛鍊，有效地改善和提高人們的生活品質，為繼承傳統的健康文化，推動全民健身，構建和諧社會作出貢獻。

總之，太極拳要發揚光大，必須要改革創新，不斷地適應社會，適應廣大人民群眾的健康需求，不然，就會被其他的運動形式所取代，這是人類社會發展的普遍規律。

（此文刊載於《燕趙武術文化》2008 年 1 期）

傳播健康文化　弘揚太極拳運動

　　太極拳是中國優秀傳統文化的重要組成部分。它歷史悠久，博大精深，源遠流長。它是我國武術運動中的重要拳種。太極拳是武術，是文化，是中華民族寶貴的文化遺產；太極拳是科學，是人體生命科學，是最科學的健身運動。因此我們說太極拳是國粹。傳播健康文化，弘揚太極拳運動，是我們每一個太極拳習練者和愛好者義不容辭的責任。

　　大家知道，人類溫飽問題解決之後，健康長壽就成為人類社會追求的一個永恆的話題。健康，只有人類健康，人民才能創造更好的先進文明社會。所以說健康是人類社會最大的財富，健康是人生的無價之寶，健康就是金子。而太極拳運動則是最好的健康運動項目。

一、人類健康的標準

　　每個人都希望有一個健康人生的，都希望自己生活得幸福美滿，事業有成。然而這一切的根基都得源於健康，沒有一個健康的身體，一切都是空話。所以健康長壽才是人類永恆的話題。只有健康長壽才能享受人生。

　　那麼，人類健康的標準到底有哪些呢？世界衛生組織即 WHO 透過對全球調查顯示：真正達到健康標準的人群

占 5%；處於亞健康的人群占 75%；20%的人是需要診治的病人。那麼，人類怎樣才算健康呢？

WHO 制定了十大健康標準：

（1）有足夠充沛的精力，能從容不迫地應付日常生活和工作。

（2）處事樂觀，態度積極，勇於承擔責任。

（3）善於休息，睡眠良好（每天睡眠 7～8 小時，並在半小時內能自然睡眠）。

（4）應變能力強，能適應環境的各種變化。

（5）能抵抗一般性的感冒和傳染病。

（6）體重適當，身體勻稱，站立時頭、肩位置協調。標準體重 BMI＝體重（公斤）/身高的平方

（7）眼睛明亮，反應敏銳，眼瞼不發炎。

（8）牙齒清潔，無空洞，無痛感，牙齦顏色正常，無出血現象。

（9）頭髮光澤，無頭皮屑。

（10）肌肉皮膚有彈性，走路感到輕鬆。

1990 年，WHO 把道德修養納入了健康的範疇，並把健康的標準定義為：身軀健康，心理健康，道德健康，社會適應能力良好。近年來，WHO 對健康的認識再次拓寬，又把生殖健康納入了健康的範疇。健康的標準為：「生理、心理、社會、道德、生殖」五維健康。

由於東西方文化存在著固有的差異，導致人們對健康的認識也不盡相同。東方特別是中國，講究內在美，注重人的心理感受，心理健康。而在西方，則講究外在美，注重外在的健壯。就體育運動而言，西方最典型的代表就是

拳擊；而中國最典型的代表就是太極拳。太極拳注重內外雙修，動中求靜，靜中求動，動靜結合；剛柔相濟，快慢相間；周身放鬆，節節貫穿。經由長期修練達到心理健康。西方則注重挑戰、驚險、刺激和力量的體現。

隨著改革開放的不斷深入，世界各國文化交流日益頻繁，中國的傳統文化特別是太極拳越來越受到世界各國人民的重視和喜愛。國際武術聯合會提出將每年五月定為世界「太極拳活動月」。

現在太極拳運動不僅在全國得到深入的開展與普及，而且已經遍及世界各地。據不完全統計，全世界約有一億多的人口習練太極拳。可以說，無論我們走到哪個國家，到處都可以看到不同膚色、操不同語言的習練太極拳的人群。太極拳已經成為我國人民與世界各國太極拳愛好者和習練者切磋技藝、交流經驗的平台，是溝通友誼的橋樑和紐帶。

二、習練太極拳的好處

練太極拳的好處主要表現在兩個方面，即生理效益和精神效益。因此，很多疾病都提倡藉由練太極拳來進行調節，比如神經衰弱、失眠症等。

1. 生理效益

太極拳結合了傳統導引、吐納的方法，注重練身、練氣、練意三者之間的緊密調協。練習時一方面可鍛鍊肌肉，舒筋活絡；另一方面又能透過呼吸與動作間的相互配

合，對內臟加以按摩鍛鍊，達到強身健體的作用。

　　首先，習練太極拳可以增加神經系統的靈敏性。

　　太極拳屬內家拳，講究「心靜意定」、「以意領氣」、「以氣運身」。練拳時必先令大腦皮層休息，將協調全身內外器官機能的任務交由中樞神經系統執行，加強了神經系統的靈敏性。

　　其次，習練太極拳可以暢通經絡、血管、淋巴及循環系統。

　　因為練太極拳的時間不會太短，所以能像一般的有氧運動一樣，能使血氣運行順暢。 練了幾年時間之後，會察覺有指尖麻軟發痺、關節微響、針刺、腹鳴等感覺。根據中國醫學理論認為這是經絡暢通的反應。透過摟拗屈膝絞轉等螺旋纏繞運動，可以使動脈血管得到適量擠壓及擴張，能使血液加速運行，增加氧氣的供應，也促進了淋巴系統的新陳代謝，加強了個人的抵抗力。

　　第三，習練太極拳可以改進柔韌度、肌力及肌耐力。

　　太極拳非圓即弧，配以順逆纏絲、螺旋纏繞運動，加上重心交替變換，使各肌肉的肌力及肌耐力得以提高；再配合多方向及大幅度的活動，如擺蓮跌叉、蹬腳等式子，能改善各關節的柔韌度，增強人體的柔韌性。

　　第四，習練太極拳可以提高人的心肺功能。

　　習練太極拳要保持呼吸自然沉實，透過深、長、細、緩、勻的腹式呼吸，增加胸腔的容氣量及遞增了吸氧呼碳的次數，確保氣體能充分交換，提高了各器官的獲氧量。又因練太極拳時間較長（連打兩次陳式太極拳傳統一路需三四十分鐘），這種典型的有氧性活動能訓練及提高心肺

功能。

第五，習練太極拳可以治療慢性消化管道疾病。

因為在習練太極拳時各關節、肌肉、骨骼會相互牽引、纏繞、擠壓和舒張，內臟又因腹式呼吸（**腹實胸實**）而產生自我按摩的作用；加上橫膈膜的上下升降幅度增大，對腸的蠕動有正面的刺激作用；而練拳時的舌頂上齶，唇齒輕閉，能增加唾液的分泌，提高了消化功能。

總之，經過中西方多方面的科學化研究證實，長年修習太極拳能對各種慢性病，對神經衰弱、高血壓、心臟病、消化不良、風濕關節炎、糖尿等等有著一定的輔助醫療作用。

2. 精神效益

一是習練太極拳可以消除心裡緊張的壓力。

因為練拳時要求「心靜用意，心無雜念」，又要身體放鬆，精神只集中於「意」上，加上太極拳本身要求剛柔並濟，呼吸協調，各器官的獲氧量相對提高，所以練拳後使人頓感輕快，壓力盡消，情緒穩定平伏；又因練拳後氣血循環暢通，精神亦抖擻起來，工作效率自然提高。這無疑對講求效率、日常生活緊張、精神壓力沉重的城市上班族有著正面的幫助。

第二，學拳可以認識及體驗和諧協調的陰陽哲學觀。

太極拳提倡身心和諧，不強己所難，內外相合、虛實分明、剛柔互兼，正所謂「靜中觸動動猶靜」。這種講究陰陽對立統一辯證關係的哲學，就是太極拳之精神哲理之本。

第三，學練太極拳可以認識不以強凌弱、不藉故犯人之道德觀。

太極拳論所說的「捨己從人」，彰顯了太極拳「人不犯我，我不犯人」的獨特武學精神。太極拳講究「借力打力，以小力勝大力」，「四兩撥千斤」，一切回擊均順應對方來勢而為之，以靈巧的動作，較小的力氣使來犯者失準而落敗。所以太極拳的真正威力，只有在被人蓄意侵犯下才發揮出來，其目的也只是立自己於不敗之地而已，絕對沒有加害對方之意。

第四，學練太極拳可以瞭解修身處世之道。

習練太極拳要講求「中正安舒，心靜體鬆」，這八字真言正好是我們立身處世的最佳座右銘。透過練太極拳，可以體會到立身不正之弊：勞勞終日而不得其所。做人只要「中正」，不走歪路，不偏不倚，就可感「安舒」之態；平日只要學會「心靜」，拋開生活壓力的負擔，就能體驗到「體鬆」之感。

由此可以看出，練太極拳的好處除了強身健體外，還能夠加強精神和心理調養，對於維持精神心理健康，遠離各種精神心理疾病都很有幫助。

太極拳是最好的健身養生運動，現在世界各國都對太極拳運動產生了極大的興趣。

袁啟明老師在《太極拳熱，熱遍五洲四海》一文中寫道：「研究太極拳的美國保健專家認為，人在心靜意守條件下的太極拳鍛鍊，動作緩慢、均勻，平衡、協調，能夠使修練者的身心達到一種充分放鬆的狀態。所以太極拳成為充滿壓力的現代社會中幫助人們緩解壓力、增強體質的

最有效的保健鍛鍊方式。他們羨慕中國有太極拳這項珍貴的文化遺產，同時也慶幸自己趕上了太極拳的世界性傳播。」

《太極與氣功》一書的作者比爾・道格拉斯說：「太極拳簡直就像是為我們這個時代量身定做的一樣。」「一旦你學了太極拳，你就會發現，不論你走到哪個國家，到處都有練太極拳的人，太極拳就成了一種國際性語言。」

就目前情況而言，大多數太極拳愛好者練拳的主要目的是為了保健，身心健康，延年益壽。當然，也有部分人在攻防、技擊方面下工夫，以此來體現太極拳深刻的武術內涵。也有一些人為了使太極拳得到更加廣泛的推廣和普及，在太極拳的表演藝術上進行研究、探討的，以使太極拳適應不同人群的習練，充分體現太極拳融技擊、防身、強身健體、修心養性和藝術於一體的獨特魅力。

三、明拳理，懂拳法

太極拳好。但是要練好太極拳，真正懂得太極拳的作用也不是一件易事。只有明其理，懂其法，善於運用，學以致用，才能得到太極拳的精髓。

學拳必須先明其理，懂其法。不明理法，那是瞎比劃，根本不明此拳。知太極之意，明太極之理，用太極之法，運太極之體，才能悟得太極拳之真諦。王宗岳在《太極拳譜》中提示我們「斯技旁門甚多，所謂差之毫釐，謬之千里，學者不可不詳辨」。因此，沒有正確的理論做指導，沒有正確的哲學思想做依據，沒有規範的拳法做保

證，沒有一個明師來教授，習練太極拳就會走向旁道。

北京師範大學教授邢志和在「太極拳與氣功」一文中說：「正確的運動來源於正確的理論思想認識。打太極拳只比划拳架和套路，不明白不認識不關注太極拳其深邃的運動哲理，即便太極拳模仿的再形象、再逼真，也難以把至高、至精、至尖的太極拳練到至真、至善、至美的境界，也難以達到真正強身健體，修心養性，身心並練的效果，更難以悟到太極拳的精髓。」

因此，我們說練太極拳者，務必學習太極拳理法，弄懂太極陰陽、五行、八卦的基礎知識。使太極拳運動更科學、更完美，沿著正確的方向發展，更好地為人類健康服務。在此基礎上，樹立學好練好太極拳的信心和恆心，不能半途而廢。這是學好練好太極拳的前提和基礎。有信心，有恆心，有毅力，才能達到理想的彼岸。

2002 年王青甫在石家莊市 19 中講學

II 太極 技法篇

頭領腰頂身中正，沉肩垂肘兩
臂掤。襠間撐合半月圓，虛實開合
步輕靈……

略談陳式太極拳的身形身法

　　無論是打拳還是推手，首先是要注重身法。「身法端正始能制人而不受制於人，身法偏離，則處處受人以隙」。所以陳式太極拳以「立身中正」為第一要義。

　　陳式太極拳大師陳長興就有「牌位大王」之美稱。他在《太極拳十大要論》中說：「夫發手擊敵，全賴身法之助。」陳式太極拳前輩顧留馨說：「太極與推手以虛靜為極致，以身法中正為基礎，虛則無所不容，靜則無所不應，身法中正，既能八面支撐，又能八面轉換。」都是說身法的重要性。

　　太極拳運動不僅要有正確的理論做指導，而且還要有正確法規作保證，這樣太極拳才會打得規範、正確，不至於走彎路。那麼什麼是法呢？法就是規矩，俗話說「沒有規矩不成方圓」，「無法自亂」。所以打拳必須遵循拳理拳法，不能瞎比劃。

　　太極拳的法規很多，具體講有手法、腿法、眼法、步法，但主要還是身形身法。

　　為幫助大家更好學練陳式太極拳，今天我主要講一講陳式太極拳的身形身法。

　　身形——指打拳時身體運動的整體形態。

　　身法——指打拳時身體運動的方法以及對身體各部位的要求和必須遵循的法規。

　　身形——要立身中正，不偏不倚，不忽高忽低，不前俯後仰，不低頭哈腰。姿勢平穩，自然放鬆，和順安舒。

　　身法——虛實、開合、蓄發、進退、起落、旋轉要周身一家。要以意領氣，以氣運身。頭要虛領，含胸拔背，沉肩垂肘，圓襠鬆胯，全身鬆沉圓活。根在腳，力在腰，行在梢，以腰為軸，帶動四肢，上下相隨，隨屈就伸。腰不動，手不發；內不動，外不發；腰一動，全身動。動作螺旋，非弧即圓，有快有慢，快慢相間；靜如處女，動則排山倒海；運如抽絲，步如臨淵；行如流水，連綿不斷。

　　人身是一個整體，身形身法雖然不是一個概念，形是靜，法是動。但它又是不可分割的，身法不對，身形必偏離；身形不對，身法肯定有錯。錯在哪裡，有時一時說不清楚，所以必須分解來講。

　　太極拳運動從人身總體講，分上、中、下或根、中、梢三節或叫三盤。另外還有四梢、三合、三丹田之說。從外在表現講，分手、眼、身、形、步；從內在體現講，分精、氣、神、勁。

　　古人把人身總體分為「三節」，又稱「三盤」。

　　上盤——頭頸為上盤。上盤要求要有領勁。

　　中盤——腰、胸、脊為中盤。中盤要有腰勁。

　　下盤——小腹以下至腳為下盤。下盤要有襠勁（撐勁）。

一、關於三節

陳長興在《太極拳十大要論》第三節有詳細的論述。「三節惟何？上、中、下或根、中、梢也。

以一身言之：頭為上節，胸為中節，腿為下節。以頭而言之：額為上節，鼻為中節，口為下節。

以中身言之：胸為上節，腰為中節，丹田為下節。

以腿言之：胯為根節，膝為中節，足為梢節。

以臂言之：膊為根節，肘為中節，手為梢節。

以手言之：腕為根節，掌為中節，指為梢節。自頭至足，莫不各有三節。」

三節之中又各有三節，猶如九連珠串，一動都動，又可各自動，可分可合。若合而言之，則上自頭頂，下至足底，四肢百骸，總為一節（一身）。至於氣之發動，從梢節起，中節隨，根節摧之。然勁源於腳，發於腰，形於梢。所以，「蓋上節不明，則無依無宗；中節不明，滿腔是空；下節不明，顛覆必生。身為三節，豈可忽也？」

二、關於四梢

四梢惟何？說法不一，有的說：「四梢即兩手兩腳。」這種說法是目前太極拳習練者普遍認可的。也有的說：四梢指頭髮、舌頭、牙齒、指甲。

應當說：以勁力而言，要力達四梢，指的是兩手兩腳。以氣血而言，四梢是頭髮、舌頭、牙齒、指甲。「髮為血之梢，血為氣之海；舌為肉之梢，肉為氣之囊；齒為

骨之梢；指甲為筋之梢」。氣（能）生於骨，而聯於筋，行於血，充於肉。四梢定，則氣自足。有句諺語說得好：「精足不思食，氣足不畏寒，神足不思眠。」

三、關於三合

有內三合和外三合之分。

（1）心與意合，筋與骨合，氣與力合，為內三合。

（2）手與足合，肘與膝合，肩與胯合，為外三合。

內三合無形無象，外三合是有形有象。只有內外都合住，才是真正的三合。手與腳，肘與膝，肩與胯，上下呼應，才能將勁合住。

四、關於三個丹田

是指人的精、氣、神的所在。

上丹田——在上盤兩眉之間。是神之所在。

中丹田——在中盤胸部膻中穴，又稱氣海。是氣之所在。

下丹田——在下盤，小腹臍下三寸處。是精之所在。

五、陳式太極拳對三盤的要求

1.上盤的要求

術語講「虛領頂勁」。就是頭頸要中正，百會穴要朝

天，「滿身輕利頭頂懸」，頭頂中正，頸自然立起，這叫
領勁或叫頂勁，縱觀鳥獸動、鬥之前首先頭領起。「打拳
時全在頂勁，頂勁領得好，全身精神為之一振。」

陳鑫講：「頂勁乃中氣上通頭頂，下達會陰；頂勁上
領，則濁氣下降，中氣蓄於丹田。」「拳自始至終，頂勁
不可丟，一失頂勁，四肢無所附麗，且無精神。」頭為全
身之首，頭為綱，綱舉目張。身以端正為本，身法中正，
不偏不倚，才能八面支撐，一氣貫通。

上盤是精氣神之所在，因為上丹田在上盤的兩眉之
間，是一個人的精神體現。

2. 中盤的要求

術語講「含胸拔背」，腰要「立如平準，活如車
輪」。隨著上盤的上領，中盤必須直立，胸不能前挺，背
也不能後躬，而是兩臂沉肩垂肘，微向內裏。兩肩放鬆，
微微裡捲，胸自然內合。俗話說：「手活在腕，轉關在
肩。」「如意胳膊，羅圈腿。」肩鬆下來，胳膊才能靈
活。垂肘，肩才能靈活。垂肘還有保護肋的功能，因此，
要求肘既要靈活，不貼肋，也不離肋，腋下要空。沒有死
角才有掤力。

對術語「含胸拔背」要有正確的理解，含即函的意
思，是要鬆、圓，以不壓迫肺部，不影響呼吸順暢為前
提。氣貼脊上行，前空後實，力從脊發。「腰要頂」，
「頭要領」。「太極拳十三勢歌訣」中第一句就是：「十
三勢來莫輕視，命意源頭在腰隙。」根在腳，力在腰，腰
為力之源。陳鑫說：「拳者，權也。」「平準」就是天

平。「權者」就是秤砣。腰就是支點，是中軸，可以轉動，但不能傾斜，所以說腰既要頂又要運轉自如，活似車輪，才能發出勁來。吳式傳人馬岳梁先生有歌訣說：

「身形腰頂豈可無，缺一何必費功夫。

身正腰頂生不已，氣遍周身自伸舒。

若不自此推求去，十年八載亦糊塗。」

3. 下盤的要求

術語講「圓襠鬆胯」。陳式太極拳對下盤的要求非常嚴格。因為下盤是根基，根基不牢，下盤不穩，則全身無力。所以陳式太極拳要求必須圓襠鬆胯，襠要撐圓，最忌人字襠，也叫尖襠。如果是人字襠兩隻腳再寬也合不住襠勁，也無法下塌，就如同兩條腿的木架，前後稍一碰就會倒的。因為它沒有四面八方的撐力，只有圓襠才有合力。

我們知道古人建橋都是拱橋，半月圓形，古建築沒有鋼筋水泥，都是用石或磚打旋。因為拱形的壓力越大，兩端撐力越大，橋也越穩固。從力學上講這種力也是最科學的。打拳也是如此，必須講究科學練拳，才能取到良好的效果。

具體圓襠的姿勢，就如我們端坐的樣子，兩根大腿筋自然放鬆，大腿窩自然鬆開，重心自然下降，這樣就加強了上中盤的穩定性。但要記住，這絕不是下蹲。

這裡具體的要求是：兩腳之間寬距 3～3.5 腳長，成不丁不八的步子。兩膝上頂而微內合，兩胯鬆開，尾閭下收，兩臀微外泛，而不是後翻，使會陰穴向下（地）與百會穴上下相對，形成在一條垂直線上。

總之，要「頭領腰頂身中正，沉肩垂肘兩臂掤。襠間撐合半月圓，虛實開合步輕靈」。

物有散就有統，有分就有合。人身有三節，其實三節之中還各有三節，節節相連，節節貫穿，合則為一身（一節），分則若干節。節節有分有合，有屈有伸，有旋有轉，有順有逆，有左有右，有前有後，有剛有柔，全身形成一個立體交叉、伸縮旋轉的螺旋運動。這就是陳式太極拳的「纏絲勁」，也就是陳式太極拳身法的最大特色。

太極拳是中華民族的瑰寶，既是武術又是文化，又是科學。它博大精深，既要學習又要修練，既要認識又要感悟。因此，對不同的人，不同的文化程度，不同的技能水準，或者從不同的角度認識，其結論肯定也仁者見仁，智者見智。

講這些的目的是讓大家知道，不要總認為自己對，別人不對。要記住：「三人行必有吾師焉。」

論陳式太極拳的「纏絲勁」

關於太極拳的纏絲勁，各式太極拳門派之間多有爭執。1964 年，武術界在「體育報」曾經有過一次太極名家公開大討論。1961 年 6 月 1 日「體育報」刊登徐致一先生的《略談太極拳的纏絲勁問題》後，引起各派名家的爭鳴。當時發表文章的有洪均生、羅宏碁、趙任清、李經悟等，1964 年 11 月 5 日顧留馨也就「纏絲勁」的問題發表了自己的看法。1983 年 8 月中國香港的「新武俠」革新版又以「全國太極拳大辯論」為題目，刊登了當時的全部討論文章。

名家各持己見，其實是一件好事，仁者見仁，智者見智。理不講不明，法不講不清。爭論的目的是為了提高。

陳式太極拳的「纏絲勁」，即螺旋勁，也就是太極勁。其實各式太極拳都講「運勁如抽絲」，「非弧即圓」。道理相同，就是一個圈大圈小的問題，只不過是陳式太極拳在行功時更加明顯專注一些而已。

「纏絲勁」是陳式太極拳運動的核心，也是其主要特徵之一。所以陳式太極拳又稱「纏絲拳」。

陳鑫在《太極拳圖說》中講：「太極拳，纏法也，纏法如螺絲行運於肌膚之上。」「纏絲者，運中氣之法門也。」「不明此，便不明此拳。」可見「纏絲勁」在陳式太極拳中的重要性。

一、「纏絲勁」的概念

所謂「纏絲」，從詞意上講，纏，即是繞；繞，即是纏，纏就是纏繞的意思。纏繞就是纏圈、繞圈。纏圈、繞圈就是旋轉走圓圈。圈有大有小，小圈就是圓，大圈就是弧，所以說太極拳非圓即弧。絲，如線。

纏絲，就是把直線一樣的東西纏繞成圓的，它的線路是旋轉的、圓弧的。

所謂「抽絲」，從詞意上講，它與「纏絲」應該是一反一正。「抽絲」是從旋轉中抽出來，把圓的旋轉著抽成直的，就像紡棉花抽線一樣，由紡線機的旋轉把棉花抽成直線，再回轉又把絲線纏繞在線軸上，纏成線穗。過去在農村家家都有紡線機，年歲大的人都見過。由此可見，「纏絲」是把直的由旋轉纏繞成圓的；「抽絲」則是把圓的由旋轉抽出來。二者是一正一反，方向不同的螺旋纏繞，是曲直對立而又統一的轉動。

在陳式太極拳中把它說成一順一逆的螺旋運動，或者說成順逆纏絲運動，就像螺絲與螺母一樣，鬆緊都得用力旋轉，只是旋轉的方向不同而已。

「纏絲勁」的「勁」，指的是太極勁。「勁」是太極拳特有的專業術語。「勁」不同於力，力是直的、硬的，有剛無柔，易折；力走直線，走外。「勁」是有彈性的，有韌性，能剛能柔，能屈能伸，是意、氣、力之合，「勁」走內。正因為如此，才稱太極拳為內家拳。

太極拳的「纏絲勁」源於內氣的運轉和外形肢體的螺旋屈伸，開合運動的有機結合。所以初學太極拳者是很難

領會的，只有在長期的學練過程中使身體放鬆下來以後，才能逐漸領悟。打拳時，從上身的手、臂、肘、肩和胸、脊、腰、背，到下身的腿、胯、膝、踝、腳等，周身上下無處不螺旋。然而這種螺旋纏絲運動是在意念的指導和控制下進行的，由裡及表，節節相貫，有內在聯繫的撐旋纏繞，而不是盲目的、單純的、亂纏瞎比劃。具體說：

（1）在人的上體，主要表現為旋腕、沉肩、垂肘，旋腰轉脊，含胸拔背。

（2）在人的下體，主要表現為圓襠、沉胯、合膝、旋踝扣腳，形成一個根在腳，主宰於腰，而形於手的立體交叉空間的螺旋纏繞運動，全身上下形成一個無懈可擊的旋轉的太極球體，達到妙手一動一陰陽的高超境界。

至於螺旋運動的大小，與你練拳的拳架大小有關。所以才有大小架之分。更形象地說，太極拳螺旋纏繞運動的「纏絲勁」，猶如子彈通過槍膛中的來福線後螺旋纏絲地運轉而出。當它運動於空間時，既是螺旋形的自身運轉，又是拋物線形的運動路線，簡單地說子彈是自轉旋轉著出擊的，而運動路線又是拋物線呈弧形的，子彈的自轉是小圈，而其運動路線則是大圈。

《拳經》上講，打拳先求舒展後求緊湊。圈大舒展，圈小緊湊。不管是圈大圈小，舒展還是緊湊，都是在內氣運動的帶動下完成的。太極名家石磊老師講：「太極拳的纏絲勁，就是以內氣的運轉為動力，肢體做螺旋運動，屈、伸、進、退、開、合的太極拳運動特有的一種勁。」也就是說，太極拳的「纏絲勁」是內氣收放運轉同周身螺旋屈伸、進、退、開、合運動相結合而產生的。只有內氣

收放運轉，沒有身體的螺旋形運動，或者只有身體的螺旋形運動，而沒有內氣收放運轉，都構不成太極拳的纏絲勁。

馮志強老師對「纏絲勁」的界定是：「在意識指導下內氣流行與外形螺旋，內纏外繞合一的螺旋運動。」有一首「纏絲勁」歌訣說得好：

太極亂環應求精，上下相隨妙無窮；
引彼進入亂環內，四兩可撥動千斤；
手腳齊動橫有豎，縱放屈伸不露形；
纏絲靠法是真訣，左顧右盼莫丟頂。

那麼，各派名家是怎樣稱道「纏絲勁」的。陳鑫是第一個把它稱之為「纏絲功」的，他在《太極拳圖說》中講：「太極拳，纏法也。」武禹襄把它稱之為「運勁如抽絲」即「抽絲勁」。楊班侯說「力在驚彈走螺旋」即「螺旋勁」。郝為真則稱之為「擰麻花」即「麻花勁」。吳圖南說：「太極拳運動就同抽絲一樣，你抽猛了就斷了，抽勁不合適，絲就抽不出來，要恰到好處。」楊澄甫說：「運勁如抽絲，皆言其貫穿一氣也。」田兆麟說：「抽絲為太極拳的基本動作，無之則不能稱為太極拳也。」馮志強說：「太極拳內纏外繞互為表裡。」「打太極拳必須明纏絲勁，不明此，即不明太極拳。」

由此可見，諸多太極拳名家都對太極拳的「纏絲勁」做了充分的肯定，並以「纏絲」、「螺旋」、「麻花」等不同名稱來表達其外在形象。叫法不同，但道理是一樣的。太極前輩顧留馨對此做過一個專門的評價：「纏絲勁

始終貫穿太極拳運動過程中。」「纏絲勁與抽絲勁是名異實同的同義詞，都是形象地標出其繞旋運轉順逆默運的主要特徵。」並稱之為「極為高級」又「極為細緻」的具有特色的中國式的運動方法，它有極高的使用價值。為此，顧留馨老前輩留下「纏絲歌」一首：

> 太極弧形走螺旋，順逆默運一氣連。
>
> 空間立圓非平圓，走線似抽曲線纏。
>
> 曲中求直直中曲，能之旋轉珠走盤。
>
> 形似纏絲比喻妙，練之不難各式含。
>
> 稀飯與粥非兩物，纏絲抽絲本一般。
>
> 一柔到底非太極，有柔有剛方成拳。
>
> 纏絲有顯有不顯，純陰無陽沒螺旋。

二、「纏絲勁」的功能性

中國古人創造了太極拳，當初它有兩個作用（功能），一是攻防技擊；二是強身健體，修身養性，延年益壽。強身健體是指它內外形體的運動，技擊是指它的攻防技術。在沒有槍炮之前，技擊就是太極拳的核心，是太極拳的靈魂，也是太極拳習練者追求的主要目的。有了槍炮之後，「技擊」才逐漸退居第二線，強身健體成為習練太極拳的主要目的。

但是，太極拳的技擊性，防身、護身的攻防技能不能沒有，即使在科學發達的今天也不可忽視。因為沒有了技擊性，太極拳也就名存實亡，不能稱之為太極拳了。

馬虹老師曾講：「技擊是太極拳的靈魂。」「太極

拳，如果抽掉了它的技擊含義，則失去了它的真。所以不講技擊的太極拳套路，不是完整的套路；不講實戰用法的太極拳傳人，不清楚技擊含義，眼神不知所向，力點不知所在，那他的拳永遠難以打出太極拳應有的氣勢和神韻。」拳術即武術，太極拳是武術，武術就是戰術。戰術離不開攻防，攻防戰術的實質就是技擊。太極拳的拳式，都是先輩們從實戰經驗中提煉總結出來的，其技擊技術已盡在每一招一式之中。太極拳的技擊性是非常科學的，它是以最小的消耗，而獲得最大的效果；是以小勝大、以弱勝強的技擊技術。

太極拳的技擊原理是「以靜制動」、「以柔克剛」、「以圓擊直」，「彼不動，我不動。彼欲動，我先動」，「沾黏連隨，引進落空，借力打力，四兩撥千斤」。太極拳技擊運動的方法表現在陰陽、虛實、開合、屈伸、剛柔、蓄發等變化的相濟往復之中。虛中有實，實中有虛；剛中有柔，柔中有剛；開中有合，合中有開；做到虛實相間，剛柔相濟，開合有度。

太極拳在行功時，手足和身軀非圓即弧，是在做螺旋形的屈伸開合運動。而這種螺旋形的屈伸開合運動方向，就身體的各個部位而言也是不相同的。有的順纏，有的逆纏；有的前旋，有的後轉；有正圓，有斜圓；有平圓，有立圓；是一個立體交叉的螺旋運動。因此，在推手或實戰技擊應用時，對方很難找到他的力點和重心。當其碰到來力時，不是硬頂硬撞硬碰，而是在螺旋運動中分解引化，或是從螺旋的圓周切線中拋出去。

太極拳主宰於腰，全身以腰為軸心，組成許多圓，

「立如平準，活似車輪」。當肢體受到外力攻擊時，透過腰的轉動而改變外力的方向，從而達到了引化外力的目的。因此，它不僅避開了同對方來力的頂抗，也化解了對方來力的強度。從力學的角度講，它改變了來力的方向，並且牽動了對方的身體重心，從而形成了我順人背的有利形勢。就像「打手歌」中所說：「任它巨力來打我，沾黏連隨不丟頂。」既不用力硬頂，但又不丟勁，而是黏住他，用螺旋勁輕輕一轉，使對方失去重心，「引進落空合即出，牽動四兩撥千斤。」把對方打出去。用最小的勁，撥動對方的大力，這是最「經濟」的用勁，也是人們常說的太極勁。

其實這種勁是人們對自然界長期觀察總結的結晶。如空氣、水、風等，它們最輕，然而在一定的外力的作用下，會形成旋風、漩渦，就會威力無比。既可以飛沙走石，又可以排山倒海。

在科學發達的今天，人們不僅將這種「勁」用於技擊，而且運用於多種場合來為人類造福。如風車、水磨、發電等，都是藉助風和水的力量而轉換為機械能量。汽車、火車由機器運轉和車輪滾動來產生動力；飛機、輪船也都是由旋轉的螺旋槳的運動而推動前進的；還有捲揚機、大吊車都是用很小的旋轉力將數十噸的貨物托起或吊起的。一個人能擔起 100 斤重量的貨物，如果透過軸承的運轉和車輪的滾動則可以推動數千斤、數萬斤重量的貨物。

由此可見，螺旋運動產生離心力，所以用力最小，而速度最快，功率最大，當然其技擊力量也就越大。

三、螺旋勁的科學性

　　太極拳也是中華民族文化藝術寶庫中一枝色彩絢麗的奇葩。經過數代太極拳前輩體悟和提煉，逐步發展成長起來，成為當今世界最科學的健身項目之一。

　　太極拳的螺旋纏絲運動，準確地說是源於中國古老的《易經》中陰陽八卦和五行運動。說它科學，是因為它的運動形式符合宇宙間所有事物發展運動的規律。可以說是與天同運，與地同行，天人合一。

　　古人透過日月星辰的移轉，風雨晦明的變化，晝夜交替反覆，寒暑節氣的往來等現象的觀察以及動植物的生、長、壯、老、病、死的變化規律，認識到事物的發生、發展都是週而復始的，宇宙間所有物質都可以歸納為陰陽兩大屬性。

　　如天為陽，地為陰；日為陽，月為陰；晝為陽，夜為陰；火為陽，水為陰等，以此類推，凡是一切活的、上升的、明亮的、溫熱的、功能性強的、機能進亢的均歸為陽；與之相反，凡是一切靜止的、內在的、下降的、寒冷的、晦暗的、機能衰退的均歸為陰。

　　在此基礎上，用太極、陰陽、八卦演繹出太極圖和陰陽的四大屬性，即陰陽對立、陰陽互根、陰陽轉化、陰陽消長等理論，以此來解釋物質的創造、存在、轉化和物質的功能現象以及五行運動。

1.太極陰陽八卦

太極陰陽八卦如圖1所示。

兩儀　　　　陽儀　　　太　　　陰儀
　　　　　　　　　　　極

四象　　太陽　　少陰　　　太陽　　少陰

八卦　乾　兌　離　震　　巽　坎　艮　坤
　　　一　二　三　四　　五　六　七　八

圖 1 │ 太極陰陽八卦圖

2.太極陰陽魚圖（圖2）

（1）陰陽對立。
（2）陰陽互根。
（3）陰陽消長。
（4）陰陽轉化。

圖 2 │ 太極陰陽魚圖

3.五行

所謂五行，就是把宇宙間自然界所有物質的運動規律歸納為五種形態，即金、木、水、火、土。以此來抽象地代表物質的運動方向。宇宙間一切運動的形式，其表現均為波浪形的，大到天地運動，小到原子之動，均循五行運動而前進。宇宙間的一切生化變動都是螺旋形運動。（橫觀為波浪形的，縱觀為螺旋形的）

（1）五行相生相剋、相乘相侮。（見圖3）

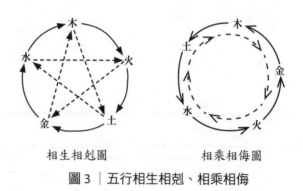

相生相剋圖　　　　　　　相乘相侮圖

圖3│五行相生相剋、相乘相侮

（2）自然界、五行對應、自然和人體學說如表1所示。

表1│自然界、五行對應、自然和人體學說

五行	五味	五色	五氣	五化	五方	五臟	五季	五官	情志	六腑
木	酸	青	風	生	東	肝	春	目	怒	膽
火	苦	赤	暑	長	南	心	夏	舌	喜	小腸三焦
土	甘	黃	濕	化	中	脾	長夏	口	思	胃
金	辛	白	燥	收	西	肺	秋	鼻	悲	大腸
水	鹹	黑	寒	藏	北	腎	冬	耳	恐	膀胱

（3）五行運動。

　　木——代表草木出生、生長、擴展、引發、自然、春天、萬物生長，升發條達，在人體表現為肝臟，主揮發。用「米」表示向外揮發。

火——代表炎熱、向上、夏天，在人體表現為心臟。熱在南方，主上升功能。用「↑」表示。

土——居中。土地為萬物之根，為黃色；有潤化萬物之功能。在人體表現為脾臟，主潤化。用「——」表示。

金——代表一切向內、收縮、變革、肅殺；秋天、西方；在人體表現為肺，主宣降功能，與木相反。用「※」表示向內緊縮。

水——代表一切向下、寒冷；在人體表現為腎臟，水向下流，主水液功能。用「↓」表示向下。

如果我們用坐標圖把它們連起來，橫向看是波浪狀的，縱向看就是螺旋形的。

從以上可以看出，五行運動在自然界不是孤立的，而是相互聯繫，相互影響的，它們是相生、相剋、相柔、相侮的。如果我們把木、火、土、金、水的功能用坐標示意圖來表示，它就是一個螺旋形的運動圖。

由此可知，太極、陰陽、四象、八卦是無靜止的分化和組合，才有了宇宙自然界的萬事萬物。從五行的運動中可以瞭解所有的物質都在做著周而復始的螺旋運動。大到宇宙間的太陽、地球、月亮和所有星球，小到原子、音波、乃至一草一木，都是如此。古人依據太極、陰陽五行之理而創造的太極拳，正是遵循這種運動原理而創編的螺旋纏絲動作，即太極拳的螺旋纏絲運動。它與天地同行，與日月同行。因此，我們說它的螺旋纏絲運動是科學的。

（此文刊載於《燕趙武術文化》2009年1期）

漫談太極拳的「氣」與「勁」

　　「氣」與「勁」是自古以來眾多太極拳習練者所追求的目標。因為「氣」與「勁」是太極拳的核心和靈魂。大家都知道太極拳是內家拳，是「以意行氣，以氣運身」「先在心，後在身，氣斂入骨髓」「意氣君來骨肉臣」。太極大師孫祿堂說得好：「太極即一氣，一氣即太極。以體而言，則為太極；以用而言，則為一氣。」這就充分說明了「氣」在太極拳運動中的核心地位。

　　「勁」是太極拳的神，是太極拳氣與力的外在表現，也可以說是意、氣、力之合。我們常說「意到氣到，氣到勁到」，就是這個道理。

　　太極拳看的是勁，運的是「氣」。聽戲聽的是韻味，喝茶喝的是品味。同一首歌，詞譜一樣，但唱出來不一樣。同一道菜，油鹽醬醋一樣，但炒出來的味道不一樣。同一套太極拳打出來的勁也不一樣。這就是功夫。

一、「氣」

　　因為說「勁」離不開「氣」，有「氣」為勁，無「氣」為力，所以還是先講講「氣」。但是，「氣」是個非常抽象而複雜的概念，它有有形和無形之分，還有有色有味和無色無味之別，所以很難用幾句話把它說清楚。

我們還是先從廣義「氣」和狹義「氣」說起，再講太極拳之「氣」。

1.廣義之「氣」

廣義之「氣」，即宇宙間一切物質的本源，或者說一切物質都是由「氣」構成的。老子曰：「道生一，一生二，二生三，三生萬物……」一為太極，二為陰陽，三為「氣」，有「氣」才有了萬物。《易學導言》中說：「氣清浮上升為天，氣濁沉而下為地……」天為陽，地為陰，陰陽為太極，太極為一「氣」。所以「氣」是天地之始，萬物之源。沒有了「氣」就什麼也沒有了。這就是廣義的「氣」。

廣義之「氣」的表現形式：有固體、液體、氣體、能量、訊息、媒介等，可以說是無處不在。

「氣」聚為物，有形，為有形之「氣」。「氣」分為無形，為無形之「氣」。

有形之「氣」，我們看得見，比較好說。但無形、無象、無色、無味的氣就很難說清楚了。因為它太抽象了，很難用文字或語言來表達。外國有本書說：「說不清的東方之龍。」就是指的中國（**東方**）文化，意思是說太極文化太抽象了。太極、陰陽、「氣」，沒法說清楚。連看病都是聽脈，講氣血，說陰陽。

外國人都是用數字說話，中國中醫說上火，說陰盛陽衰，氣血盈虧。外國人發燒看體溫，頭痛治頭，腳痛治腳。中國中醫治本。這就是中外文化之別。

中國古人很早就知道「氣」的重要性，就開始練

「氣」養身。如道家煉丹，佛家禪定，儒家靜養，醫家導引吐納，用氣功治病，都是講的練「氣」和用「氣」。「氣」雖然看不見摸不到，但是它卻是客觀存在的。因為它是物質，是一切生命之源，只是它以不同的形式而存在。古代科學不發達，對「氣」的認識不足，所以古代氣功都帶有一定的迷信色彩，也害了很多的人。

今天科學發達，人們對「氣」有了充分的認識，可以讓它更好地為人類健康服務。

2. 狹義之「氣」

狹義之「氣」，我們可以理解為呼吸之「氣」。

3. 太極拳之「氣」

在太極拳裡講的「氣」，不能簡單地理解為狹義之「氣」，但也不是廣義之「氣」，也是比較複雜的。我們還是先從人體生命說起。

人體生命的全過程，實際上是「氣」的生成運化過程。人體有了「氣」才有了生命，有了「氣」才能生化精血，才有了神，有了思想、思維。因此，人體生命本源於「氣」。

（1）「人命有三」

說的是人的生命由三部分組成，即形、氣、神，三者缺一不可。人有形無「氣」，那是死人——屍。有形有「氣」，才是個活人，但還不是個完整的人，像植物人，瘋、傻、呆、滯之人，雖然是個活人，但沒有思想、思維、情感，他仍然是個不健全的人。只有形、氣、神俱

佳，才是一個健全健康之人。古人說：「精足不思食，氣足不畏寒，神足不思眠。」人只有氣足，氣血充盈，身體健康，才有精神，才有活力。所以，《淮南子》中說：「夫形者，生之舍也；氣者，生之充也；神者，生之制也。失一者俱傷矣。」意思是說三者缺一不可。

人的形、氣、神是一個完整的機體。形為生命依賴的房舍，神為生命的主宰，「氣」為生命之源。三者相對來說，還是「氣」為先，「氣者，人之根本也。」

（2）「人的氣生源有三」

即人體之「氣」來源有三個方面：一是受於父母而生於腎的元氣，為先天之「氣」。二是脾胃接受飲食的水穀之氣，為後天之「氣」。三是由肺呼吸接受的自然清「氣」。

（3）「氣的雙重性」

即人體之「氣」有兩個含義：一是指「氣」是人體生命活動所需要的精微物質。二是說這些精微物質在人體活動中所表現出來的功能。

因為「氣」是精微物質，人無法看見它，只能透過它的功能表現出來，證實它的存在。因此，人體之「氣」的含義具有雙重性：即它的物質性和功能性。

中醫講：「腎為先天之本，脾胃為後天之本，氣血為生命之源。」人體從生長發育和生活、運動生命的全過程，不僅需要「氣」，而且要依賴氣的運動來推動人體生命活動。「氣」的運動，稱為「氣機」。「氣」的運動形式有：升、降、出、入。提氣為升，沉氣為降，呼為出，吸為入。

（4）「人有三焦之氣」，即上焦、中焦、下焦

上焦：心肺在上焦，上焦之「氣」在人體上胸部，宜降。

中焦：脾胃在中焦，中焦之「氣」在人體中腹部，是上下中樞。

下焦：肝腎在下焦，下焦之「氣」在人體下腹部，宜升。

我們常說氣沉丹田，就是讓上焦之「氣」下沉與中焦之「氣」中和為真氣，沉於下焦，藏於腎。根據人體生命和運動的需要進行再分配，作為能源而供養全身。

中國中醫認為，人體之「氣」分類為：

「真氣」（元氣）：儲存在腎（丹田）的「氣」，我們稱之為「真氣」，也稱為「元氣」。它是人體生命的原動力。

「營氣」：營養臟腑運動及全身營養之氣，我們稱之為「營氣」，也叫「營血」。它運行於脈中。

「衛氣」：保衛人體不受侵害，抗拒邪氣侵襲之「氣」，我們稱之為「衛氣」。它運行在脈外皮膚之內。

「宗氣」：胸腔心肺之氣，我們稱之為「宗氣」。「宗氣」足肺活量大，聲音洪亮，筋骨強壯。

綜上所述，人體健康強壯，必須「元氣」（真氣）充足。而「真氣」來源與呼吸的清氣和脾胃飲食的水穀之「氣」有關。水穀之氣，我們通過合理膳食，加強營養搭配來解決。肺呼吸來清氣，必須量足而清新，也就是說呼吸清氣的數量與品質要充分，要想空氣品質高，必須環境好，空氣品質好，負離子多，氧多。因此我們打拳時，必

須選擇一個好的鍛鍊環境。要想得到充足的清氣，必須調整呼吸，由胸式呼吸改變為腹式呼吸，以增加清氣的吸入量。要增加吸入量，就必須調整心態，調整運動的方式。

這就是我們練太極拳運動要做的，透過調整身形、調整呼吸、調整心態，使氣沉丹田，才能達到增加真氣的充足量。

（5）太極拳怎樣才能氣沉丹田，達到練氣的目的

太極拳要透過三調（調身、調息、調心）來達到練氣的目的。

調身（形）：調身即調整身體、身形各種動作，就是拳架。使之合乎太極拳練功的要求，也就是規範拳架。因為調身是調氣的基礎。也就是說拳架必須規範正確，體正安舒，久練自然全身放鬆，這是氣沉丹田的基礎。古人說：「身形不正，氣則不順，氣不順，則心不寧，心不寧，則神亂，神亂則氣散。」因此，正確規範的拳架，不僅強壯了筋骨，而且為調氣也打下了基礎。

調心（神）：調心就是調整心態，體鬆心靜是太極之本。打拳時要在動中求靜、靜中求動，精神內守，思想專注。因為心是主宰，心不靜則神亂氣散。我們常說，心想事成，心即是意，意到氣則到。

調息（氣）：一呼一吸為之息。太極拳的呼吸要從自然呼吸，由鬆沉逐步過渡到腹式呼吸。也就是說從自覺呼吸過渡到控制呼吸。由改變呼吸頻率、節律、深度以增加呼吸量，使呼吸暢通順達。要透過太極拳運動的節奏而有效調整呼吸。只有做到心靜、體鬆，氣自然下沉丹田，真氣充之，氣血暢通。

太極拳不能單為練氣而用「氣」，用「氣」則滯。太極拳只有形正、體鬆、心靜，才能做到氣定神斂。所以太極拳的初級階段還得從形上下工夫，拳架是基礎。關鍵是要姿勢正確，中正安舒，氣血順達，才能奏效。不然就是肢體運動，不是意氣運動了。

總之，太極拳要做到中正安舒，鬆靜神宜，氣達四梢；起止有節，動靜有常，開合有度，神形兼備；練者舒服，觀者賞心悅目。

二、「勁」

大家都知道太極拳是內家拳，要用意不用力。當然是不用拙力，但要用「勁」。這種勁稱為內勁，即太極勁。「太極拳之妙，全在用勁」。

「勁」與力不相同，它們既有區別又互相關聯。有「氣」為「勁」，無「氣」為力。力必須經過加工才能轉換為「勁」。就像生鐵一樣，必須經過熔化和錘煉才能成為鋼。「勁」不像力那樣單一，直來直去，生硬易折。「勁」不軟也不硬，而富有彈性，能伸能屈，很有韌性，百折不回，剛柔相濟。然而「勁」為無形，而又蘊於內。所以它也和「氣」一樣，也是用語言和文字難以表達清楚，必須在實踐中去不斷體悟。有時心裡明白，但很難上身。因此，必須苦練，用心練拳。

《太極拳懂勁解》中說：「勁是太極拳技法達到理性認識階段的標誌。」先由拳架的實踐，還需要由知彼（推手）的檢驗，而後才能真正掌握。

許禹生大師說：「太極拳剛柔之義，勁也。非好學深思之士不能悟也。」又說：「太極拳之妙，全在用勁，然勁為無形，必須附於有形之著，始能顯著。」

楊澄甫大師說：「著者，拳式也。今同志未悟懂，故不能發人。要先學姿勢正確，次要熟練，漸學懂勁。」

陳微明大師說：「著熟者，習拳以練體，推手以應用。用力即久，自然懂勁，而神明矣。」

王宗岳《太極拳譜》中說：「太極拳雖然變化萬端，而理唯一貫。由著熟而漸悟懂勁，由懂勁而階及神明，然非用力日久，不能豁然貫通焉。」

從以上大師談論太極勁，為我們提示了三點：

1. 著熟

即招熟。這是關鍵。正像楊澄甫大師說的，「著者，拳式也。今同志未悟懂。」一招一式只是會比劃了，並沒有真明白，或者說心裡似乎明白，還未練到身上。因此，不能發人。練太極拳急不得，要一步一步地走，一個台階一個台階地上，只有用力久了，才能漸悟懂勁。

2. 悟

太極拳之妙在用「勁」，但「勁」看不見摸不到。所以非好學深思之士不能悟也。什麼是悟呢？「悟」是人對客觀事物運行規律的感知。這種感知在人心清靜之處才能獲得。如果你不清靜，心中就沒有容納真知的地方。而一旦得到這種真知，你會獲得巨大的潛能，思想豁然貫通。

「悟」在不言中，「悟」不能繼承，「悟」不能贈

送。只能用心去體會，去探求，去貫通。人要得到「悟性」，必須拋棄自以為是、唯我正確之弊端。一旦進入「空」的境界，「悟」也就在其中了。

3. 應用

太極拳運動是「形、神、氣」並練，它不是單純練氣，那是氣功。也不是單純的練形，那是肢體運動。因此太極拳必須由鬆靜，氣沉丹田，並以內氣推動外形的拳式走出太極拳勁來，才叫太極拳。

太極拳首先是武術，原本就是以技擊為目的的。技擊是武術的靈魂。隨著社會的發展，人類的進步，才逐步過渡到以健身養生為目的。但是不能放棄了太極拳的技擊內涵。不然太極拳就不是武術了，成了太極操或太極舞了。

太極拳的一招一式都是有用的，都是先輩們在實踐中總結出來的，一招一式都是有要求的、有力點的、有的放矢的，不是瞎比劃。所以學習太極拳不能光學拳架，更應該至於應用。

一是技擊應用

學會了，不等於學對了，學對了不等於會用了。必須明白一招一式的攻防內涵，做到有人似無人，無人似有人，把勁貫入到每一招一式之中去。

二是健身應用

透過調整拳架，調整心態情志，調整呼吸，真正達到「形、神、氣」並練，全面提高身體素質的目的。

這就是說太極拳必須經過長期苦練，不但拳架正確，而且著熟，並透過在實踐中不斷的體悟和應用才能真正練

出太極勁。

因此，太極勁是行拳過程中在意念的作用下，氣與力在人體外在表現出來的功能（神形、神態、神氣、神韻、氣勢等）

「勁」在太極拳運動中表現形式很多，如運勁、掤勁、採勁、靠勁、擠勁、捋勁、按勁、爆發勁等等。

總之，太極拳應以鬆靜為先，是意氣為本，用意不用力的訓練方法。它以內在氣機運動，統帥外在的形體運動。久之才能練出剛柔相濟的內勁，即太極勁。

2013 年王青甫、趙會珍在北京與弟子康鐵英合影

太極拳推手知識

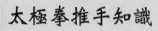

　　楊澄甫大師說：「習練太極拳者，不習推手，等於未習。習推手未能懂勁，則運用毫無是處。嗚呼，升階有級，學者於推手術，盍注意焉。」說明了推手對習練太極拳的重要性。打拳，是個人練，是知己功夫。

　　推手，是兩個人對練，有對手，是練知彼的功夫。打拳數年，對推手術不通，這是一大缺陷。

一、太極拳推手的發展與演化

　　太極拳推手，是我們祖先長期生活實踐中創造和發展起來的一項比較文明的競技運動，是經過歷代太極名家反覆實踐和不斷積累總結經驗的結晶。特別是有關推手技法與理論的經典論述，是古人為我們留下的寶貴遺產。它創於何年何月，又創於何人，我們不做歷史考證，先瞭解「太極拳推手」的產生與發展演化過程。

　　最初的太極拳是一項技擊性很強的拳術。因此，最初的太極拳推手也是一項對抗性極其激烈的競技運動。太極名家顧留馨在《陳式太極拳》一書中寫道：「陳式太極拳的雙人推手，原來稱為『搆手』或『打手』，是太極拳學派繼承明代戚繼光練兵和民間武術技擊對練方法，加以發展的一種獨創性競技運動。它綜合性地繼承並發展了

『拿、跌、擲打』三種方法，技擊性極為強烈……」可見最初的「搌手」或「打手」確實有擒拿格鬥的性質。

陳式太極拳是五大太極拳學派之首，所以，「搌手」或「打手」應當是最早的太極拳推手。

關於陳式太極拳推手的演變，在《陳式太極拳志》中有記載，是由陳王庭創編的陳式太極拳和雙人對練的推手演練方法。後來，陳鑫又進行整理和發展，並寫有「打手歌」、「打手三十六目」、「打手三十六病」、「陰陽總論」等，對陳式太極拳及其推手的繼承和發展作出了傑出貢獻。陳鑫在《七言俚語「打手歌」》中寫道：

掤搌擠按須認真，上下相隨人難侵。

任人巨力來打我，四兩化動八千斤。

上打咽喉下打陰，中間兩肋並當心。

下部兩臁合兩膝，腦後一掌要真魂。

可見當時推手，除了運用掤、搌、擠、按、採、挒、肘、靠八法之外，還有拿、跌、擲打，很近似於格鬥、搏擊。有些部位，像上咽喉、下陰、腦後都是致命的要害部位。為了防止傷害，也在實踐中不斷總結，不斷改進。所以顧留馨說：「陳式太極拳原來拿、跌、擲打（發勁）兼施並用，乘勢活變。拿法，原來是以拿脈、抓筋、反骨為主。後來由於避免發生傷害，已不輕易傳授和使用，推手運用拿法時，也適可而止。並發展為以拿住對方勁路為主，拿成我順人被、得機得勢即止。功夫純粹者，一舉手、一投足，就圓轉、柔和、輕靈地控制住對方的勁路，即使對方失機失勢，無從轉變。既可發勁，也可放任轉變，即順應變轉之點而發勁。這是拿對方勁路的高級技

術。」陳式太極拳推手的初期，「撾打」或「打手」都有「打」字，「打」就是擊打、格鬥，難免會傷害，所以初學者為了避免傷害，先學套路推手練習和聽勁、換勁的練習，稱為「搭手」或「交手」。比原來「打手」有所緩和，並在四隅套路推手練習時（也叫大捋），在退步用捋勁時，以化開對方的擠勁或靠勁時，蹲身下坐成仆步，而身法仍要中正不偏。前足腿肚著地，足尖翹起像跌叉，隨勢起落。（由於前足延伸遠，可以起到管住對方雙足的作用，使用跌法時極其精巧）

　　大捋的勢子非常低，這樣的低勢子，一起一伏、一來一往，腰腿運動量極大，一般人做起來比較困難。現在一般都不蹲身下坐，架子高一些使之更適合大眾化。陳式太極拳推手的發展，也是隨著社會文明、科學進步、文化修養的提高在不斷的修正和改進。使之朝著更合乎大眾化，更有益人民身體健康，減少傷害，增進友誼的方向發展。

　　直到 18 世紀末，山西人王宗岳以及 19 世紀河北永年人武禹襄、李亦畬師徒二人又發展了太極拳和推手的理論，並根據自己練拳的經驗寫下了總結性的太極拳及推手論文，成為近代太極拳和推手者指導性的理論，從「撾手」、「打手」演化成今天的「推手」，應當歸功於楊式太極拳大師楊澄甫。

　　楊露禪三下陳家溝學藝，在陳式老架的基礎上楊氏經過祖孫三代的努力，創新了鬆柔圓活、舒展大方、動作沉穩流暢的楊式太極拳，深受廣大群眾的喜愛，成為近代傳播發展最快的太極拳。楊式太極拳推手主要以四正為主，楊澄甫大師說過：「四隅是在被制時而使用的，交手四正

足夠用了。」主要以沾、黏、連、隨，不丟、不頂、借力
打力為特點。由於是兩人不脫手，沒有擊打的動作，所以
比較安全，一般不易傷害，所以很受人們歡迎。

　　為什麼用「推手」而不用「打手」。用「推手」更文
明、更確切、更通俗。「推手」是太極拳技擊的一種訓練
方法；而「打手」是技擊實戰是格鬥、散打。

　　「太極推手」現在已成為不同門派太極拳推手的代名
詞。太極拳推手由於限制了抓、拿、跌、打方法的使用，
避免了傷害事故的發生，因此成為男女老少都很喜愛的一
項武術競技運動。

　　現在國家已經把太極拳推手正式定為一項武術比賽運
動，簡稱「太極推手」。為了避免傷害，制定了「武術太
極推手」競賽規則，使太極拳推手得到了健康發展，並成
為一項有益身體健康的競技運動。

二、太極拳推手的理法知識

1.太極拳推手的概念

　　太極拳推手簡稱「太極推手」。因為太極拳屬於武術
的範疇，所以國家體委命名為「武術太極推手」。其實嚴
格地講「太極拳」與「太極」是兩個不同的概念。「太
極」的文化內涵太大了。

　　太極拳屬於武術的範疇，所以說叫「太極拳推手」更
準確一些。太極拳運動包括「太極拳」、「器械」、「推
手」。「推手」是太極拳運動的重要組成部分。太極劍、
太極刀、太極槍、太極扇等都屬於太極拳運動。但是，其

他拳種也有類似的推手運動，為了不混淆，我們還是用「太極拳推手」，以便於和其他拳種的推手加以區別。另外「太極拳推手」鎖定了推手內容的侷限性，是在太極拳運動的範疇內的推手，而不是什麼其他拳種的推手。因為不同的拳種推手都有各自的規定和規則。至於不同拳種之間的推手較量和切磋，另當別論。

2. 什麼叫太極拳推手

太極拳的推手運動，是太極拳獨具特色的一項拳術運動。它是由兩個人按照太極拳架中（套路）的基本招法（太極拳十三勢）進行對練。但只限於使用採、拿、擲、摔、跌中的一部分無傷害的技擊方法，主要是採用沾、黏、連、隨，引進落空，借力打力，牽動對方重心；而不准採用擊打（包括拳擊、掌擊、肘擊、膝擊）、腳踢及反關節，抓拿筋脈等有傷害身體部位的技擊方法。它可以鍛鍊人的觸覺的靈敏性和隨機應變能力。因此，可以說太極拳推手是一項比較文明、有益健康的拳術競技運動。

3. 太極拳推手與太極拳的關係

應當說，學習太極拳推手是練好太極拳的一個重要組成部分，練拳架與推手兩者是相輔相成、相互補充的。楊澄甫在《太極拳選編》第三章「論太極拳推手術」中說：「太極拳者、不習推手，等於未習，推手未能懂勁則運用毫無是處。」這就充分說明了太極拳推手的重要性。走拳架是練「知己的功夫」，推手是練「知彼的功夫」。因為只有知己知彼，才能百戰不殆。所以很多太極拳叢書（著

作）都叫《太極拳體用全書》，認為走拳架是練「體」，是基礎；推手才是「應用」。如果只練拳架，不會應用，那麼練好太極拳這門武術就成為一句空話。

太極拳講的是勁，即剛中有柔、柔中有剛、剛柔相濟的太極勁。要不丟、不頂、不瘔、不抗，沾、黏、連、隨，引進落空，借力打力。不經過推手的實踐，是很難體會到這種太極拳的勁路的。

所以楊澄甫大師說：「練太極拳，學使用法非常必要，同志們欲鍛鍊身體，亦必須學使用法，如不學使用法則無趣味，多為半途而廢，以致有阻身體強壯進步。如學使用法，並非無故打人，可與朋友研究妙理，你打我化，我打你化，滔滔不絕，各種變化，生生不息，才知道太極拳有無數變化。」張義敬在《太極拳傳真》推手漫談一節中寫道：「太極拳難學，突出表現在推手上。」「因此不練推手，只能自以為自己的拳架正確，得不到客觀驗證；不練推手也不知道太極二字在拳中的意義，拳理的內容也不可能明白。只練拳架，頂多只學會了一半的太極拳。事實上，不學推手，學不好太極拳。」沈壽在「太極拳推手問答」一文中寫道：「如只練走架，或從書本上獲得點本本知識，則終究是理解不深的，不可避免地會產生一些誤解。通過推手結合拳架實踐，就比較容易理解，能較快地糾正誤解，得其要領。不僅如此，而且在推手技藝達到一定程度以後，對古今太極拳專著中有關論述的正誤也會有相當的鑑別能力。實踐是檢驗真理的唯一標準。」

由此可知，太極拳套路與推手是基礎和應用的關係，學套路可以健身養身，而推手即可檢驗套路是否正確，形

成因對手變化而變化的應變能力，制約與反制約，控制與反控制。所以說，學練太極拳，不可不練太極拳推手。

4. 太極拳推手的好處

太極拳推手既是一項興趣盎然和促進團結友愛的競技比賽項目，又是一種暢通氣血的健身運動，因此，深受廣大太極拳愛好者的歡迎和喜愛。因為推手與太極拳一樣，不分男女老少，人人都可以練習。推手不受年齡、性別、體質、季節、服裝、器械、場地等條件的限制，只要兩人有興趣，隨時隨地都可以推推手。由於它是兩人對練，因而不感到枯燥、寂寞。雙方一面進行語言交流，一面進行推手練習，有進有退，有打有化，趣味橫生。另外，太極拳推手兩人互相沾、黏、連、隨，動作柔順，不用拙力，沒有傷害動作，又不受套路限制，隨心所欲，所以比較放鬆，有益身心健康。太極拳推手除具備太極拳所有的強身、防病、延年益壽等功能外，還能有效地檢驗走架姿勢及動作的正確與否，提高對太極拳的鑑別能力。透過太極拳推手練習，不僅可以有效地鍛鍊腰腿，而且對於強壯筋骨，醫治腎氣虧損，預防早衰等也有一定的功效。

太極拳推手雖屬對抗性運動，但是它比較文明，沒有傷害，由人相互餵勁、聽勁、化勁、借勁的練習，可以有效地增強周身皮膚觸覺的靈敏性和隨機應變能力。若能經常堅持練習推手，不僅可以提高身體素質，同時也可以提高應變和自衛能力。開展太極拳推手運動，還能夠增進友誼，透過交流切磋，達到共同提高拳藝水準的目的，使太極拳運動的內容更加豐富多彩。

5.有關太極拳推手的名詞解釋

（1）太極拳及推手「十三勢」名稱之由來

太極拳及推手「十三勢」可以用十三個字來加以歸納：掤、挒、擠、按、採、挒、肘、靠、進、退、顧、盼、定。十三勢者，含五行、八卦。太極拳手足的運動有八方，以「掤、挒、擠、按」四者喻「坎、離、震、兌」等四正方；以「採、挒、肘、靠」四者喻「乾、坤、艮、巽」等四斜角；足以運五步，前進、後退、左顧、右盼、中定，以五步喻「金、木、水、火、土」。太極拳及太極拳推手都離不開「十三勢」的運用。這「十三勢」的配合和變化，組成了變幻萬千的太極拳動作和太極拳套路，同時也是太極拳推手中以此為核心而形成的種種方法最基本的內容。

（2）太極拳推手「八法」

太極拳推手把「掤、挒、擠、按、採、挒、肘、靠」八種最基本的手法稱為「太極八法」，它是太極拳所有拳勢的最基本的手法。「八法」的勁別各不相同，它們相生相剋，必須在推手實踐中細細體會。太極拳推手以「掤、挒、擠、按」四法為正法，稱為「四正手」；以「採、挒、肘、靠」四法為奇法、副法，稱為「四隅手」。「八法」以「掤」為首，我們常講打拳、推手要「掤勁不丟」；推手以「四正」為主，「四隅」為輔。練習推手就要熟練掌握這八種勁別及其方法的具體應用。

有一首「八法訣」概述了「八法」之精要：

「八法」須認真，四正為根本。

　　兩臂莫單行，上下緊相跟。

　　掤撐圓而沉，捋抱順且韌。

　　擠排化在先，按推勁要整。

　　採拿須拔根，挒驚務相稱。

　　肘屈勿輕使，靠崩必貼身。

　　太極拳推手與走拳架一樣，要放鬆。只有放鬆，觸覺反應才會靈敏，要做到不丟、不頂、不癟、不抗。丟、頂、癟、抗為推手四大忌。

　　下面再簡單介紹一下「八法」的名詞概念。

　　◇掤──捧也，上承之意。如蓄氣於皮球中，用力按之則此按彼起，膨而不得落下也。在《八法秘訣》中解釋是：「掤勁義何解？如水負行舟。先實丹田氣，次要頂頭懸。全身彈簧力，開合一定間。任有千斤重，漂浮亦不難。」掤是一種承載，像水承載行舟一樣承載飄浮力、彈簧力。

　　◇捋──太極拳搭手時，凡敵人掤擠我時，用捋以疏散其力，使敵力騰散而不得聚者，皆是向外疏散對方來力。在《八法秘訣》中解釋是：「捋勁義何解？引導使之前。順其來時力，輕靈不丟頂。力盡自然空，丟擊任自然。重心自維持，莫被他人乘。」捋是順對方來力引導而取。

　　◇擠──排也，推也。以手或臂向外擠勁。凡以手或臂向外擠住對方身體不得動，從而擲之，皆擠也。在《八法秘訣》中解釋是：「擠勁義何解？用時有兩方。直接單純意，迎合一動中。間接反應力，如球撞壁還。又如錢投鼓，躍然聲鏗鏘。」擠是破捋之用法。

　　◇按──下也。止也，按兵不動。太極拳與敵擠時

用手下按制止之，使不得逞謂之按。在《八法秘訣》中解釋是：「按勁義何解？運用似水形。柔中寓剛強，急流勢難當。遇高則澎滿，逢窪向下潛。波浪有起伏，有孔無不入。」按像水急流勢不可擋。

◇採——採取也，擇而取之謂採。太極拳以採制敵之勁力謂之採。從上向下快速摘採的勁為採勁。

◇挒——捩也，拗也。太極拳以轉移其末力，還制其身，謂之挒。有捩去之意。是用兩個方向相反的力將對方合力分化開，如撕挒衣物。

◇肘——大小臂彎曲之處謂之肘。以肘擊人，容易傷人，如不是對敵，切不可輕易用肘尖擊人。太極拳的肘法甚多。

◇靠——倚也。依也。依附他物也。太極拳在近身時以肩胯胸擊人謂靠。

（3）足行五步

足行五步指的是太極拳的五種步法。

① 前進——上步（火）。

② 後退——退步（水）。

③ 左顧——左跨步（木）。

④ 右盼——右上步（金）。

⑤ 中定——守中土（土）。

三、練太極拳推手的方法和步驟

張義敬在《太極拳傳真》「推手漫談」一節中寫道：「推手雖然以拳架為基本功，但其中有一些方法，非師指

不明，總是瞎胡鬧一氣，只能從鬥力開始，以賭氣收場，無法入門的。」因此，初學太極拳推手，首先要有老師的具體指導，以保證學習初級階段姿勢的正確，打好基礎以免走誤。

學習方法：最好是有老師或會推手的帶不會推手的，堅持經常，反覆練習。

學習步驟：應該先學定步套路推手，有了一定的基礎以後，再練活步套路推手，待熟練掌握「八法」、「五步」推手以後，最後學練散推，鍛鍊聽勁、化勁、借勁、打勁的能力。

具體步驟如下：

第一步：學習定步套路推手

（1）單手推手：①平圓推手；②立圓推手；③「八字」推手。

（2）雙手推手：①「四正」推手；②「四隅」推手；③雙手挽花。

第二步：活步套路推手

（1）「四正」活步套路推手（進三退二）。

（2）「四隅」活步套路推手（進一退一）。

（3）爛採花。

（4）八卦活步推手（打圈）。

第三步：散推（無套路）

在太極拳推手規定的法則範圍內自由散推，可進可退，利用沾、黏、連、隨和聽勁、化勁、借勁、打勁等方法而進行的友誼競賽活動。

淺談太極拳的「呼吸」

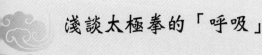

　　說到太極拳的「呼吸」，首先得講一下太極拳的「氣」，因為「氣」是萬物之源、生命之根。太極拳大師孫祿堂說的好：「太極即一氣，一氣即太極。以體而言為太極，以用而言為一氣。」充分說明了「氣」在太極拳運動中的核心地位（意氣為君，骨肉為臣）。

　　因為「人在氣中，氣在人中」，人一分鐘也離不開「氣」。「氣者，人之根本也」。「氣」不僅是維持人體生命活動必須的精微物質，也是推動人體臟腑組織機能活動的動力。氣足，精足、神足，人體健康；氣虛，精虧、神耗，人體生病衰老。而「氣」的應用又是由「呼吸」來完成的。人透過「一呼一吸」，吸收了氧氣，呼出了二氧化碳，來維持人體正常生命活動。所以「呼吸」對人體生命至關重要，沒有了「呼吸」就沒有了生命，一切生命活動即刻終結。

　　但是，人不是一般動物，人是高級動物，具有高智慧的動物。人可以由調整「呼吸」，提高「呼吸」技能和質量，從而提高人體健康水準，延長人生壽命——那就是「腹式呼吸」，也就是太極拳運動的呼吸。腹式呼吸對人體健康長壽是非常有利的。

　　我們知道，人一般情況下都是胸式（肺）呼吸。胸式呼吸是由肺葉和口、鼻、喉、氣管等呼吸機能的舒縮活動

來完成的。這是人的自然本能。

胸式呼吸與腹式呼吸的「氣」不是一個概念。胸式呼吸的氣是吸進的自然界的空氣，吸收了氧氣，排出二氧化碳。而腹式呼吸，是在前者的基礎上，把吸收的氧氣再與五穀之氣合而充之於丹田，為「真氣」。「真氣」是人體內精微物質，是看不見的，「真氣」，即無形之能，來滋運全身。

「胸式呼吸」是人的天賦本能，無需去特意獲取，只有呼吸的頻率、快慢和深度區別，也就是呼吸可長、可短、可急、可緩。

但是太極拳的腹式呼吸的「氣」，必須要依靠修練人的意念和鍛鍊來求得，它是「先在心，後在身」；「以意領氣，以氣運身」的氣血運動。它必須經由長期鍛鍊和丹田運轉才能完成。其實，我國道家早就運用這種調息呼吸來養生了，稱為「丹術」只不過古人常帶有一定迷信和神祕的色彩。

明代養生家冷謙在他的《修齡要旨》中寫道：「一吸便提，氣氣歸臍。一提便咽，水火相見。」說的就是腹式呼吸，其中包含了腹式深呼吸、提肛、吞津三要旨，成為我國幾百年來長壽秘訣。

氣氣歸臍，即氣沉丹田；水火相見：即心為火，腎為水，水（腎）火（心）相濟。火上水下，水重火輕。心在上屬火，腎在下屬水。由於人的心在上，腎在下，火向上，水向下，水火相離。

古人透過煉丹，即讓心靜下來，有句話叫心靜自然涼（下行把心火降下來）。腎為水，把它提上來，讓水火相

融，心腎相交，火降下來了，水也溫了。火為陽，水為陰，陰陽相濟，陰陽平衡，人體健康長壽。

用今天科學的生理學來解釋，即腹式呼吸使人體胸腹上下貫通，使上中下葉肺泡全部張開。不僅有橫向的胸部擴張，還有上下腹部的延伸，同時也使腹內各血管進行被動運動。不僅增大了肺活量，增強腸胃的蠕動，促進了消化吸收和排泄，也給血液帶來更多的氧，促進了血液循環和新陳代謝。更重要的是給機體帶來更大的正能量——「真氣」。

「真氣」即是「元氣」。先天父母給的稱為「元氣」，而後天補充產生的稱為「真氣」。

但是練太極拳也不是一下子就能做到腹式呼吸的，也不是你想用腹式呼吸，就能腹式呼吸的。它需要有一個從自然呼吸逐步過渡到腹式呼吸的過程，不能急功近利，急於求成，急功近利。

因為人只有在全身鬆透之後，心平意靜的狀態下，氣才會自然下沉丹田，做到腹式呼吸，這裡蘊含著人體的生理和機理。特別是「氣」這東西，我們看不見也摸不到它，只能感覺到它的存在。所以很難用言語和文字表達清楚，需要在長期練拳過程中去體悟。

強求腹式呼吸是不行的，只能是憋氣，反而有害身體健康。所以初學者一定不要強求，「純任自然，不可牽強」，用自然呼吸即可。透過長期鍛鍊和體悟，功到自然成。

為什麼說太極拳是內家拳呢？就是因為太極拳運動是「心氣功夫」。它不是簡單的肢體運動，而是在意念的指

導下，以意領氣，以氣運身的氣血運動。使全身氣血都調動起來，氣達四梢，使人身各個部位，特別是五臟六腑氣血充盈，臟腑健康，精力充沛，由內練精氣神，達到內在的健康，因為精氣神無形而內守，所以這叫「內壯」。

在「內壯」的同時，形體也得到充分鍛鍊，外練筋骨皮，筋骨皮肉血為有形而外強，所以這叫「外強」。「內壯外強」，「內外雙修，身心並練」，「文成武就，文武兼得」。

腹式呼吸是非常符合人體自然生理機能狀態的。其實人在深度睡眠狀態下，就是腹式呼吸的。因為人在深度睡眠狀態下，是最自然、最充分的放鬆狀態。

這種狀態完全沒有任何人為因素，以及後天意識的干擾，最符合或者說接近人「自然本能生理機理」狀態的。這就是道家丹道理論中講的先天元神（煉丹）和道德經中講的「道」的境界。

從邏輯上講，人只有在母親腹胎中才是最符合「自然本能生理機能」的。因為人在母體內是胎息（丹田呼吸），人的七竅只有一竅通，那就是肚臍。當人一落地（降生），一竅關閉，六竅（即：口、鼻、眼、耳、肛門、尿道）開通。人從降生直到死亡，就是個不斷偏離「自然本能生理機理」的過程，只是每個人的程度不同而已。人體的「生理機能」一旦受到干擾和破壞，是很難再恢復或接近「自然本能生理機能」的狀態。並且和「自然本能生理機能」狀態距離會越來越大，以致形成創傷。

就像三字經中講的「人之初，性本善」。童心是純潔的，人性本是潔淨的，但在現實的生活中，人心受到各種

誘惑和干擾，而產生了種種妄想，使本來潔淨善良的人性，沾染了種種不良「塵埃」。所以必須修練，清除心中的種種「塵埃」，才能重歸潔淨。

打太極拳正是如此，不能光練，還得修悟，得到太極拳的真諦。讓全身鬆下來，靜下來，進入太極狀態。

所以中國傳統中醫，和道家的養生法則與丹道的最根本認識和方法論，都是試想由後天教育養生和運動鍛鍊，不斷恢復和重建人體「自然本能生理機能」，促使人類不斷接近和返回先天的「自然生理機能」狀態，也就是道家說的「道」的狀態。而太極拳正是能開發和恢復這種人體「自然本能生理機能」的最佳運動方式。所以說太極拳是一項最科學的健身運動項目之一。

由此可知，太極拳的「腹式呼吸」運動最符合人體「自然本能生理機能」運動呼吸方式，也是最有益人體身心健康的運動方式。

關於「胸式呼吸」和「腹式呼吸」，我們做以下對比：

一、胸式呼吸

（1）胸式呼吸，主要是肺呼吸，是胸部的擴張和收縮，橫膈膜的運動較小，由於受胸骨和肋骨的侷限，吸氣量少，氧氣少。

（2）胸式呼吸是集中在肺的上中部，而肺的下部活動甚微，肺泡得不到充分地張開。

（3）胸式呼吸時，一旦運動量大，就會氧氣不足，

而出現疾速氣喘，上氣不接下氣，力不從心的感覺。

二、腹式呼吸

腹式呼吸，是指腹式呼吸法。人小腹部有九條經脈通過，即兩條胃經、腎經、脾經、肝經和中央的任脈。其中胃經、脾經是後天之本，主管消化、營養；腎經是先天之本，主管人的精氣、大腦和內分泌；肝經可調節情志，和神經系統有關；任脈主管一身之陰脈。所以腹式呼吸可以激發這九條經脈，加強氣血的運行。

（1）腹式呼吸，是健肺的最好方法，因為腹式呼吸比較深長，吸氣量大，氧氣就多，使人體獲得足夠能量。

（2）擴大了肺活量，改善了心肺功能，使胸廓得到最大限度的擴張，使肺葉的上中下肺泡充分張開，充分調動了肺臟的功能，讓更多氧氣在肺部進行交換，成為「真氣」。「真氣」是人體內一種精微物質，是無形之能。

（3）減少肺部的感染，尤其少患肺炎。

（4）改善胸腹臟腑器官的功能，特別是改善胃腸蠕動，舒肝利膽，促進膽汁的分泌。

（5）腹式呼吸對安神益智也有好處。因為腹式呼吸是在人體身鬆意靜的狀態下進行的，鬆靜中使人體血壓下降而鬆靜會給人帶來智慧。

（6）腹式呼吸，不僅有胸肋肌的擴張，而且還有腹部上下的延伸，主要是腹膈的升降延伸，更加大了肺的吸氣量。腹式呼吸，也可稱「丹田呼吸」，有呼、有吸、有吐、有咽，吸的是氣，咽的是津。古人曰：「氣是延生

草，津液是養命藥。」

（7）腹式呼吸時在人體內還會產生一種「前列腺素」的物質，可消除活性氧，並且擴血管。腹式呼吸時，「前列腺素」會從丹田細胞內滲入血管和淋巴管內，去消除活性氧中的毒素。從而促進了血液循環和血液淨化。

（8）此外，腹式呼吸還可以使腹部的各個內臟皆得以受到呼吸節奏的刺激而活躍，產生具大生命力。

由此可見，太極拳的「腹式呼吸」，由於氣血運動極大地提高了氧的攝入量，呼吸的拉長，吸的多、呼的淨，不僅充分調動了肺臟的功能，增加橫膈膜運動的幅度，而且由於丹田的運轉和鼓盪，也加強了腹部各器官的運動功能和胃腸的蠕動，促進了全身的血液循環，從而提高了人體的整體健康水準。

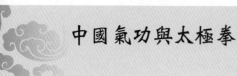

中國氣功與太極拳

「氣功」是中華民族的瑰寶，有著悠久的歷史和深厚的文化底蘊。它作為一種獨特的身心鍛鍊方法，在中國養生學中占有十分重要的地位。「氣功」是「吐納」、「導引」、「按蹻」、「行氣」等傳統健身方法的代名詞。

「氣功」一詞最初見於晉代許遜所著的《靈劍子》，在宋代的《雲笈七籤》裡已成為一個術語，直到20世紀50年代《氣功療法實踐》和《內養功療法》問世，才被人們廣泛使用。

但究竟什麼叫「氣功」呢？不瞭解「氣功」或初學「氣功」之人都感到很神祕，而研究「氣功」的人往往從不同的角度出發，也各陳己見，莫衷一是。20世紀80年代，「氣功」在社會上一度風行，群眾性「氣功」鍛鍊活動空前高漲和活躍。但「氣功」也被一些別有用心的人所利用，出現了一些不健康的「氣功」和反動「氣功」。為了幫助大家弄清楚什麼是「氣功」，以及「氣功」的發展狀況和「氣功」的分類，現分別作一簡單介紹。

一、「氣功」的概念

「氣功」這個詞並不準確，中國古代沒有這個詞。但是，早在中國幾千年前就有「食氣」、「服氣」、「吐

納」、「行氣」等練氣的功夫。這些都屬於自我身心鍛鍊為目的的養生術。除此之外還有「存思觀想」、「站樁」、「辟穀」，以及像《山海經》中的「食氣」；《老子》中的「虛無」、「意守」；《莊子》中的「導引」、「吐納」、「坐忘」；三國時期華佗的「五禽戲」；道教中的「煉丹術」；佛教中的「禪定」、「易筋經」等等不同形式的練功方法。這些由呼吸、鬆靜、氣沉丹田、煉氣、養氣的健身養生方法，在近代統稱為「氣功」。可見，「氣功」這個詞應當是近代的產物。1957 年，河北劉桂珍等人把練氣、養氣用於醫學，進行「氣功醫療」，並獲得有關部門的認可和肯定。由此，「氣功療法」得以推廣，並在民間廣為流傳。

什麼叫「氣功」呢？所謂「氣功」，就是透過形體運動與吐納調息相結合以達到自身健體養生目的的健身功法。「氣功」自古至今，源遠流長，分目繁多，但不管過去叫什麼，今天統稱為「氣功」。因為它們都有相同相似之處，都是以強身健體、養生延年為目的，以自身形體的運動、呼吸調整、心理調節相結合為運動形式，並已形成中華民族特有的傳統文化之一。

二、「氣功」的分類

歷史上對「氣功」也有多種分類。

1.按歷史源流分

道家「氣功」；儒家「氣功」；釋（佛）「氣功」；

武術「氣功」；醫家「氣功」。

2. 按練功的狀態分

動功，即動「氣功」；靜功，即靜「氣功」。

3. 按練功的姿勢分

站功；坐功；臥功；行功。

歷史上對「氣功」的分類十分複雜，就同一類「氣功」也有很多流派，同一流派又有很多支流。今天，在新的歷史時期，社會「氣功」又分：「健身氣功」；「醫療氣功」；「武術氣功」等。

「健身氣功」：

是 21 世紀我國為了使「氣功」這一優秀民族傳統文化流傳廣大，使之更好地為人民健康服務，把社會「氣功」納入了科學化、規範化、法制化管理軌道，為保證「氣功」活動健康有序地發展，中宣部、國家體委和衛生部等七部委於 1996 年 8 月聯合下發了《關於加強社會氣功管理的通知》，第一次提出了什麼是「社會氣功」，什麼是「健身氣功」，什麼是「醫療氣功」。國家體育總局本著取其精華、去其糟粕，結合時代精神，對「氣功」加以繼承和發展，按照講科學、講源流，古為今用的原則，重新整理彙編了四項「健身氣功」進行推廣，即：六字訣、八段錦、五禽戲和易筋經，又稱「健身氣功新功法」，並在 2000 年被定為我國第 97 項國家體育運動項目。

「健身氣功」的界定：以自身形體運動，呼吸吐納，

心理調節相結合為主要運動形式的民族傳統體育項目，是
中華民族悠久文化的重要組成部分。透過參加鍛鍊，達到
強身健體、養生康復的都屬「健身氣功」。

「醫療氣功」：

以防病、治病、用於臨床醫療保健的「氣功」功法，
稱為「醫療氣功」。「醫療氣功」定義：對他人傳授或用
氣功療法直接治療疾病，構成醫療行為的屬於醫療氣功。

「武術氣功」：

為增強自身的功力和抗擊打能力，武術界特將某些
「氣功」鍛鍊的方法，引入武術的功力訓練，從而形成了
「武術氣功」。

三、「氣功」的由來與發展

中國「氣功」究竟起源於何時？至今未見直接準確的
文獻資料，間接的文獻資料多是一些推測。應當說「氣
功」和其他文化、科學一樣，可追溯到上古時代，萌芽於
人類最基本的生產和生活實踐，絕非一人一代，個人獨
創，應當說是我們祖先勞動生活的積累、智慧的結晶。

據《呂氏春秋》記載，早在堯帝時期，因經常洪水氾
濫，人們長期生活在潮濕陰冷的環境裡，許多人患關節滯
痛、肢體腫脹等疾病。於是人們「故作舞以宣導之」。以
用「舞」的運動來使氣血流通，舒展筋骨，通利關節，達
到治病養生的目的。這種具有「宣導」作用的「舞」，正
是中華「氣功」「導引」的萌芽。

據《呂氏春秋・古樂篇》記載：「昔陶唐之始，陰多

滯伏而湛積，水道壅塞，不利其源；民氣鬱閼而滯著，筋骨瑟縮不達，故作舞以宣導之。」古人創編「舞」，用以疏通經絡，理氣導滯，以防治瘀滯不通之疾。這種「舞」可以說就類似今天的「健身氣功」。

再如老子的「守一」。「守一法」出自老子的「道德經」。「守」是指意守，「一」是指意念集中為一。所謂「守一」就是練功時意念集中為一。孔子的「守中」，即練功時意念集中於「中」。孔子是儒教代表，注重個人精神和品性道德的「修養」或叫「修身」。莊子的「吹呴」就是指呼吸，吐故納新，相當於今天「六字訣」的吐音。

華佗的「五禽戲」，《三國志華佗傳》中說：「人體欲得勞動，但不當使極爾。動旋則穀氣得消。血脈流通，病不得生。譬猶戶樞不堵是也。是以古之仙者為導引之事，熊頸鴟顧，引挽腰體，動諸關節，以求不老。我有一術，名五禽之戲，一曰虎，二曰鹿，三曰熊，四曰猿，五曰鳥，亦以除疾，並利蹄足，以當導引。體中不快，起作一禽之戲，沾濡汗出，身上著粉，身體輕便，腹中欲食。」簡單介紹了「五禽戲」的由來及應用。

湖南長沙馬王堆漢墓出土的「導引圖」上雖然僅存44幅圖畫，但導引姿勢千姿百態，運動全身不同的部位。再就《黃帝內經・素問・上古天真論》中記載：「余聞上古有真人者，提挈天地，把握陰陽，呼吸精氣，獨立守神，肌肉若一，故能壽敝天地，無有終時，此其道生。」又說：「虛邪賊風，避之有時；恬淡虛無，真氣從之；精神內守，病安從來。」從以上間接的文獻記載，可以看出，我國早在「春秋戰國」時期，就已經有了類似今

天「健身氣功」的健身療法。

1975 年，在青海出土的馬家窯文化時期彩陶罐上有一副彩繪浮塑人像，二目微閉，腹部隆起，兩手張開放在腹部兩旁，雙膝微屈，雙腳分開與肩同寬。經考證，該文物有 5000 年的歷史。人像正是古人服氣吐納的一種姿勢。彩陶罐浮雕人像還有男女合成一體，男女合練，體現了「氣功」陰陽合一的原始思維。遠觀近擇，取象比類，是古人最基本、最直接認識自然界萬事萬物的方法，也是天人合一，動靜相對，陰陽消長，五行生剋等理論的原始來源。古人透過對自然界日月星辰的運動，天地風雲的變化，鳥獸魚蟲飛行和奔競姿態的不斷觀察和總結，傚傚萬物，象形取義。經過反覆的驗證，逐漸總結歸納出內容豐富，形式多樣的健身功法。

當然，「氣功」也有它的歷史侷限性，不可能十全十美，難免都帶有一定時代的色彩，甚至還帶有一定迷信宗教色彩。但是，作為「氣功」的健身方法，經過歷代的發展和演變，還是有效地保留下來了。今天我們古為今用，去掉迷信宗教色彩，加入科學練功成分，使「氣功」更加完善、系統，成為現代的「健身氣功」。

四、「氣功」與太極拳

有人說：「太極拳就是氣功，是靜功，是內功，是氣功的動功。」其實太極拳的內涵已遠遠超出了「氣功」功法的範疇。應當說太極拳含有「氣功」的成分，但又不同於「氣功」。

太極拳與「氣功」相同之處是它們都屬於我中華傳統民族文化，都是以「意」和「氣」為主要練功方法，以達健身養生的目的。

「氣功」是健身養生之術，而太極拳除健身養生之外，它的靈魂是武術，有一定的技擊性（技擊也是它的一項主要功能）和表演藝術性。並含有哲學、醫學、力學、心理學等諸多學科的內容。

但畢竟太極拳與「氣功」還是有一定的淵源的，學練太極拳者不可不知「氣功」的練氣、練神、練心的練功方法。練心、練意、練氣、練神是兩者的共同之處。「調身」、「調氣」、「調神」、「調心」是健身養生的關鍵。特別是調心，心就是意，「心意」就是大腦的意念、思維。俗話說：「心想事成。」「心意」就是思想，就是大腦，就是司令部，指揮全身各個器官的行動。心要定，要靜，才能有悟，才有正確的思維。否則心亂如麻，什麼事都無頭緒，不可能有正確的目標和選擇。

所以拳論中稱「心為帥」，氣當然聽從指揮，氣行血隨。氣的運行又帶動了血的運行，所以人們常說：「意到、氣到、血到、勁到。」由於氣血的流動暢通，帶來生機，同時由腦、心、意的驅使，筋骨肌肉的曲張，帶動了全身運動。可見「氣功」只有健身養生的功能，而太極拳除健身養生功能之外還有技擊功能（護身防身）和藝術表演功能，給人以美的享受。

如何理解「太極勁」

　　無論是太極拳還是太極拳推手，都應走「勁」。沒「勁」的太極拳就是太極操，沒「勁」的太極推手就是一根棍。

　　那麼什麼是「太極勁」呢？從理論上講，「太極勁」的運行路線是圓弧形的，發勁時走圓周的切線，發勁後又迅速落入另一個圓環中。它能化能發，如環無端，週而復始。有人把外柔而內剛，能將氣與力融為一體的「勁」稱為「太極勁」。太極拳或太極推手都有「聽勁」、「化勁」、「發勁」之說。

　　「聽」之謂權，即權衡其輕重的意思，在太極拳推手中為偵察敵情。「聽」之於心，凝之於耳，行之於氣，運之於手。「聽勁」是用皮膚的感知，要準確靈敏，以意導氣，以氣運身，聽而後發。

　　「化勁」即化解對方來力，走圓弧，勁路比較長，也即人們所說的「沾勁」、「柔勁」。

　　「發勁」要專注一點，爆發要快而短，即人們所說的「剛勁」。

　　初學太極拳者，因其身體僵硬，鬆不下來，一般用的都是拙力、直力，即「死勁」，而真正的「太極勁」則是「活勁」，有「形圓而不散」的說法。所以，太極拳習練者要想練出真正的太極勁，必須堅持拳架和推手配合鍛

鍊，此外，還應努力學習太極拳的拳理拳法，不斷總結經驗，不斷地進行交流切磋，只有如此，才能練出太極勁。

劉福厚老師在《太極拳秘訣評解》一書的太極拳懂勁解一章中說：「懂勁是太極拳技法達到一定理性認識階段的標誌。先是透過拳架的實踐，還須透過知彼的檢驗（推手），而後才能真正掌握。」又說，「有氣為勁，無氣為力，勁則剛柔相濟，力則硬直。」「剛柔是太極拳技法的需要，也是太極拳用勁的特點。」「勁力剛柔相濟才能滿足走黏技法轉化的需要，很好地發揮沾、黏、連、隨的作用，使對手的進攻似覺得手，最後才知上當。這是因為剛柔相濟的勁力，不丟不頂，能剛能柔，能引能化所致。」

十四世陳式太極拳大師陳長興在《太極拳十大要論》「剛柔」中說：「用剛不可無柔，無柔則環繞不速；用柔不可無剛，無剛則催逼不捷。剛柔不可偏用，用武豈可勿耶。」

楊式太極拳傳人楊澄甫在《太極拳雜談》一書中說：「用力不對，不用力不對，而有剛有柔對；丟不對，頂不對，不丟不頂對；無論何人傳的太極拳，能剛能柔，能筋舒活血就對；觀其兩膊皮膚甚軟，骨肉甚沉就對。」「太極拳功夫純熟之人，臂膊如棉裹鐵，分量極重（沉）。」

陳式太極大師馮志強老師在《陳式太極拳精選》一書中說：「用勁要剛柔相濟，陰陽參半。太極拳的用勁要符合太極拳剛柔相濟的練功原則，既不能過於柔軟，也不可偏於堅剛。柔軟無力難以長功，堅剛過度則難養氣血。故此必須循陰陽中和，剛柔參半之路徑習練方可得『太極勁』。」

王宗岳在《太極拳論》中說：「陰不離陽，陽不離陰，陰陽相濟方為懂勁，知彼己之剛柔、虛實，互為消長，以虛濟盈而不失其機，斯真懂勁。」

以上是太極拳前輩對太極拳功夫（**太極勁**）的有關論述，由此可見，太極拳功夫就是「太極勁」，就是剛柔相濟的內勁。勁源於丹田，氣血充盈，遍佈全身，要剛有剛，要柔有柔，能剛能柔，能伸能屈，能化能發。「起於腳，發於腰，形於梢」，「靜如泰山，動如山河」，「蓄勁如開弓，發勁如放箭」。我們要很好地理解領悟楊澄甫「柔中寓剛，棉裡裹鐵」的藝術內涵。

為了幫助大家理解，我們必須弄清以下概念。

「勁」與「力」的概念；「剛」與「硬」的概念；「柔」與「軟」的概念。

「**力**」走直線，硬而直，脆而易折，是直勁、死勁；「**勁**」走圓，剛柔兼之，有韌性，有彈性，能剛能柔，是用的活勁。

「**硬**」即僵板，死、硬、脆，易斷易折；「**剛**」是剛中有柔而不「硬」有韌勁，富有彈性，如鋼。

「**軟**」為懈，著力即癟，沒有掤力，無氣無力，無精打采，氣血不足；「**柔**」為鬆而不懈，柔中寓剛，著力而化，有掤力、有韌勁。

「太極勁」就像一個充滿氣的旋轉的氣球，不軟也不硬，不丟也不頂，剛柔兼之，著力越大反彈越大。又因為它是圓周運轉，因而很難找到重心，找到力點，所以「太極勁」又稱螺旋勁、纏絲勁。

由此可見，純柔純剛都不能稱為「太極勁」，因為純

柔無剛，就不是柔了，而是軟了；純剛無柔，就不是剛了，而是硬了。陰陽才為太極，剛柔互用才為「太極勁」，二者缺一不可。這和太極陰陽之理是一樣的。

有陰有陽才為太極，無陰不生，無陽不長，無柔不化，無剛不發。陰中有陽，陽中有陰，陰中無陽則陰無所主；陽中無陰則陽無所歸。柔中寓剛，柔中無剛則為軟；剛中有柔，剛中無柔則為硬。陰離不開陽，陽也離不開陰，陰陽互為環抱，不可分家，二者互為消長，並且在一定條件下互相轉化。所以太極拳中剛與柔也是不可分割的，只能互相消長，剛多柔少，或柔多剛少，互相為用。剛柔、虛實、開合、屈伸、前後左右的交替運動才構成了太極拳的拳架。

一般來說，習練太極拳時間較短的人，由於其身體鬆不下來，不是軟就是硬。有的四肢僵硬，渾身拘緊，打出拳來比較死板，手腳就像棍子，所以走不出「太極勁」來；有的「鬆」和「軟」分不清楚，認為「軟」就是「柔」，其實軟就是鬆過了頭，「軟」為「懈」。「懈」了氣血不充，頭頂不起來，軟而無神無力，就像是沒氣的皮球，少氣的自行車車胎一樣撐不起來，一著力就癟。

也有人這樣形容「太極勁」：「鬆而不懈，剛而不硬，要剛有剛，要柔有柔，能剛能柔，互為轉化。」所以它才不丟不頂，不癟不抗，能引能化，能化能發。

可見要練成真正的「太極勁」不易，非數年鍛鍊得不到手。往往很多人自以為自己練拳數年，有一定勁道，結果與人一搭手，不是丟就是抗，不是軟就是硬，才知自己什麼功夫都沒有。說到底還是沒把太極拳的理法吃透。太

極拳的理法只是停留在口頭上，停留在拳架上。在習練太極拳時，只是要求這裡高點，那裡低點，這裡角度大點，那裡角度小點等等，沒有把它領悟到點上、理上。

有些人把習練太極拳的目標放在追求大鬆大軟上，有的只埋頭打拳，不與他人交流，不研究拳理拳法，不學聽勁、化勁、借勁、發勁，這怎以能夠練出太極勁呢？

拳訣說「運化要柔，落點要剛」，「得實不發藝難精」。拳論上講「如果要練太極功夫，太極勁，就得剛柔兼之，調運氣血，遍佈全身，要剛有剛，要柔有柔，氣宜鼓盪，神宜內斂，無使有缺陷處，無使有凹凸處，無使有斷續處」。

太極拳與養生

　　人生有兩樣東西最難捨：「一是財，二是命。」每個人都想讓自己富有，並且有一個健康幸福的人生。但是，人生坎坷，往往是上天不遂人願。俗話說得好：「人算不如天算。」人生總會留下很多遺憾。多數人對世事看不透，想不開，放不下，捨不得。說白了是悟不出人生的真諦，不明白人到底應該怎樣活著。

　　人生短暫，不能白來一世。人應該活得有價值，幹點自己喜歡的事業。起碼要做一個對社會有用的人，有文化、有知識、有素養的人，一個心理和生理都健康的人。要有文化、有知識素養，那就得學習；要身心健康，就得學會「養生」。

　　生命無價，一個人生命只有一次，是唯一的，所以要珍惜生命，愛護生命，保養生命，這就是「養生」。要養生首先要學會管理好自身的健康。

　　人要靠精神活著，不是靠麵包活著，麵包只能充飢，維持肉體生命，而肉體生命只是人體的軀殼，沒有靈魂的生命就是活著的殭屍。

　　「養生」不是人生的目的，而是保養生命的手段。

　　人在有限的生命裡，不管是富有還是貧窮，不論是達官顯貴，還是落魄的乞丐，健康快樂才是人生最大的財富和幸福。人生苦短，歲月如流，樂天知命，其樂融融。有

快樂才有健康，有健康的生命，才能創造財富；有了健康
的身體，才能享受幸福快樂的人生。

太極拳是文化，「養生」也是一種文化，她們都是中
華民族文化的瑰寶。「養生」是人類的智慧和文明的表
現。而太極拳則是「養生」最佳方式之一。

備受西醫保健帶來的副作用之後，國人逐漸清醒過
來，痛定思痛，開始向健康本源回歸。目前全世界範圍內
興起回歸自然的中國傳統養生保健風潮，開始回到中國有
五千年歷史的養生文化上來。

一、何為「養生」

「養生」是今天中醫的專用術語。「保健」是西醫的
專用術語。中華民族的養生文化可以說是源遠流長。
「養生」一詞，最早源於《黃帝內經》。書中記載：「故
智者之，養生也。必須四時而適寒暑，和喜怒而安居處，
節陰陽而納剛柔，如是則避邪不至，長生久視。」這段文
字意思是告訴我們聰明的人才會養生。

養生要順應四時的變化，要懂得春、夏、秋、冬季節
的特點，適應氣候的變化，來把握自己的行為，節制喜怒
的分寸，保持平和的心態，有規律地起居生活。調節包括
飲食在內的陰陽平衡，使身體剛柔相濟，邪氣就不會傷害
你的身體，人就可以健康長壽。古人認為人是天地的產
物，養生首先要遵從天地自然法則。如果離開人與自然的
和諧，就無法談「養生」。

人在自然界中，不是孤立的人，人與自然界息息相

關。四時更換，氣候季節的交替，萬物春生、夏長、秋收、冬藏，人必須順應自然環境和四時的變化，來調整我們的衣食住行，不然就會帶來疾病、甚至影響生命。這是古人的養生觀。

人是「形神」統一整體。生命不是一個簡單的人體，人除了有肉體生命，還有精神生命和社會生命，精神生命是人的靈魂。「生命」是精神生命、社會生命和形體（肉體）生命組成。形體（肉體）生命需要「養身」；精神生命需要「養心」，而社會生命則是一種責任。

人在社會中是不能獨立存在的，而是相互依存的，人離不開社會，必須奉獻社會。但精神是人的靈魂，精神是一種力量。人沒有了精神，就失去了靈魂，沒有了動力，將一事無成。精神即是人的心理體現，形體即是人的生理表現。「形乃神之宅，神乃形之主」。精神健康，人則氣血充足，精力旺盛，則形體也健康。所以「養生」不能單「養身」，也不能單「養心」，必須身心並養，神形兼備，內外雙修。

「養」是什麼？養即是保養、調養、修養、養護的意思。「生」是什麼？生即生活、生命、生存（生老病死）的全過程。

「養生」就是「養命」，即保養生命的方法和過程。「養生」就是「養心」、「養身」，身心（形神）並養。「養生」就是如何修練保養自己身心健康的學問；如何少生病、不生病、治未病的智慧；也就是如何提高生活品質，完善人體生命價值和修養的學問。

具體說就是透過自身的修行和鍛鍊，養成良好的生活

習慣，合理平衡飲食，科學運動，使自己的身心保持一個平衡狀態，以飽滿的激情和旺盛的精力從事工作和生活。

中醫認為，「養生」就是「養陽氣」，萬物生長靠太陽，所謂「陽氣」就是人體中的太陽。「養生」就調養身心，透過科學正確的生活方式，保持自身氣血和經絡暢通，陰陽平衡，實現人的正常壽命週期，健康生活一百歲，享盡天年，無疾而終。

「養生」不僅是健康人預防疾病和延年益壽的方法，也是有病人的基礎治療方法。其實，「養生」就是教給大家如何不生病的智慧，不僅延年益壽，而且提高自身的生活品質和生命品量。

「養生」主要內容包括以下四個方面的內容：**「一是培養自身正確的生活方式，改善不良的生活習慣；二是科學的健身運動，選擇適合自身的運動方式；三是保持一個和諧心態，是養生的重中之重；四是平衡飲食，科學的食藥補療。」**

人為什麼要活著？精神是基礎。世界衛生組織 WTO 指出：「人的健康一半是心理，心理平衡是健康的基礎。60%的疾病都是由心理和精神因素引起的。」認為人的精神和心態、七情六慾太過和不及均是擾亂心神而致病的主要原因。因此，精神修養，心理養生，是人類「養生」的重中之重。精神心理因素可以致病，也可以治病。精神愉快、心態平和，人的情緒穩定，心胸就會開朗。這是維護人體健康，延緩衰老和長壽的關鍵。所以人一定要有精神，有一個良好的心態。一個人有了正確的人生觀，才會有正確的生命觀。

　　那麼，人為什麼要活著呢？一是不僅只為了自己健康和幸福，而是為了大家生活得更美好；二是要奉獻社會，人生在世不能光是索取，更多的是奉獻；三是為了社會進步，為了國富民強，社會和諧，幸福共享；四是成為一個人品道德高尚的人，有文化、有知識、身心健康的人。概括地說：中國養生學的本質，就是完善人體健康，以實現人的身心平衡，內外協調，全身心的和諧，改造自身，頤養天年為目標；進而實現認識世界，提高人體生命、生存的方式和質量，體察人生真諦的目的。

　　有人說：愚人是在製造疾病；糊塗人是在等待疾病；聰明人是以「養生」治未病。這就是古人所說的「智者養生」。智慧是生命的源泉，健康才是真正幸福。隨著社會的不斷發展和科學的不斷進步，生活在快節奏和市場經濟激烈競爭環境下的人們，養生的概念被緊張的現代化生活所淡化。自然環境的污染以及不良的生活習慣，侵蝕著人們的身心；營養失衡，壓力過大，飲食不規律，嚴重影響人們的機體健康。

　　健康心理會讓我們必須在緊張喧鬧的現代生活之餘，回歸到自然狀態，進入上乘修道的境界中來。因為影響人的壽數的不是「命中注定」，而是很大程度取決於生活方式。重視「養生」，關注健康，投資健康，管理健康，最終才會收穫健康。

二、中國傳統「養生」觀念

　　中國古人「養生」是把人和天、地緊密地聯繫在一

起。《黃帝內經》本神論中說：「人以天地之氣生，四時之法而成。」人與自然萬物息息相關，天、地、人和萬物是一個整體，大自然是人類生命的源泉，人體不是一個自我封閉的單獨存在的群體，而是處在天、地、人及萬物的「動態平衡」的格局之中。「人生於地，懸命於天」。天、地合氣曰「人」。所以立於天地間的人，必須即秉承天的動態（陽），又要具有地的靜態（陰），只有這樣才能與自然界的變化規律相和諧。

中國傳統「養生」的目的是實現三個和諧：即個人身心和諧；人與人的社會和諧；人與自然和諧。

中國傳統「養生」的最高境界是「天人相應，天人合一」。也有人認為「養生」就是向內心求安詳。人生最大幸福和快樂就來自於安詳。安詳本身就是喜悅，安詳本身就是寧靜，就是生活的舒坦、快樂。生活平安祥和就是一種精神享受。要快樂，要安詳，要幸福，就得放得下，能捨得下，萬事隨緣，順其自然。

釋迦牟尼其實是一個實實在在的人，他不是神，他也有父母、有妻兒，當年就是因為能夠放得下、看得透、捨得下，才修得正果的。

他是個學識非常淵博的人。他認為人為什麼要爭鬥不休呢，為什麼不能和平共處共享天倫之樂呢？所以他毅然放棄了國王的權力和地位，放棄全國的財富不去占有，放棄國色天香不享受，而去做苦行僧。說明世界上還有比權力、財富、國色天香更能使他快樂的東西。

得道後，他的精神境界達到一種不可言喻的清淨和昇華，不再受到視覺和聽覺的限制。心像平鏡一樣，清淨無

邪，眼前的現實過去和未來的時空障礙已不復存在。那種境界，那就是「佛」，是心靈中的「神」。佛言說：「……我身生於人間，長於人間，於人間得佛」。佛經處處強調「要以人為本」「我們要珍惜人生，愛惜生命，要利用有限的生命，廣做善事、普度眾生，轉變迷失人生，而成就覺悟之人生。敢於直面人生，改造人生，於生死中而覺悟人生，於生活中而奉獻人生，圓滿生命」。

其實佛就在你自己心中。佛本身是清淨的，人也應該是清淨的，但在現實生活中，人由於種種誘惑，而產生了種種妄想，使自己本來乾淨的人性，沾染了灰塵。所以修佛的目的，就是為了去掉心中妄想，淨化心靈，從而使自己靜下心來，自悟本心，這就是佛家的「養生」。

孔子是儒家的始祖，他博學多才，精通六藝，更專於「養生」之道。他主張人以「精神修養和道德品行修養為主。以修養身心為『養生』的核心觀念」。儒家「養生」倡導：保持心情舒暢，精神愉快，真氣順和，氣血暢通，寬恕厚道，淡泊名利，知足常樂，性格開朗，胸襟寬廣，享盡百年。

道家呂洞賓有詩曰：「不負三光不負人，不欺神道不欺貧。有人問我修行法，只種心田養此身。」可見道家「養生」也是修心養性，只種心田養我身。「道家養生」是現實主義者，重視今生。道學文化因源於中國，與今天的「養生」有同曲之妙。道家「養生」的宗旨是把握人生，爭取競其天年，以自身修養來尋求探索使人長壽的方法。道家「養生」，講「修心」，由養心的平和到身體健康雙修。

　　當今現代人很多疾病都來自「心病」，都希望自己擺脫煩惱，回歸寧靜。但是很難做到，因為人是社會的產物，人離不開社會，社會發展神速，工作生活快節奏，導致人的精神緊張，壓力增大，想逃避是不可能的，人人必須面對。因為人要生存、生活、生兒育女、敬養老人，要承擔社會和家庭責任。這是我們每個人都必須面對的，關鍵是你用什麼心態去面對。

　　古人云：人應「厚德載物，雅量容人」。人應當有接納容人的氣度和雅量，而不能自視清高，陷入孤獨的狀態。

　　在我國，中醫「養生」是用有形之藥即草、木、根、土、石和動物骨肉等為藥治病。並認為人體自身有大藥。注重人體自身的內在調理。所以中醫「養生」，重在調養五臟六腑，來提高人體免疫力，從而達到心身健康。可見，佛、道、儒、醫等諸學的「養生」之道，都離不開以「修養身心和諧為根本」。

　　就連國學《四庫全書・大學》第一章中也講道：「自天子以致於庶人，壹是皆以修身為本。壹是，一切也。正心以上，皆所以修身也。齊家以下，則舉此而措之耳。」意思是「從天子到百姓，一切都以修養自身為根本，……自身有修養，然後家庭才能管理好；家庭經營好，然後才能把國家治理好；國家治理好，然後才能平定天下」。

　　所以中國傳統「養生」的基本精神就是：「自我主宰，身心雙修，但重在『修心』。」

　　「養生」就是以調整失去平衡的心理狀態和生理狀態，使身心經常處於平衡、協調、愉悅的最佳境界，從而

達到享盡天年的目的。

三、太極拳的「養生」之道

儒家講的「修心養性」，佛家講的「明心見性」，道家講的「丹道」，中醫學家講的「不治已病治未病」，武術學家講的「練內功」等，這些都有豐富的「養生」內容，特別是當今太極拳的「養生」之道，更有它的獨到之處。

太極拳源遠流長，它是以「道家」學說和儒家「易學」太極陰陽學說為理論基礎，是「動中求靜、靜中求動、動靜蘊動、動靜相宜、剛柔相濟、快慢相間、體用結合」的內家拳術。它是在鍛鍊身體的同時，著重修練頭腦和心靈的功夫。正像楊澄甫大師所說：「太極拳乃心氣功夫。」太極拳主要功能不僅是技擊、健身與「養生」，更重要的是修養心平氣和的人生境界，挖掘人類固有的智慧潛能寶藏。

所以不能把太極拳看成是簡單的肢體運動和一般的武術運動。它更是一種高層次、高度文明和高雅的人體生命科學運動。它是身心並練、內外雙修的一種修為。太極拳運動是以「鬆柔」、「意靜」為本，要鬆而不懈、剛而不硬、非弧即圓、剛柔相濟的運動。

不能把太極拳打得太軟了，也不能把太極拳練得太硬了，更不能把太極拳打成操，也不能把太極拳練成舞；太極拳追求的是陰陽平衡與周身的和諧，用意念引導動作，來達到形體與精神的和諧與統一。太極拳練到「形與意

合」、「氣與力合」才算入門。

　練太極拳要體現出「有無相生，動靜相因，虛實相資、剛柔相摩、快慢相間、一陰一陽之道」。

　太極拳運動的核心是「心意」和「氣血」，而肢體運動只是它外在表現和輔助功能。《太極拳十三勢行功歌》曰：「若言體用何為準？意氣君來骨肉臣。詳推用意終何在？益壽延年不老春。」心想為意，意即是心，練心練意，練氣才是太極拳修練的核心標準。目的是益壽延年，而骨肉拳架只是輔助功能。因此，太極拳的動作緩慢柔和，中正安舒，不用拙力，付出的力很小，而收穫的是氣血充盈，滋潤體內五臟六腑，這是「內壯」。它的特點是，以心為帥，以身為旗，以意領氣，以氣運身。動作柔順安舒，鬆而不懈，剛而不硬，慢而有序，快而不亂，呼吸深長，純任自然，瀟灑自如，勝似閒庭信步。

　它吸取了「道、佛、儒」三教的養生功能，並形成了自己唯一獨特的運動方式，而受到世界各國人民的公認和推崇。認為太極拳是當今充滿競爭的現代社會中，能夠幫助我們緩解壓力的最佳鍛鍊運動方式。並已成為人們普遍的共識。並把每年的五月定為世界太極拳月，使太極拳已經成為世界各國人民主要「養生」項目，太極拳已成為國際性語言。

　太極拳說它是武術，是指它的技擊功能。因為太極拳首先是拳，不是操，更不是舞。在那個特定年代，技擊就是它的第一功能。正向王宗岳「太極拳論」中所說「英雄所向無敵，蓋皆由此而及也」。陳鑫拳論打手歌中寫道：「上打咽喉下打陰，中間兩肋並當心。下部兩臁和兩膝，

腦後一掌要真魂。」太極拳所以稱之為「拳」，是因為他的技擊功能。

　　然而，社會在發展，人類在進步，太極拳也與時俱進，以適應社會發展的需求。和平年代，國家穩定，社會和諧，人們不再打打殺殺。太極拳的功能也由以技擊為主演化為以健身養生為第一宗旨，健康長壽才是人們的第一追求。太極拳藝術性是指它的形體動作，神形兼備，打太極拳是一種藝術享受，看太極拳是一種賞心悅目的藝術享受。我們今天講太極拳的技擊，更多的是它的技擊內涵和哲理。而不再強調它的英雄所向無敵。更多的是享受太極拳鬆柔圓活的運動和意境，從無極而太極，而陰陽兩儀，再回歸太極無極的過程。

　　太極拳起勢：心不動，形不動，是靜態，是無極。從心動，是太極。心動身形動，有動有靜，為陰陽兩儀。而收勢，又從陰陽動靜中合而太極，最後回歸無極。

　　我們知道，無極為 0，太極為 1，陰陽為二。無極就是神形合一，是全身透空的一種境界。太極拳由鬆靜而致空，空才有悟，悟才有慧；空能容納一切，悟就是一種潛能，就是智慧。空就是道，靜為無，為零，為空。靜就是人類心靈悟出智慧的源泉。遇事不慌，沉著冷靜，最後做出正確的決策。凡是做大事的人都是心態好，在關鍵的時候做出正確的決斷。所以太極拳不僅健身養生，還能提高人的智慧和才能。只有心平意靜時，才能看到自身的垃圾和灰塵。只有靜才能獲得心靈的安康，但是生命在於運動，只靜不動，只陰不陽，非太極。無陰不生，無陽不長。

　而太極拳正是「在動求靜，靜中求動」，身心安康的真諦。只有悟性較高的人，才能發現道的蹤跡。緊隨道行，終身無險，病不入身。沒有悟性的人是很難做「靜養」和「徹悟自身的」，也難找到「靜養」天年的真諦。

　當然太極拳練到如此境界很不容易，這也正是當今人們心浮氣躁，意想透過打太極拳把心態靜下來主要原因。但是，「太極十年不出門」，說明了太極拳功夫之深遠。初學者，往往心浮氣躁，心靜不下來，身體鬆不來，全身僵硬，氣往上浮。並且感到胸悶，主要是過不了鬆靜關，一時難以入門，是可以理解的。

　太極拳就是以陰陽平衡為目的的「養生」運動。西方科學家用人體細胞推斷人的壽命，認為人是由 60 萬億~100 萬億個細胞組成。每個細胞從新生到死亡分裂的週期是 40 次～60 次，因為每個人的基因不同，而每個細胞分裂的時間係數平均為 2.4 歲，由此推測人的壽命應該平均為 120 歲。

　每個人每天都有 1 億個細胞新生和死亡。當細胞新生高於死亡時，為人的生長期（青少年），當細胞新生等於死亡時，為人的中年期（中年），當細胞新生低於死亡時，為人的衰老期（老年）。人在老年時抵抗力差，風邪、細菌的侵襲難以抵抗，人就要生病，疾病又促使人的衰老。疾病與人的衰老是相互影響的。如果能防止疾病與衰老，保持細胞的新生與死亡的平衡，就會延緩衰老，防止疾病的產生。

　如何能保持細胞的平衡呢？生命在於運動，細胞也在運動，運動才使細胞有了活力。

　　因為生命在於運動，運動才會使細胞有活力，但當運動量過大時，消耗的細胞增多，運動量過小，細胞新生減少，無過不及。而太極拳正是運動量不過大，但也不小的這樣一種陰陽平衡的運動。它不快不慢、不急不躁、不軟不硬、有動有靜、有虛有實、有剛有柔、剛柔相濟的運動。既有利於人體細胞的新生，又減少細胞的死亡，促使細胞保持平衡狀態。

　　古人把地球宇宙喻為一大太極，人體為一小太極，都是陰陽之體，都是吸天陽之氣，引地陰之氣而養身，陰息陽生，陰靜陽動，生生不息，有規律運動。太極拳正是運用這一原理，以調養人體陰陽、虛實、開合、剛柔的變化，運化人體氣血暢通，以達到拳為我用，以體養心，以心養體，以順應「天地人合」，長壽百年。

　　太極拳雖然屬武術，但它是一種文化，遠遠超出武術的範疇。太極拳融武術、氣功、力學、哲學、醫學等多個學科而為一體，博大而精深。它拳非拳，武非武，既文又武，既健身又健心，是中華民族養生文化的瑰寶。它內運氣血，外達筋骨，在外它展現的是外在的平和穩健的自然形體之美，在內它內在的神韻是平衡和諧的心態，更重要的是它還有深邃的哲學文化內涵。

III 太極 體悟篇

每個人都應該靜下心來，聆聽
自己內心深處的聲音，萬物生於
靜，又歸於靜……

「理法」與太極拳

　　「理」與「法」是兩個不同的概念。「理」即是道理、理論，是指導，是方向。「法」即是法規，是保障，是行動的準則。然而理與法又不可分割，沒理即沒有法，沒法，理不清，理就不能正確貫徹執行。常言說「無理，是胡鬧」，「違理天不容」。「無法自亂」，「沒有規矩不成方圓」。

一、什麼是「理法」？

　　按佛家講，就是「經」，即佛經。按道家講，就是「道」。天道亦人道，人道即人生的大道理；天道即天地間（宇宙）一切事物自然發展和運動變化的規律。所以說：「經」即「道」即「理」。

　　「理」是神聖的，是最權威的，是一切行動的指南；「理」是不可侵犯的，「法」是不能玷污的，人們必須無條件的遵循。違背了就得受懲罰。

　　我們從小受教育，就講「理」、講「法」，講如何做人，講如何做事。道家天天講「道」悟「道」；佛家天天講「經」唸佛。可是，還有那麼多不按「理」「法」做事的人，有的甚至殺人放火，貪污腐敗，盜竊搶劫，犯下不可饒恕的罪行。究其原因，主要還是不明理，不懂法，不

知道理法的嚴肅性，受不良社會風氣的影響，使純潔的心靈受到了污染。道德敗壞，思想極端，名利思想嚴重，私心和仇恨沖昏了頭腦，自己無法控制自己。

總之，不按理法做事，辦事，都要受到懲處，結果害了別人，也害了自己，所以最大的敵人，還是你自己。

人是宇宙的一個分子，必須順從大自然發展變化的規律，這叫天人合一，不能倒行逆施，人必須與天地自然和諧相處。

人又是社會的重要組成部分，必須要適應社會的發展，遵理守法，為人類社會的發展做出貢獻。

人與人要和諧相處，人與社會要適應協調，人與自然要和諧相依。要和諧，就得公平、公正，大家按理法共同遵守。但是，公平、公正都是相對的，世界上沒有絕對的公平、公正。因為每一個人所處的社會地位不同，生存的自然環境也不盡相同，同時，自然環境與社會環境，還在不斷的發展變化，變化又是不以人的意志為轉移的，有些變化還是不可抗拒的，所以人們必須要適應社會和大自然的變化而生存。

人是高級動物，是有思維、有理想、有道德、有尊嚴、有追求的高級動物。世界這麼大，人類這麼多，人與人，人與社會，人與自然，都是相互依賴而生存的。人要想保護好生養我們的地球這個共同的家園，就必須有「理」「法」來約束，不能各行其是，任其已為，不然天下就亂了。

其實，天地為我們做出了榜樣。你看，這麼大的浩瀚的宇宙，無數的星辰，它們都是各有自己的軌跡，嚴格的

按著天理在不停地運動，一點都不亂。它們不但自己轉動，而且還要圍繞著自己主管星球轉動。月亮自己轉，還要圍繞地球轉；地球自己轉，還要圍繞太陽轉。它們準時、準點，無私無悔、遵理守法。

上天為我們奉獻了日月星辰，陽光和光明，溫暖和氧氣，晴空萬里，藍天白雲。大地為我們奉獻了秀麗的山川、森林、礦藏，肥沃的土地，廣闊的海洋、湖泊，蔓延的江河，孕育了萬物生長，然而它們無言無悔，無私無怨。不僅如此，它們還承載了人類的美好，同時也承載了各種災難、污穢和垃圾，它們從不拒絕，而是無條件的全然接受，一視同仁，從不講條件，對誰都是一樣無私呵護。

人雖然都是父母生養，但天地才是我們最大的恩人。所以人要以天地為大，以孝父母為先。中國人結婚時都是：一拜天地，二拜父母，就是這個道理。

傳說天上有多少星星，地上就有多少人，每一個人都有自己的星座。人應該效仿天地，遵理做人，守法做事。人之初，性本善嘛，是社會不良風氣的影響，污染了人們純潔的心靈，才造成了一些不遵理守法的人和事。如果天地像人一樣，不遵理守法，今天，地球轉慢點，明天地球又轉快點，後天地球又休息了，那成嗎？不行，所以人必須效仿天地，一定要遵理守法，嚴格律己，人類才能共享人間太平，生活幸福。

其實，太極拳也一樣，不按拳理拳法練拳，那就亂了。不講理法的太極拳那叫盲拳，瞎比劃。既達不到養生的目的，也起不到健身的效果，很可能還會對身體造成傷害。

二、什麼是太極拳的「理」「法」?

古人說:「太極拳得易而為用」,「太極拳非純功於易經之理而不可得也」。因為「易有太極,象陰陽」。所以不知,不懂得太極陰陽之理,就不能善於太極拳。不懂得陰陽相濟,五行生剋,八卦相盪,虛實相應的變化,就很難得到太極拳的精髓。

太極拳理法,即是以太極陰陽之理為依據,以八法五步十三勢為技,古人創編的一門武術,它是中華武術中的一個拳種,它屬內家拳,它凝聚哲學、力學、中醫學、武術、氣功等多門學科而大成。所以它不是個簡單的武術,是文化,是科學。所以太極拳不光是練,更需靜下心來去體悟,它博大精深的內涵。

三、遵循「理」「法」練太極拳

1.太極拳運動是「心氣功夫」

太極拳經講:「意氣君來骨肉臣」,心想為意,意和氣才是太極拳的核心,而骨架(拳架)只是個臣,是在意氣的支配下的行動。太極拳主要是修心練氣,心態好了,心靜下來了,體鬆下來,真氣自然下沉丹田,氣足血液暢通,身體才是真正的健康。

2.太極拳運動,非弧即圓

這是效仿天體運動的規律,宇宙間一切物體,不分大小,都在旋轉運動,有自轉,還有公轉。太極拳的運動也

是非弧即圓，特別陳式太極拳，更強調螺旋纏絲，走纏絲勁。順纏，逆纏，左纏，右纏，上纏下纏，手也纏，臂也纏，腰也纏，全身形成一個立體交叉的螺旋纏絲運動，一遇外力，立即化掉，或反彈出去。力在驚彈走螺旋。這是陳式太極拳的主要特徵。

3.明拳理，懂拳法，知拳意，是練好太極拳的關鍵

古人練太極拳，強調「寧循理以求真，莫越理以爭勝」。說的是太極拳要以理求真，不能越過理去爭高低，說是非，要按理法打拳，不能瞎打亂來，會影響練拳的質量。另外還要知拳意，「太極拳中妙無窮，如不明拳中意，十年八年費功夫」。要明白每一招式用途，要「知行合一」。才能做到：意到，氣到，血到，勁到。明白了太極拳理法，還得要知道拳理的使用方法和堅持不懈練拳，才能打出太極拳的內涵。

不能知拳理而不行動（**不堅持練**），也不能光瞎練而不明理法。沒有行動的理法，是空洞的，是空談太極拳。

沒有理論的行動是盲目的，是瞎比劃太極拳。

所以，首先要求明拳理、懂拳、知意，再堅持不懈的努力，練拳體悟，才是每個太極拳達人的正確選擇。否則將一無所成。

4.「身鬆」「意靜」才是太極拳運動的核心

所謂身鬆，鬆不是軟，要鬆而不懈。鬆，首先要心放鬆下來，全身肌肉、關節、皮膚都鬆下來，全身沒有使勁用力的地方，體內氣血，才會暢通無阻，真氣自然下沉丹

田。這時，心腎相交，水火相融，渾身舒服。同時由於心腦、肌肉、關節、皮膚的放鬆，神經也就不緊張了，這時人的大腦和皮膚感知能力特別強，特別敏感，對方微小的外力，你都會有所察覺。

在推手或和對方交手時，立即聽到對方的來勁，才能真正做到「彼不動，我不動，彼預動，我先動」，這叫「知己知彼，百戰不殆」。

所謂意靜，是指保持內心的平靜，情緒穩定。太極拳講的靜是相對的靜，是心無亂相，寂然寧靜。忘掉工作，忘掉一切煩惱，讓心在寧靜的環境中，專注太極拳的每一個動作。

有道是「心靜自然涼」，心空才能容納，心滿了就什麼都容不下，聽不進去了。心靜才覺空，我們形容一個人的心懷肚量大，常說比海大的是天空，比天空還大的是胸懷。所謂宰相肚裡能撐船，就是這個意思。

因為內心平靜，才能排出污染，心內乾淨，才能看清萬物的實（真）相，透徹一切不實之假相，才能做出正確的判斷和決策。內心清淨了才能更好體悟太極拳的真諦。

諸葛亮曾說過：「寧靜思遠，淡泊明志。」人只有心清靜下來，才看的遠，看的透徹，讓我們於浮躁的社會裡看清真偽，讓我們在物慾橫流的社會裡，保持清醒的頭腦，保持內心的從容與淡定，因為內心的平定可抵禦外界的干擾。因為浮躁會使人失去根基，浮躁會使人失去理智，亂性出軌，做出傻事、錯事。

我們就是要讓心靈回歸清純，給心靈一片清靜滋潤的淨土。孔子說：「靜者存，躁者亡。」只有做到身鬆、意

靜，太極拳才能真正達到強身健體，修心養性，延年益壽的目的。

　　古人養生：《黃帝內經》中說：「上古之人知其道者，法於陰陽，和於術數，飲食有節，起居有常，不妄作勞，故能形與神俱，而盡終其天年。」這裡強調了人要養生，首先要「法於陰陽」，這是養生的總則。太極拳就是要練陰陽平衡，為健康最高境界。

說「佛」論「道」悟「太極」

一、說「佛」

「佛」字是從印度梵文音譯過來的，譯成中文就是「智慧覺悟」的意思。「佛教」是世界上最博大精深、最弘揚慈悲、最勸人行善的「宗教」。

孫中山先生說：「佛學是哲學之母，研究佛學可佐科學之偏。」黃念祖先生說：「佛學是宗教而超宗教，是哲學而超哲學。」可見「佛學」不是迷信，也是一門科學，是哲學，它屬於印度佛教文化。

說「佛」，首先得說一下「佛祖」釋迦牟尼，他是佛教的創始人，生於公元前 558 年，距今已有 2500 多年的歷史。

釋迦牟尼是古印度釋迦族人，姓「喬達摩」，名「悉達多」，又稱釋迦牟尼，意思是釋迦族的聖人。成道後，人們稱他為「佛陀」，又稱之為「佛」。在成佛之前，他是印度迦毗羅衛國的王子，與我國春秋戰國時期的孔子是同一代人。

早年喪母，悉達多由姨母養育長大，自幼天資聰穎，父親淨飯王對他寄予厚望，希望他繼承王位，建功立業，將來能成一位傑出的、萬民擁戴的、一統天下的君主。為了培養他，父親聘請了多位傑出的大學者，教授他文學、哲學、天文學、數學、兵法、武功等，悉達多聰明過人，

過目不忘，一學就會。所以長大的悉達多，不僅知識廣博，而且文武雙全，智勇兼備，心胸寬廣，心思敏捷。

就在他 29 歲時，不顧父親的勸阻，毅然出家，丟妻棄子，拋棄王位財權，剃度削髮離宮，身披袈裟，遁入深山空門，雲遊四海八方，追求人生痛苦解脫的真諦。他同現實抗爭，向精神挑戰，尋找解脫人生「苦海」之道。在荒涼苦鄉中，釋迦牟尼以清泉為飲，置艱難困苦、風霜雪雨於不顧，堅持不懈，定坐沉思，歷經六年之久，功夫不負有心人，終於成道，修成正果。

突然有一天，在苦思冥想、空靜修行中，心中升起一顆明星，頓時精神境界達到了一種不可言喻的清淨和昇華。心目中的過去、現在、未來的時空障礙已不復存在，也不再受視覺和聽覺的限制，心像平鏡一樣，一切煩惱不再起於心頭，一切疑慮全部澄清，豁然覺悟到人生真諦。離苦得樂，苦去甘來，清淨無邪，意境宏遠。「如實見諸法真相，而證成無上正覺」。從此之後，成佛建教。

依「佛教」的定義，「佛」是一個「正覺、等覺、無上覺」三覺圓滿的人。也就是說，「佛」不但自己對「生苦」已經大徹大悟，而且還要幫助眾生徹底覺悟。

釋迦牟尼認為：「人的慾望是人生一切苦難的根源。」人生一世，無論是肉體，思想還是情感，都在不斷地發生變化。一個人從生到死，就是一次苦樂相參的歷程，是苦樂不均而漫長的磨難，所以人生不盡言，也不盡意，低谷處有坎坷，高巔處有風險，人類歷史本身就充滿陰謀、詭詐，彬彬有禮的背後，隱藏著層出不窮的策動、密謀、爭奪、屠殺等，爭權奪利和腥風血雨。

這個旋轉不息的地球，運載著一個永遠卸不掉的苦難包袱。人生之所以忍受種種痛苦，往往都是自身的迷惑而造惡業，自作自受，自食其果，痛苦無窮，輪迴不止。而「佛」的教育，就是「破除迷信，離苦得樂」。啟發人真正的智慧，讓大家在現實社會環境中，能辨別是與非，正與邪，善與惡，利與害。然後再幫助一切眾生建立理智，大覺，奮發，進取，樂觀向上的，慈悲濟世的宇宙人生觀。

魯迅先生說：「釋迦牟尼真是偉大的聖哲，我們平常對人生有很多難以解答的問題，而他居然早已明白啟示了。」

馬克思說：「人類到釋迦牟尼『佛』的時代，辯證思維才成熟，辯證法最初來源於佛教。」

章太炎先生說：「佛教的理論使上智人不能不信。」

著名科學家愛因斯坦都說：「能夠應對現代科學的需要，又能與科學相依並存的宗教，那必定是『佛教』。」

佛言說：「……我身生於人間，長於人間，於人間得佛。」禪宗之祖惠能大師言：「佛在世間，不離世間覺。」佛經中處處強調「人身難得」，要珍惜生命，珍惜人生，利用有限的生命，廣做善事。

講道「人生」，佛教雖然普為一切有情所設，但以人為中心。人是十法界中迷悟升沉的樞紐，四聖六凡皆以「人道」為起點。佛教講人生之實義最後歸結為轉變迷失之人生，成就覺悟之人生。在此轉變成就之下認識到：生命即生死，生活即生死，敢於直面人生，改造人生，推己及人，自他互利。此即於生死中而覺悟人生，於生活中而

奉獻人生，圓滿生命。

　　人之要義於此可見，所謂人生就其應有之義含有生命、生活、生死三個方面。生命在剎那中起滅，生活在剎那中變化，生死在剎那中相續。

　　有生命即有生活，有生活即有生死。有生命即有意識，有意識即有感覺，有感覺即有苦樂，有苦樂即有分別，有分別即有迎拒，有迎拒即有人我事非種種煩惱叢生，這就是我們所說的生活。可見，生命也好，生活也好，均受種種條件的制約，不得自由。佛教於此說為諸行無常，諸法無我，緣起性空。

　　梁啟超先生說：「佛教之信仰乃智信，而非迷信，佛教是理性的宗教，佛法是智慧的學問。」

　　王恩祥先生說：「佛法是最哲學的宗教，又是最科學的哲學。它的理論與行為是一樣的，它是悲願與智慧的合一，它是無神無我，它是普渡一切眾生的。」

　　潘宗元先生說：「我從事科學研究幾十年對於佛教也有點膚淺的認識。我深深體會到，佛學和科學的範疇雖然不同，但兩者對因緣的探索是不謀而合的。因此，我特別嘗試用自己對科學的認識，從科學的角度解釋佛教諸行無常，諸法無我等重要概念，並非迷信之說。」

　　覺光大師在《佛教與人生》中說：「信仰佛教能淨化人心，美化生活，善化社會。」

　　這樣看來，「佛」已經上升到哲學文化與科學並存了。所以要認識「佛」，學「佛」並不是一件容易的事。不光是燒香、唸佛、靜坐、再做點善事而已。「佛法」高深莫測，但關鍵是淨化心靈，自悟本心，讓靈魂昇華。

　　要想真學「佛」，首先要認識「佛」。什麼是「佛」？什麼是「法」？什麼是「佛法」？什麼是「佛教」？以及學「佛」的目的。

1.什麼是「佛」？

　　前面已講過，「佛」就是「智慧覺悟」的意思。簡單的說，「佛」就是人生的覺者。「佛」這個字，有體有用，從它本體講就是「智慧」，從它的作用講就是「覺悟」。

　　智有三種：

　　（1）「一切智」──用現代哲學的名詞講，就是「正確地瞭解宇宙的本體」，這種智慧在佛法裡稱為「一切智」。

　　（2）「道種智」──就是能夠正確明瞭宇宙萬事萬物繁多現象的智慧，叫「道種智」。

　　（3）「一切種智」──對宇宙人生的真諦明白了，沒有絲毫迷惑和差誤，這種智慧叫「一切種智」。

　　釋迦牟尼在中國小說《西遊記》中就是如來佛，具有以上三種智，所以他對整個宇宙人生真相，正確明瞭，清清楚楚，所以他稱為「佛」。「佛」的道行無邊無際，明了宇宙蒼生，無所不知、無所不能。孫悟空一個觔斗十萬八千里，也沒能跳出他的手心，甚至撒泡尿他都知道，說的就是「佛法無邊」。

　　「覺」也有三類：

　　（1）自己覺悟了（一小乘）

　　（2）還能幫助別人覺悟（一大乘）

（3）能圓滿的覺悟，就是全智全能的人，就是上帝。在「佛教」中稱「佛陀」。

2. 什麼是「佛法」

「法」是「佛」用來代表宇宙萬事萬物一個代名詞。

「佛法」是把「佛」與「法」連起來。因為「佛」無所不能，無所不知；「法」代表宇宙萬事萬物。「佛法」就是無窮無盡的「智慧、覺悟」，覺悟了宇宙和人生一切萬事萬物萬法。就是所覺的對象沒有邊際，能覺的智慧無邊無際，這就是中國人常說的「佛法無邊」。

其實，這無邊無量的智慧，就是人的本能，或者說你自己的本能，只是你沒有修悟到，真正的智慧遠沒有挖掘出來。「一切眾生本來都能成佛，但因妄想和私慾不能脫塵，執著而不能徵得」。

我們凡人的眼視和耳聽都是有限的，眼睛只能看百十米，耳朵也只能聽幾十公尺，而「佛」根本不是用眼睛和耳朵，是用心來感知覺悟，無窮無盡的萬事萬物的真相。

3. 什麼是「佛教」

「佛教」有兩層意義。

1. 是「佛陀」的教育。

2. 指學佛的組織（宗教）。

釋迦牟尼（佛）一生中為一切眾生所講的法，講解宇宙人生的真相，就是宇宙天地之間生存之理，和人生必須遵循的大道理。後來學生把它記錄下來，整理成「經」，就是現在的「佛經」。

「佛經」就是佛教的教科書。「佛經」裡講的人生就是你自己；宇宙就是我們生存生活的環境；修行就是將我們對宇宙，對人生的錯誤認識、看法、想法、做法，加以糾正。

修行的綱領是：「覺，正，淨」。即是：「覺」而不迷，「正」而不邪，「淨」而不染。並依：「成，定，慧」三學以求達到此目標。另外，佛門還有三寶。

佛門三寶是：佛、法、僧

佛者——覺也。

法者——正也。

僧者——淨也。

對「覺，正，淨」的要求是：「學佛者要清心寡慾，淨心善性，內調心性，外敬他人」。

「釋迦」——是仁慈的意思。對人要慈悲為懷，並要和善待人。

「牟尼」——是清淨的意思。

「釋迦牟尼」——就是對自己要清淨，對別人要仁慈。

「阿」——即是「無」。

「彌陀」——即是「量」。

「阿彌陀」——即是「無量」的意思。

「阿彌陀佛」——即是「無量佛」。

「無量」——即一切都是無量的。宇宙天地無量，無量的智慧，生命無量，道行無量，無量的無量就是生命，因為沒有生命，就沒有一切，一切無量就都不存在了。

「佛教」非宗教，也非哲教。「哲教」是指孔子的教育，只講今生如何做人，如何做事。「佛教」講三世人生教育，講過去（前世），講今生（現世），講將來（來世）。

從時間講：過去──現在──未來。無邊無際。

從空間講：眼前──時空──無盡的宇宙世界。

所以「佛教」的教育，是「智慧覺悟」宇宙人生的教育，它比大學課程還深遠。

所以「佛教」也有職稱：「佛」、「菩薩」、「羅漢」就是「佛教」的學位名稱。

（1）「佛」──「無上正等正覺」。

（2）「菩薩」──「正等正覺」。

（3）「羅漢」──「正覺」。

他們都是人，不是神，是人把他們神格化了。

「佛教」的修佛功法有：

「定」──指專心一境，而內心不散亂的精神狀態。

「禪」──內見心性而不動，為禪。

「慧」──由「定」而產生的智慧。

「坐」──外於一切善惡境界，而心念不起。

「禪定」──外離相為禪，內不亂為定。

「定慧一體」──先立無念為宗，無相為體，無往為本。

「佛」這裡指釋迦牟尼，既不是上帝，也不是神仙，他就是一個覺悟了人生最高真理的哲學家；他是傳播人生真諦的教育家；他是從顛倒迷惘中喚醒眾生的覺悟者。

「佛」是人生的覺者，「佛」是已經覺悟的眾生，眾生是尚未覺悟的「佛」。因此，可以這樣說：「人人都有佛性，人人都能成佛。人人都能大徹大悟，人人都能歸於圓滿。人人都能離苦得樂，覺海慈航，安抵人生彼岸。」

「佛」不立文字，妙不可傳，既無禪功，也無秘法。從對人生的初探，到對生命的大徹大悟（圓覺）。靜觀人生，勘破寰宇，直指人心，見性成佛。

「佛」本身是清淨的，人心，人性本也是清淨的，但現實中，人由於受到社會上種種誘惑，產生了種種妄想，使本來清淨的心和人生沾染了「塵埃」。修佛的目的：「就是要去掉心中妄想，從而淨心而能自悟本心。」所以說：「佛」就在我們自己的心中。

人性本清淨，我心自是佛，自若無佛心，何處求真佛。心有佛才是真佛，心無佛則無佛。「佛教」沒有種族，等級，性別的觀念差別。勸人行善，普度眾生。學道不厭，誨人不倦。

「佛法」無量，無所不能，無所不知。

「道法」無邊無際，無生有，有歸於無。

他們都闡述了，宇宙天地發生發展的自然規律與法則，以及人生的真理。

釋迦牟尼，老子，他們都是聖人，人類的先哲。「佛教」，「道教」，他們都有兩千多年的歷史，經久不衰，因為提倡的都是正能量，讓人多做好事、善事，不要做壞事、傷天害理的事，讓人獨善其身，普渡眾生，幫助別人，所以對於當今的社會也有一定的進步意義。

二、論「道」

「道教」是中華民族土生土長的宗教。道教文化與太極文化同根同源，都是中華民族文化的根。世界範圍內的宗教只有「道教」是中國文化乳汁養育的，是中國上古之人的創造，是中國先民的智慧結晶。

英國漢學家李約瑟說：「中國文化就像一棵參天大樹，而這棵大樹的根在道教。」

魯迅先生曾說：「中國文化的根柢全在道教，懂得中國道教理論者，就懂得了中國文化大半。」

「道教」源於老子的「道學」，所以論道不能不說道學的創始人——老子。

老子，姓李名耳字聃（伯陽），楚國苦縣厲鄉曲仁里人（今河南鹿邑東），是春秋時期的思想家。曾為周政府守藏室史官，孔子曾向其問禮。他早於孔子數年。

老子創「道」和釋迦牟尼創「佛」相似，用「道」來說明宇宙蒼生演變的規律。提出「道生一，一生二，二生三，三生萬物」的觀點，認為「人法地，地法天，天法道，道法自然」。

「道」的含義博大精深，可以解釋為客觀自然規律，宇宙的本源和實質，或者是原則、原理、真理、規律等均可，同時又有著「獨立不改，周行而不殆（週而復始）」的永恆絕對的本體意義。

老子的主要經典之作是《道德經》。《道德經》云：「道可道也，非常道也。名可名也，非常名也。無名天地之始也；有名萬物之母也。故常無慾也，以觀其妙；常有

欲也,以觀其所徼。兩者同出,異名同謂。玄之又玄,眾
妙之門。」

　闡述了宇宙微妙的真理,這是道教信仰的奠基,也是
「黃老」思想的本源。「黃老」即黃帝和老子的思想理論
體系,中國道教的前身,起源於春秋戰國時期。

　孫熙國研究認為:老子的「道」,是天地宇宙的主宰
和根據,另一方面又是天地宇宙的本源和始基。既是天地
宇宙萬物運動變化的規律和原理,又是人生所追求的極致
境界和人類社會的最高法則。

　老子認為一切事物都有正反兩個方面,對立而又統
一,並在不斷轉化。如說:「正復為奇,善復為妖」,
「福兮禍之所倚,禍兮福之所伏」。認為一切事物發展變
化都是「有」和「無」的統一。「天下萬物生於有,有生
於無」。

　從無到有,一般人只看到事物的表面,而老子卻能看
到裡面,一般人只能看到事物的正面,而老子卻能看到反
面。所以,有時很難讓人理解和接受。譬如他主張:「無
為」、「愚智」、「無慾」、「無私」、「守柔曰強」、
「柔弱勝剛強」。似乎違反常理。老子以無上的睿智,透
過事物的表象,看到事物的裡面、反面,看到我們一般人
看不到的道理,而直探到了底蘊。

　所以說:「此道易知不易行,行忘而行道乃畢。」人
的心性,必由勉強進入自然,由自然而進入渾然,由渾然
而釋然,才是行忘所行道乃畢。

　《道德經》中的每一句話都充分體現了道家思想綱
領。就是要順應自然,不要違背了大自然發展運動的規

律。「天人合一」是道家主要思想主張，也是人與人，人與社會，人與自然關係相處的最高境界。

天地之初，沒有物體，沒有形象，這種情況，可以稱之為「無」，這「無」就是「道」的本體，而「道」就是宇宙的本源。至於那包含著宇宙萬物之理的大道理，沒有形狀，看不見；沒有聲音，聽不見；沒有實體，也摸不到。所以用語言無法表達，用文字也寫不清楚，因此，要瞭解「道」，完全要靠心靈去感悟，這就叫「悟道」。

當「道」產生了作用，萬物隨之而生，可稱為「有」。從無到有，就是道生一，一生二，二生三，三生萬物。用易學的語言說太極文化，就是無極生太極，太極生陰陽，陰陽合而生萬物。

可見「道」與「太極」（易）之內涵大致相同，萬物生於無，而歸於無。太極拳始於靜，為無極，起勢一動為太極，一靜一動為陰陽，一陰一陽為太極，太極收勢又回歸無極。

總之，老子的思想精神認為，不論是人、天、地、道，無論是修身、為人處世，無不以「自然為本」。「道」是宇宙萬物的創生根源，人、天、地都得法於「道」，而「道」必須法於自然。「道之尊，德之貴，夫莫之命而常自然」這就是老子的宇宙觀。

「道教」在戰國時期，原本是諸子百家之一，後因追求長生不老，煉丹成仙，則不斷被神化。再到唐朝，李姓的唐室認為，老子姓李，是他們的始祖，所以就把「道教」奉為國教。唐高宗甚至規定：「道大，佛小」，「先老後釋」。使「道教」得以迅速發展。後唐玄奘從印度取

回佛學真經，佛教又勝於了道教。

直到元朝，「全真龍門教」師祖丘處機，遇到一代天驕成吉思汗，成就了「一言止殺」的歷史性創舉與漢蒙佳話，獲得了「成吉思汗」的信任，崇奉而呼之為「神仙」，並拜為國師，掌管天下的道教。從此，為全真教的發展奠定了基礎，使道教得以再度發展。

到明朝，諸皇帝對「道教」文化更是狂熱，明成祖甚至自稱真武大帝化身，使道教又得空前發展。道教文化滲透全國的尋常百姓家中，在全國各地大興修建了成千上萬的城隍廟、土地廟和道觀。直到清乾隆皇帝宣佈「佛教中的藏教為國教」之後，「道教」又開始走下坡路。直到新中國成立之後，道教有了全國統一的道教組織，中華民族文化的「道教」才得以傳承發展。

佛教講三世因緣，而道教只講今生，是現實主義者。道教的宗旨是把握人生，爭取意其天年。因而道家自古以來就以自身為試驗，尋求、探索能夠使人長壽的方法，這些方法就是道家的養生之術。這個理念也適合當今這個時代。道家養生中進行養氣、行氣、修身的練習，恰好滿足了當代人關注身心健康、祛病延年的要求。

當代人最主要的問題是心理問題，很多疾病都源於心病而生，於是就把擺脫煩惱，回歸清靜，作為自己嚮往的目標。其實道教的養生方法，不是讓你迴避矛盾，迴避煩惱。

什麼是「道」？其實生活就是「道」，人本身就是「道」。「道」的清靜就在我們生活中，就在我們煩惱的紅塵中。「道」只需要我們心態轉變，「道」不是讓我們

迴避慾望，而是要認識慾望，因為有慾望才產生了煩惱，「道」就是讓我們不為慾望所牽制，所迷惑。

另外，道教還有一個很大特點，就是道教文化思想體系，在醫學和生命科學領域中，修道人大都懂醫術，像歷史上扁鵲、華佗、孫思邈、李時珍等等，他們都是醫聖、藥王，他們本人也都是道士或居士。另外中國歷代皇朝的國師，又稱軍師或陰陽先生，大都是道士或居士，像周朝姜尚、三國諸葛亮、明朝朱伯溫等等。

中醫的四大哲學理論：①天人合一學說；②陰陽學說；③五行學說；④精、氣、神學說等等。無一不來自道文化，其實道文化與太極文化同源，它們都源自中國的「易學」，這是中國最古老的哲學思想體系。

道教的另一大特點是十道九醫，稱為「道醫」。「中醫」是用有形之藥，即，草、木、根、石及動物的臟骨為藥。而「道醫」是用無形之藥，即「氣」。認為人體自身就有的大藥，就是「氣」。特別注重人體內在「氣」的運用與調理，來提高人體免疫功能。只有在重病內氣調理不過來的情況下才用藥。「道醫」多是透過採氣、行氣、調息、調心、吐納、靜心來促使人體氣血充盈，緩解心理壓力，來達到精神旺盛。相當於今天的健身氣功和太極拳的功能。

老子在人生觀方面、養生方面，更有獨到之處。老子認為，人心本虛靜，是因為私慾所致而亂性，所以必須「修身養性」、「無私」、「無慾」、「致虛守靜」才能看清事物的本來面目，看到萬物演化的歸根，你才能悟道，修道。所以道教的主要修道方法是：「寧靜反省，內

觀養心，返璞歸真，行善積德，上善若水，無私無我無
慾，愚智無為，以柔克剛，以弱勝強，依循自然，致虛守
靜，修身養性。」

人，身動養命，靜心見性。所以要「性命雙修」。

所謂之「性」──指人的心理狀態，即心態，心
也。

所謂之「命」──指人的生理狀態，即命門，腎
也。

動以養身──即運動以強身外攘邪惡。

靜以養心──即靜心以內修精神。

所以【性功】──講靜心和道德修養。性功要靠自
悟，主要側重於人的心理調節。

而【命功】──即健身的練功技巧與方法。命功要
靠師傳，以免偏差，主要側重於人的生理調節。

詩曰：「命功築基待師傳，性功為重靠自修」，「命
功有定時，性功統全局」。這就是說，健身的方法，要靠
師父的傳授，靜心養性還得靠自己修悟，「師父引進門，
修行在個人」就是這個道理。

【性功】就是修心養性，保持平衡的心態和良好的生
活習慣，這是長壽的訣竅。「仁者高壽」，「德者延
年」。因為客觀環境是經常變化的，順境、逆境是不以人
的意志為轉移的。關鍵在於我們的主觀心理如何對待，心
理平衡了，去掉了心中各種思想包袱，再練命功，你會收
到意想不到的效果。

這和練太極拳一樣，要身鬆意靜來修練太極拳，不能
只練拳架，那是肢體運動，太極拳運動的核心是練心練

氣。練拳時，要靜心，但不是什麼都不想，而是要專注拳式拳著，體悟拳的內涵。心有所想，意有所指，氣血有所隨，勁有所使。

面對這個繁華而紛擾的世界，其實，每個人都應該靜下心來，聆聽自己內心深處的聲音，萬物生於靜，又歸於靜。靜不是無所作為，而是一種功法，是靜而不為外物所動，思自己所思，想自己所想，讓內心保持寧靜，給自己創造一個清靜的空間，給自己的身心做一次常規保養。這才是一個功底深厚的人。

太極名家孫祿堂認為「夫道者，陰陽之根，萬物之體也。其道未發，懸於太虛之內；其道已發，流行於萬物之中，夫道，一而已矣。在天曰命，在人曰性，在物曰理，在拳術曰內勁」。

透過太極拳內勁的修練，可以使道彰顯，與天地並立，與太虛同體，達天人合一的境界，形成拳與道的合一（統一）境界。太極拳從動作外形看，鬆靜合一，動作緩慢，不軟不硬，有剛有柔，是一種低強度的有氧運動。但是我們看不到它的內在心態，是在平靜中，呼吸自然，氣血流暢而內養五臟六腑的氣血運動。氣血充足與否決定著人體生命和生存品質。

「佛」、「道」、太極拳都強調「靜心」來修心養性，有異曲同工之妙。認為「靜」是一種修練功法，「靜」是智慧的源泉。只不過太極拳的「靜」是身鬆意靜，是安靜的靜，是專注太極拳，去掉雜念，集中精力。而「佛」與「道」的靜是乾淨的「淨」，是洗心，清除內心中的塵埃（邪念）。

　　太極拳的修練，具體在行動上是：「非弧即圓，弧是大圓，圓是小圓，由練大圈至小圈，至無圈，已不見圈，形成丹田內轉；由外練形至內練心氣；由繁至簡；由武練至文歸；由動而靜」。「佛」、「道」、太極拳都是在修心練「靜」（淨）。

　　靜是功法，靜是正能量，靜生慧。靜則透亮，只有在靜中才能看清事物的真相。天大，地大，都比不上「佛」大，「道」大。但「佛」、「道」再大也比不過心大。因為，心中有佛才有佛，心中有道才有道，所以心才是最大。這和太極拳一樣，練心、練氣才是人生修練的最高境界。

　　「佛法無量」，「道法無邊」，「太極無限」，它們都無所不知，無所不能。都在闡述宇宙蒼生發生發展變化的自然規律和法則。

　　釋迦牟尼、老子、孔子三位先師，都是洞察宇宙人生真相，具是圓滿智慧的聖人，故稱「三智」。「三智」大道，即「佛」、「道」、「易」（儒）的經典學習，領悟和實修，就是做明白人，不做糊塗人，變煩惱成菩提，轉聰明為智慧。做人是修行，做事是修行，練太極拳也是修行，一切皆是修行，修行一生，體悟大道。為天地立心，為民生立命，為萬世開太平。

太極拳的「運」與「動」

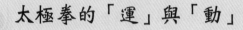

　　肢體的運動為形動，是活動或勞動。太極拳講「運」，是「運」而後動。先在心，後在身；先是氣血運，後是身體動。

　　人的心動為意，氣血的動為「運」，身形的動作變化為「動」。

　　心是人的主宰，人的一切活動都得聽從心的旨意。所以心為帥，意為旗，意導氣動，氣領血動。心意指到哪裡，氣血就運行哪裡，勁就走到哪裡，從而摧動人的外形運動。

　　身形顯於身體的外部，所以稱為外動，外動為「動」。氣血在人體的內部，所以稱為內動，內動為「運」。

　　我們在用力時，常說讓我先「運」運氣，所以氣為「運」。這就是說：

　　心想到哪裡（心為帥），意就指向哪裡（意為旗），氣就運到哪裡（氣動為運），血就行到哪裡（血隨氣行），勁就走到哪裡，形就動在哪裡。勁為意、氣、力之和。勁是一種爆發力，似衝擊波，不是單一方向的力。

　　這就是常講的：意到、氣到，氣到、勁到。

　　如果心無主，心不想。意無所指，氣血則無所適從，就會失去了運行的方向，這時人的四肢外形運動則是瞎比

劃。所以拳論講：「意氣君來骨肉臣」。

　　意氣才是君，君即是皇帝，是一個國家的主宰，領導核心。拳架只是個臣，臣是輔助於君的，是聽從君的旨意的。所以太極拳的運動稱為「心氣功夫」。是因為太極拳的運動，是以心意引領人體內在氣血的運動為主，四肢外形的運動為輔，所以太極拳才稱為「內家拳」。

2013 年王青甫、趙會珍在北京教刀講拳（上圖、下圖）

太極人生有感，師生傳承感言

我們都喜歡太極拳，是太極拳成就了我們的師生情緣。太極拳已融入了我們的生活，因為我們痴迷太極拳，是太極拳改變了我們的人生。健康了身體，淨化了心靈，使我們的人生更加豐富多彩。

一、隱退養生

人生有限，有限的人生能為社會、大家做點好事，為傳承太極文化做點貢獻，沒有白活一世，足矣。但人總是要老的，我今年七十歲了，說老不算老，說小也不小了。古人說：「人活七十古來稀」，但就今天來說，七十歲只能算是剛剛步入老年人的行列。知難而退吧，七十歲為自己畫上一個圓滿的句號。

所以我用照片整理了一本圖書《太極人生》，算是一個小結吧，初衷是記載「青甫太極」從 1990 年至 2010 年，二十年來的學拳、練拳、教拳的過程，以及大家演練太極拳的拳姿、劍姿、刀姿的風采，還有多年參加全國各地表演比賽時取得的優異成績。榮獲金、銀、銅牌、獎旗、獎盃、獎狀，當時曾有過的輝煌時光。

「青甫太極」的隊伍，從無到有，從小到大，在艱難中生存並不斷發展壯大。多年來我們在省市及全國、國際

太極拳比賽中榮獲金獎，無論集體，還是個人，可以說榮獲了大多數陳式太極拳金、銀、銅獎牌，並得到了專家的認可和好評。同時，我經由多年的練拳教拳，積累了一些太極拳功法知識和體悟，撰寫了《四十八式簡化陳式太極拳》、《陳式太極劍》、《陳式太極刀》、《太極論道》、《太極人生》多部書籍和多篇太極拳論文。為傳承和弘揚太極文化做了一點工作。

當然，這些成績和輝煌，凝聚了我們師生的心血，是和大家共同努力分不開的。我非常感謝大家跟隨我多年不離不棄，與我風雨同舟、相伴相隨，這是我人生中最值得憐愛的珍寶。我們一起走過平淡，一起走過坎坷，也一起走過輝煌。在人生的風雨中，我們相隨相伴，都是無數的前因才換來的善緣。比世間黃金都珍貴，也許我們每個人身上，都有諸多缺點和瑕疵，但這些絲毫不影響我們師生的情意和友愛。所以有你們接班傳承是我的驕傲。

但大家一定要記住：「太極拳沒有十年的堅持不懈的演練和體悟積澱，是很難得到更好的傳承。精彩和輝煌只是人生一瞬間，人無千日好，花無百日紅。經歷一時的精彩與輝煌過後，復歸於長久的平淡。即平平淡淡才是真。所以從明年開始，各站傳承教拳的任務就交給你們了，希望你們都能承擔起傳承太極文化的重任。」

傳承「太極文化」，不能光傳拳技，還要傳拳育人，體悟太極拳的內涵。我們傳承的太極拳，是健心健身之道，不是爭強鬥勇之術。我們傳承的不只是技術，還有精神。

有你們擔負太極拳的傳承，我就放心了，放心了也就

放鬆了，解脫了，從此我們轉入「太極養生」的修練。「人終衰老屬自然，人老身體重保健。」但這並不是說從此我不教拳了，幾十年的東西怎能一下放下呢！只是減輕了點壓力，讓大家都來傳承，更有利於太極拳的弘揚與發展。

藝無止境，太極拳博大精深，我們的點滴體會只是滄海一粟，沒有悟到的東西還很多，千萬不能驕傲，不能得了幾塊獎牌，就自以為是。與此相反，你們在今後的教學和修悟中，還會有更深的體會。要青出於藍而勝於藍，要敢於超越。

如有體悟不順達的地方，我們師生還可以共同探討，共同追求，但是一定要靜下來，只有身鬆意靜下來，才能更好地參悟太極拳的精髓。靜者存，躁者亡。心靜（淨）才能無染，無染才能舒心，舒心才能心靜，心靜才能氣沉丹田，心靜才能生慧。所以鬆、靜才是太極拳重中之重。

二、發展與傳承

「傳承精髓不動搖，去粗取精不保守，毋以己長而形人之短，毋因己拙而忌人之能。」

太極拳不是簡單的肢體運動，太極拳是武術——「武術精神揚正氣」。太極拳是文化——「文化是一個民族的根國家的魂」。太極拳是科學運動——「科學才使人類社會進步」。太極拳還是哲學、心學、力學、中醫學、經絡學、氣功、武術等多門科學之大成。所以說，太極拳是國粹。因此，我們必須深學體悟之，並學以致用。光練

（學）不用，等於無用。

所謂**學**——就是向老師學，向書本學，向他人學。

1. 要不恥下問，敬師父，多請教，虛心學。

2. 就是多讀書，「書中自有黃金屋」。人一生的知識有 80% 都是從書本學知的，讀書才能使我們明拳理，懂拳法，知拳意，拳理即是指導方向，拳法是練功不出偏差，拳意是讓你明白招數的作用。不明此，那就等同瞎打。

如今，你們趕上了好時代，太優越了。當初我學拳時，無書，無光碟，無電腦，全憑心記。如今，你們不僅有書，有光碟，還有電腦手機，想怎麼看就怎麼看，想怎麼學就怎麼學，無所不能。一定不要辜負了師父的一片苦心。

3. 就是實踐，實踐出真知。實踐就是多練拳，拳打千遍必有悟，練的多了就會悟到拳裡的東西。

4. 就是向他人學習，多學他人之長，補己之短，古人說：「三人行，必有吾師。」人無完人，「儲才為寶，積健為雄。」

5. 練拳還要練功。有「練拳不練功，老來一場空」，「功到自然成」之說。

6. 堅持不懈，不能半途而廢。「一日練拳一日功，一日不練十日空」。太極拳貴在堅持。

所謂**用**——就更多了。① 技擊推手防身 ② 健身心 ③ 應用社會，健康社會，健康地提高民族素質。④ 應用工作和生活

1. 技擊。因為技擊才是太極拳的靈魂。

八法是技，五步是行，沒有八法五行十三勢，哪來太

極拳，這是太極拳的根。當然，今天太極拳不再用來打仗了，但這些技擊內容不能丟。還可以防身護身，健壯筋骨。必須深思熟慮太極拳的技法、招法，並透過交手或推手實踐來驗知拳技的應用。

2. 健身健心是當今人們練拳的主要目的。

提高身體素質增強身體的免疫力，從而提高人們的生活品質。要想達此目的，太極拳必須要在身鬆意靜上下工夫。人只有鬆下心，靜下來，氣才會自然下沉丹田，全身氣血才會通暢，達到練心練氣的目的。

3. 如果大家都來練太極拳，不只是健康一個人，一個家庭，而是健康了一個民族。不僅提高了國民整體體質，而且會使國家更加平穩，社會更加和諧。

4. 太極拳練心練氣，能使我們每個人都心平氣和下來，那麼我們工作，生活和接人待物，就會更加文明禮貌，順暢諧達了。

試想，太極拳沒有了技擊內容，沒有靈魂，沒有核心，太極拳就成了個空架子。那麼太極拳就只能是太極操或者太極舞了。所以，太極拳在傳承上，還要以技擊為靈魂，以健康為本，以發展為目的，與時俱進，要在繼承的基礎上進行傳承發展。沒有繼承就談不上創新，沒有創新就沒有發展。要古為今用，洋為中用，不唯人，不唯書。以拳理拳法為依據，努力探索太極拳的真諦，讓太極拳更好的為人民服務。

太極拳就是由於一代一代的太極拳達人痴迷，不斷地追求，不斷地探索，無私地奉獻，傳承和發展，才有了我們今天豐富多彩的太極拳運動。

　　我們從學練太極拳，到熱愛太極拳；從修悟太極拳，到傳承太極拳；從體悟太極拳，到撰寫太極拳。幾十年如一日，從未間斷，健康了自己，健康了他人，健康社會，有苦有樂，就算苦中作樂吧。因為喜歡，我們沒有什麼遺憾。希望你們也能做到拜師時的承諾，為傳承「青甫太極」做出貢獻，我就知足了。

　　人這一生，可以過得很簡單，不要計較得失，不要太在乎成敗。只要你堅持了你想堅持的；熱愛著你熱愛的；你為你的理想奮鬥過，為想要的拚搏過，在快樂的心境中做自己喜歡做的事情，既高興又安全地實現自身價值。足矣。等你老的那一天，你可以問心無愧。

　　人這一生，很多事都出乎意外，有開心的，有難過的，有成功的，有失敗的，這些總是在所難免，不要太糾結。屬於你的跑不了；既然離你而去，就說明它不屬於你。

　　人生沒有來世，所以人這一輩子開心最重要。

　　最後，我也為自己做一個短評：就用原省武協主席劉鴻雁的題詞吧！「武術文化沐浴蒼生，不厭無倦，口碑永隆」。其實我沒有那麼高尚，那麼好。人無完人，哪能無過。所以，我再加上一句：「豈能盡如人意，但求無愧於心」。

　　　　（根據 2011 年 9 月在網上發表的師生感言整理）

文化理念與養生運動之道

　　文化是一個民族的根，國家之魂。一個民族的文化信仰是根深柢固的。所以不同的國家和民族都有不同的文化理念。不同的文化理念，就有不同的文化追求、不同的生活方式和不同的養生活動。

　　人類根據不同的意欲、追求和文化思想理念，大致可分為三種不同的文化類型。即西方文化（理念）、印度文化（理念）、東方〈中國〉文化（理念）。

一、西方文化

　　西方文化標誌性運動是「拳擊」或「自由博擊」、「橄欖球」。主要特點是：競技性強烈，運動量大。屬於力量型的運動。屬於競爭性的運動。西方人多信奉（仰）天主教。

二、印度文化

　　印度文化標誌性的運動是「瑜伽」。主要特點是：鬆靜柔和性的運動，屬於養生性的運動。印度人多信奉佛教。源於佛教文化。

三、東方〈中國〉文化

　　以中國為代表的東方文化，標誌性的運動是「太極拳」。主要特點是：剛柔相濟、陰陽平衡性的運動。屬於有動有靜、有陰有陽、有曲有伸、有虛有實、有剛有柔；不軟也不硬、不卑也不亢、不偏不離、中庸之道，即能技擊，又能養生。

　　中國人多信奉「道教」。源於道教文化。

　　西方文化 —— 是指以美國為代表的西方文化理念，以及西方人對生活、生存的主要觀念。突出表現為「動」，特別強調了生命在於運動。追求的是力量強大，身體健壯，主要是外壯、強悍。所以美國為首的西方人都人高馬大，肌肉發達，只是外壯，心理並不一定健康。在生活生存上意在提高當今的生活品質，是現實主義者，享受主義者，諸如古人講的「今朝有酒今朝醉」。

　　印度文化 —— 是指以印度為代表的佛教文化理念和生活生存養生之道。突出表現為「靜」，強調靜心養性，延年益壽。信奉佛教的修行，不是積極向上，而是消極養生。是一種虛幻的理念，講前世、今生和來世。認為今生的一切，過錯、貧富因果，都源於前世造成的惡果，今生修心識錯，把希望寄託於來世。所以今生多唸佛，多積德，以彌補前世的過錯，爭取來世有一個好的人生。

　　東方〈中國〉文化 —— 是指以中國為代表的東方文化和生活生存理念。突出表現為「動靜合一」，要有動有靜，動靜相結合。動靜不能單一用，要動中有靜，靜中有動，要動靜、虛實、剛柔、陰陽相平衡。

　　人與人要和諧，人與自然要和諧，講天人合一，為人做事公正、公平、不偏不倚、不卑不亢、不軟不硬、無過而不及。並強調了身心並練，內外雙修，因為心理健康更為重要，所以動靜不能偏用，而要動靜相結合。動以養身，靜以養心。動以強身外攘邪惡，靜以內修精與神。

　　由此可見：西方文化強調了「動」；印度文化強調了「靜」；東方<中國>文化強調了「動靜平衡」。

　　三種不同的文化理念，正好對應了人類三種不同的信仰，生活和生存養生運動方式。同時也對應了人生中的三個不同階段：（一）青春時期；（二）中年時期；（三）老年時期。

　　（一）人在青年時期──都朝氣蓬勃，敢想敢幹，積極向上，喜歡刺激挑戰，追求高強度的大運動。

　　（二）人在老年時期──看破紅塵，思想淡定，追求的是精神享受，從心所欲，安度晚年。已經失去積極向上的競爭能力和大運動的能力。以「靜養」為主，擔不起大事的壓力。

　　（三）人在中年時期──上有老下有小，即要創業，還要養家，瞻前顧後，心的壓力比較大，但考慮問題比較全面，表現的更成熟。

　　可見，人在青年時期的心性，比較對應西方文化理念的特徵；人在老年時期的心性，比較對應（符合）印度文化理念的特徵。而人在中年時期的心性，正好對應了中國文化，即太極文化的特徵。

　　只動不靜，過於陽剛，等於陽中無陰，陰陽失衡。

　　只靜不動，過於陰柔，等於陰中無陽，陰陽也失衡。

　　只有動靜合一，有動有靜，陰陽才會平衡。才是人類社會及事物發展運動的最佳狀態。

　　所以，現在中國的太極文化已廣泛的被世界人民所接受，越來越多人喜歡中國的太極拳，太極拳已成為當今世界與中國交流的符號。

　　當然，現在不光中國的文化，而是三種文化，已經在世界各國相互交融，印度的佛教，西方的天主教，中國的道教，特別是儒教孔子文化已遍佈全世界。但是不同的民族信仰和國家文化，畢竟在各國已根深柢固，雖然有了一些改變，但在文化理念、信仰、生活方式、運動喜愛上，還是有一定差異的。因為文化差異不是輕易就可以跨越的。我們可以去適應，可以去習慣，但能做到真正的融入的少之又少，可以說是實之不易。

　　我們是中國人，從小學習中國文化，當然也喜歡中國文化，傳承中國文化。其次也要融會貫通西方文化和佛學文化。要「古為今用，洋為中用」。

太極拳循天地陰陽之理

——學（練）拳悟道（一）

　　太極拳者，是用拳而演繹天地運化之道也。天地宇宙之間任何物體，無一不分陰陽，同時也無一不在做著旋轉運動。大至星球，小至細胞、分子、原子，都在不停地做著圓周運動，並且週而復始。

　　古人做「易」，說「易有太極」、「太極者陰陽也」，「太極者圓也」。太極、陰陽、五行、八卦，演繹著天地萬物運化的發展規律。太極拳者遵循天地陰陽變化之理，創編了陰陽、剛柔、虛實、開合的太極拳運動。所以太極拳者，一定要以拳理拳法為宗旨（依據），以健身養生為目的，以技擊為要，以意氣方行，才能奏效。凡不明理法而行者，勢必如竹籃打水一場空。

　　道者，謂之無極

　　一者，謂之太極

　　二者，謂之陰陽

　　三者，謂之三才（即天地人）

　　故拳之謂太極，是指其內涵之要，實乃是以拳術而演繹天地萬物，太極陰陽、五行、八卦運化之機也。

　　天地合而太極，分而陰陽，陰陽運化，相生相承，周而復始。由於陰陽的交合，才有了萬物，才有人之形成。

　　人乃形、氣、神之體。

　　神者，形之主；

形者，神之舍（人之體）；

氣者，古人稱（炁），能也。形精以生氣，氣以生神。

練形以生氣，氣聚而生神，神以貫體（形），太極拳就是以練形而氣足，氣足而精滿，精滿而神貫，人才有了精、氣、神。在外曰形體謂之形之體（當然體非人之單一體而言，包括體內五臟六腑，四肢百骸盡在其中）。在內為神，又謂之神意，即思維、精神。

《黃帝內經》有言曰：

心有所憶謂之意，

意之所存謂之志，

因志而存變謂之思，

因思而遠慕謂之慮，

因慮而處物謂之智。

故形者一生之舍也。氣者一生之充也。神者一生之制也。

神主意，意領氣，氣引血，血充形，因人的神與形體都源於氣之所養。

故太極拳以內養外，以氣養形。形在外，氣在內。所以太極拳「為內家拳」。由心神主使，內運氣血暢通，人才身心健康，所以太極拳又稱「心氣功夫」。

力在驚彈走螺旋

——學（練）拳悟道（二）

　　世間萬物都有它發生發展變化的規律，任何事物都遵循陰陽變化之理。都是萬法歸一，萬變不離其宗。只要抓住了事物的本質和核心，就會很容易破解它，並很快體悟到它的實質和根源，很快掌握它運動的規律。

　　很多人練了一輩子的太極拳，都沒有得到它的真諦，更談不上學以致用。主要還是沒有參透太極拳的本質、理法內涵和運動規律。

　　太極拳的體悟和應用，主要指在哲學、技擊、健身、養生以及在工作學習、待人接物等諸多方面的體會和認識。如果你對太極拳的理法內涵和運動規律有一個正確的理解和認識，再經過正規科學的訓練，最好再有一個明白老師做指導，就會很快提高到一個相當的新水準。「太極十年不出門」是形容太極拳的博大精深。但只怕有心人，只要明拳理、懂拳法、知拳意，就會很快提高。

　　那麼什麼才是太極拳的本質和運動規律呢？我們以陳式太極拳為例。

　　首先說太極拳是內家拳。內家拳有一個共同的特點，就是以走內勁為主，外柔內剛，柔極生剛，剛柔相濟，以意領氣，以氣運身，以內氣血催外形。但是，不同的內家拳也有不同的風格特點。內家拳有太極拳、形意拳、八卦掌、武當，各有不同的風格特色和練法，但只要掌握了它

的本質內涵和運動規律，就會迎刃而解。

如形意拳，它萬法不離三體式，三體式就是它的萬法之源。

再如八卦掌，它的核心是走圈。根本之法就是游擊戰術，指南打北，聲東擊西，穿插游走，步法靈活多變，這是它的基本練習方法和特點。

而太極拳運動的主要特點是非弧即圓。特別是陳式太極拳更明顯。螺旋纏繞走纏絲勁。以腰勁著稱，馬步紮實，圓襠撐胯，底盤穩固，它的動作講究鬆活彈抖，剛柔相濟，輕沉兼備，快慢相間，運如抽絲，步如臨淵，立身中正安舒，演練起來，舒展大方、氣勢磅礡。

關鍵是螺旋纏絲運動，它符合宇宙間一切物體發展運動變化和天體運動的規律。其實太極拳就是，用拳來演繹天地運化之道。

陳式太極拳的纏絲勁，其實就是走圓劃弧似圓球，是旋轉中的圓球，它在曲中求直，但又似直非直，是曲直兩者的對立與統一。它要求無凸凹處，無缺陷處，無斷續處，要以腰的旋轉產生的離心力作用到肢體上，以腰為軸帶動肢體的螺旋運動，腰不動都不動，腰一動帶動全身動。腰就是纏絲勁的發動機。

練纏絲勁，要紮好馬步，以腰為軸的旋轉，但是底盤不能轉，馬步的襠口不動，因為只有底盤的穩固，腰帶動上盤轉，才有螺旋纏絲勁。如果上盤、下盤同時轉，就等於沒轉，就像螺桿螺母，只有一個轉一個不轉，才能擰上勁。所以陳式太極拳，講襠口，一定要圓襠，形似拱橋，要有膨脹力。把上盤的壓力，透過襠口的膨脹把力分解到

雙腳上去，不能把力壓在膝上，這很容易傷害膝關節，還影響螺旋纏絲勁的發揮。

纏絲勁，還要立身中正，腰要頂起來，頭要領起來。沉肩墜肘，圓襠撐胯，氣沉丹田，還要十分注意全身的放鬆，去除身上的僵勁和蠻力。特別是腰胯的鬆活，非常重要。只有鬆下來，清除了身上的僵勁，你才能將纏絲勁練到身上，才能在應用中體現出陳式太極拳纏絲勁的特點和作用。「力在驚彈走螺旋」，達到「妙手一運一太極，挨到何處何處擊」的高超境界。

練拳有序　用勁有道

一、練拳之序

《大學》第一章經文講道：「物有本末，事有終始，知所先後，則近道矣。」意思是說世上萬物都有根底和末梢，天下萬事都有始終，能夠明白它的先後次序，就能夠接近它的本質了。所以學練太極拳不能躁進，急於求成，欲速則不達。要有一個循序漸進的過程。

許禹生先生講：「太極拳者，進功自有一定程度，而不可躁進也。」「拳術雖屬小技，然執涂人而語以升堂入室之奧未有能豁然者也。故習此拳者，應以先模仿師之姿勢，姿勢正確後，需求姿勢互相聯貫之精神。拳路熟悉後，需求各勢著（招）數之用法。

著（招）熟後，其用法是否適當。用勁得當後，勁不落空，才是為真著（招）熟。著（招）熟後，再求懂勁。懂勁後，不求用著（招），而著（招）自合。再由懂勁後，進到無勁非著（招）非勁，漸至到不須用著（招），而勁自合。洵至以意運勁，以氣代意，精神所觸，莫之能御。則階級神明也。然領悟得拳奧妙，非數十年純功而不可得也。」（許禹生）

王宗岳《太極拳論》曰：「由著（招）熟而漸悟懂勁，由懂勁而階級神明。然非用力之久，不能豁然貫通焉。」是說練拳者，只要循序漸進，持久努力，就能達到

神明玄妙的地步。由著（招）熟，到懂勁，再至神明三大步，要「階及」就是要像上台階、上梯子一樣，一步一步的上，不能貪快、急於求成，要有耐心，持之以恆。

為了讓大家更好的瞭解先輩們的練拳經驗，我把學（練）拳分成三大步，或者說成是三個階段。

【第一階段】

是用肢體練拳〔學（練）拳初級階段〕

學拳初級階段，是在老師的指導下，按著拳理拳法的要求，先練好拳架，這是基礎。拳架要力求規範，姿勢正確，一著（招）一式，明明白白，清清楚楚。不能閉門造車，自行其是，任意瞎比劃。一旦出現了偏差形成習慣，習慣成自然，以後很難改正。

有句話說的好：「學拳容易，改拳難。」就如建設高層大樓，力求中正，安全穩固，還得美觀。一旦框架歪了，大樓的基礎沒打好，就成了危樓。所以學練拳打基礎階段，非常重要，一定要做到以下三點：

1. 練拳要持之以恆，堅持不懈，必須日日習練，不可間斷，「一日練拳一日功，一日不練十日空」，不進則退。

2. 要在身鬆意靜上下工夫，必須去除身上的僵勁和蠻（拙）力。但也不能過，無過而不及，要鬆而不懈，柔而不軟，剛而不硬。

3. 要明拳理、懂拳法、知拳意，打明白拳，不打糊塗拳（盲拳），嚴格地按著理法打拳，做到立身中正安舒，

呼吸自然，著（招）勢轉關輕鬆聯貫，頭有領勁，腰有頂勁，拳架優美，舒展大方。做到著（招）數熟練運用，太極拳練到此為一成。這是學（練）太極拳的第一階段。

【第二階段】是用腰練拳

《十三勢歌訣》講：「命意源頭在腰隙」，「起在腳、行在梢、發在腰」。意思是說太極拳運動，起在腳下的反彈力，而運行在四肢，但發力在腰。

因為腰前有丹田，後有雙腎命門，是生命的源頭，是勁力的源泉。腰就是發動機。腰為一身之主宰，腰為上下之體的樞紐和轉關之處。腰不可軟，亦不可硬，腰勁要沉下去，腰是上下之交關處，腰不下沉則上體氣浮，氣不能下沉歸丹田，則兩足無力，下盤不穩。腰不動，身不動，腰一動全身動。

打拳要以腰動帶動四肢，因為腰是全身的中心，上下前後左右的中樞。腰似門軸，門軸轉，門扇才轉，門軸只能轉動而不能晃動，因為腰是中心，不能亂晃和傾斜，腰斜身不正，腰晃身不穩。如果沒有腰勁，只有四肢亂動，那是散勁，根本沒有合勁。

打拳能用上腰勁，用腰勁練拳這是學（練）太極拳的第二步，即第二階段。俗話說：「練拳不練腰，終生藝不高。」「練拳不用腰，功夫不會高。」不管是以養生為主，還是以技擊為主，練太極拳都要體現出「以腰為主宰的」原則，《十三勢行功歌訣》說：「刻刻留心在腰間」，「凡有不得機不得勢，腰腿求之」。這也是一個看太極拳水準高低的重要標準。要做到以腰練拳，首先必須

做到身鬆意靜、氣沉丹田。丹田氣機充足，腰才會活，才會鬆，才會有勁。能做到鬆腰、活腰，必須內氣充足，內力深厚才行，只有內氣充足通達，腰才有勁。

人的腰腹相連，腰前腹部是丹田，真氣聚集之地，腰後雙腎為命門。任督二脈通過穴位和關竅也與丹田氣機相通，並由奇經八脈十二經脈而貫通全身。人體丹田之氣機隨著人體運動而運轉全身。凡是氣機流通之處，你會感到一種很舒服的鬆脹感，這是因為氣血運化而營養到全身，這是真氣貫通全身的感受。

老年人練拳慢打不發力，內氣不外出，不失散體能，同樣能達到練拳養生的目的。如果年輕人內氣充足，願意發力，在心意引領下腰胯先行啟動，真氣貫注發力的部位就可以發力。慢練養生，快練長功。

勁是由意氣而貫通的，整體勁力稱為暴發力，又叫太極勁，而不是單一的肢體力，其實，要想真正懂勁，還得從推手實踐中悟出來勁才是真懂勁，只練拳不推手，是想像出來的勁，接觸實際，就知道不行了。

打拳不用腰，是純肢體運動。沒有意氣的推動，力沒有根，不僅力氣不足，而且變化也不靈活。練一輩子太極拳，也只能算是肢體運動，難以達到練拳養心益氣、延年益壽的目的。

【第三個階段】是用心（意）氣練拳

《十三勢行功歌訣》中說：「若言體用何為準，意氣君來骨肉臣；詳推用意終何在，益壽延年不老春。」四句話不僅道出了太極拳核心標準，同時告訴了我們練拳的最

高境界和目的。也就是，練心練意練氣才是君，才是練拳核心，而拳架只是個臣。最終目的是延年益壽不老春。

用心（意）練拳，這是太極拳的運動的最高境界。必須把拳理、拳法、拳意吃透，並和拳技著（招）法融為一體，意氣力協調一致，全身鬆透，氣血暢通而充足，隨心所欲，不僅走出太極內勁，還要練出境界，練拳就成為一種享受，一種陶醉。

武練文歸，練出了文化。當然這種境界很難，是我們太極達人不斷的追求目標。

這就猶如蓋高樓大廈，第一階段，要先建框架，先把基礎打好。框架搭好了，中正穩固，初見樓形。如果框架不正或有缺陷，就成了危樓。

第二階段，是樓的框架打好了，開始外裝修，使之外形成為一座漂亮的大樓。雖然外表也很雄偉壯觀，但還不能居住。還得需要內裝修，才能居住。這需要一個很長的時間，因為每個人的審美觀點不一樣，資金能力不一樣，投入不一樣，要求也就不一樣。

這和太極拳一樣，對太極拳的認識理解和領悟不一樣，身體素質不一樣，文化修養不一樣，所以最後練出拳的境界也不盡相同，每個人拳的風格特點也不盡相同，這是很正常的。

「太極拳十年不出門」是形容太極拳內涵博大精深，但具體到每個人也不一樣。悟性好的，練拳執著的，可能用不了那麼長時間，也有人練了一輩子也無所適從，沒有長進。還是古人說的對「師父引進門，修行在個人」。

太極拳內涵博大精深，太極功夫學無止境。

總之，練太極拳，要先學架子舒展，再練拳架緊湊。先劃大圈，再劃小圈，逐步過渡到無圈。用意不用力，看似無力，形似有力，走內勁，要有神運。內勁藏而不露，而不彰顯，不露發勁的蹤跡，蓄而待發，隨時可發。呼吸不要牽強，要順其自然，初為胸式呼吸，不能憋氣，要從自然呼吸逐步過渡到腹式（逆式）呼吸。讓其自然下沉丹田。真氣充足，人自然健康。

二、用勁之道

太極勁，又稱「內勁」，是太極拳的一個專用名詞。它是在「神舒體靜」或者說是「身鬆意靜」的鬆柔中，以意貫氣而鍛鍊出來的一種「彈勁」和「韌勁」。柔中有剛為彈勁，剛中有柔為韌勁。

所謂「柔裡有剛攻不破，剛中無柔不為堅」。「內勁」具有「神以知來，智以藏往」的特點，隱於內不顯於外，隨人之動而不斷改變方向。「內勁」不令人知，看不見，挨不到，藏而不露，故稱為「內勁」。

太極拳之妙，全在用勁。有勁的太極拳才有品有味。何為「勁」？勁者，意、氣、力之合也。人們常說：「意到氣到、氣到勁到」就是這個道理。

意者——心腦所思所想。人心為帥，意為旗，是管謀劃、指揮的。

氣者——維持人體生命之能，古人稱〔炁〕是能，是人生命之源。

力者——人體運動產生的外在力量。

　　古人認為：「意者，是一般行為動機，『意』是心想所至，是指揮、管理行為，管謀劃。」《黃帝內經》說：「心有所憶為意。」意在內心是看不到的。古人說：「神意內斂」就是隱藏而不露，不讓對方看出你的意圖。意在謀劃，雖然看不見，但在實際行動中表現出來的是太極拳著（招）數。

　　這裡的意尤為重要，它是指揮調動全身氣血，以內摧外，集中能量貫穿於一起，霎間爆發出的完整一氣的勁。「勁附著（招）而行，勁貫於著（招）中」。太極拳由著（招）熟而漸悟懂勁，從著（招）中悟出來的勁，再透過推手實踐，才能應用，才算真勁。

　　太極拳發勁，務須沉著、鬆靜，專注一方，勁才不致散亂。一旦心神不守舍，勁必散亂不整，沒有合勁。前輩拳師許禹生講：「太極拳之妙，全在於用勁，由日久功深練出之勁，不可僅做力量之解。然勁為無形，必須附於有形之著，始能顯著。」並說：「著熟者，習拳以練體，推手以練應用，用力之久，自然懂勁，而至神明矣。」

　　懂勁後，處處要用心揣摩，如有所悟，默識於心，心動則身隨，越練越精，極熟後，出於心想所致，漸至隨心所欲。

　　太極勁，屬內勁。非一日之功。是天長日久慢慢磨練出來的，猶如把生鐵，經千錘百煉成純鋼，才能無堅不摧。對太極拳內勁的認識與領悟，是無有止境的。沒有內勁的太極拳，就是一個空殼，沒有太極內勁的太極拳怎麼能稱得上國粹？怎麼能稱得上博大精深呢？

　　所以練太極拳，不管練到什麼水準，一定不要圖虛

名，我拿了幾塊金牌，我是誰的門下，一定要有自知之明，千萬不能自以為是，練拳永無止境，永不滿足，就會不斷提高。

楊露禪三下陳家溝，學拳十八年，才有大成。不要以為自己學的多，會的多，就是己之能，要知道拳與拳的功法不一樣，會的越多，功法亂了，最後成為四不像的太極拳。

楊露禪大師說：「雖有良師指導，好友之切磋，固不可缺少，而最要緊者，是自身逐日之鍛鍊，否則空談終日，思慕多年，一經交手，空洞無物，依然是個門外漢。」

太極功夫是練出來的，光說不練，永遠是個門外漢。王陽明講：「知行合一，才能有成。」

古人說：「拳打千遍，功夫自現。」說的就是多練苦練，時間長了，功夫自現，自然對太極拳精深內涵有所體悟，自己悟到，才是屬於你自己的。

學練拳要有方

——學（練）拳悟道（四）

　　怎樣才能練好太極拳呢？《拳經》講：「若言體用何為準，意氣君來骨肉臣。」意思是說太極拳，意氣才是關鍵。太極拳的「意」和「氣」是君，君即皇帝，是一國之主，是領導核心。骨肉即太極拳的拳架，拳技、拳藝都是臣。一個國家只有一個君，但是要有很多的臣，而臣必須聽從君的旨意辦事。所以太極拳，練心練意練氣才是核心。肢體的運動必須聽從心意的指揮。心想為意，以意領氣，以氣運身；氣到、血到、勁才到。因此，太極拳又稱「心氣功夫」。

　　心者，人的主宰。心為帥，意為旗。帥旗指向哪裡，就打到哪裡。

　　氣者，人之聚也。氣為人體生命之源。

　　所以中國古人早就知道，練心、坐禪、練定力；練氣、煉丹、練吐納。以達健身養生之目的。這裡的心，非指心臟器官，而是指人的心理功能，即心腦與意識。氣也非空氣也，而是指我們呼吸的新鮮空氣通過肺葉的交換，吸收的氧氣，與飲食和水的營養，綜合成為「真氣」，即維持人體生命之能，古人稱為〔炁〕，而不是簡單的空氣。

　　人為萬物之靈，人身是有形的，而心、意、氣則是無形的。形是人之體，氣是人體生命之源。心意是統帥，身

形的運動，以及氣血的運動，都得聽從於心意的指使。是心統意，意領氣，氣引血，血營體，氣血運而催形。

心靜不下來，身就鬆不下來，氣就沉不下去。身鬆不下來，心也就靜不下來，氣也沉不下去。身鬆、心靜相輔相成，缺一不可。只有身鬆、意靜，氣才會下沉丹田。

氣向上為逆，氣往下為順。只有氣下沉丹田，內氣充足，人體才健康。

心為火，火向上行，只有在心寧靜下來，心火才會下沉，人們常說：「心靜自然涼」，就是這個道理。所以靜者養心，靜者氣沉；氣者養血，氣者養身；動者健體，動者氣血暢通。

人與人之間，本無太大的區別，真正的區別在於心態，有的人心態急躁，遇事慌亂，有的人心態冷靜，遇事沉著。

人走的路長了，遇到的人多了，經歷的事就多了，你會發現人生最美的風景，是內心的寧靜、淡定和從容，頭腦的睿智與清淨。所以練好太極拳首先要做到以下三點：①先練身鬆。②再練意靜。③用心體悟，才能漸入佳境。

1. 身鬆。身鬆，但不能懈，要鬆而不懈，柔中有剛，柔韌有餘。身鬆是指，人體外在生理狀態。

①全身上下的放鬆，要立身中正安舒，不能東張西望，低頭哈腰，要保持頭領、腰頂，淡然鎮定之體態；②骨關節的放鬆，骨頭是死的，但關節是活的，關節不能鎖死，要靈活；③是肌肉的放鬆，肌肉不能收緊，肌肉收縮會影響氣血的暢通；④皮膚的放鬆，皮膚放鬆，觸覺才會靈敏；⑤五官的放鬆，首先是臉部肌肉放鬆，不能繃著

臉，要面帶微笑，眼睛平視，要視而不見，聽而不聞，口唇微閉，舌抵上齶，呼吸均勻，不能立眉瞪眼，咬牙切齒，緊閉雙唇，要有人似無人，無人似有人。

練拳的過程，只屬於你一個人，是在寧靜愉悅中運動，是自己在和自己對話，聆聽來自內心深處的聲音。有人說，練拳就像品茶一樣，慢慢地就會上癮，愛上它，拳的品味要求也越來越高。在練拳的過程中，無人和你說話，你在和自己交流，聆聽心臟的跳動，血液的流動，享受內氣運行游走在體內的蒸騰。

在演示中，由於身鬆意靜，輕沉而淡定，雖然不發力，但會有內勁。運而不發，身藏不露，蓄而待發，隨時而發。沒有預想，沒有張顯，無力似有力，無招似有招，一切都在一陰一陽，一張一弛，一開一合，一虛一實，一伸一縮的運轉之中。看不透招式的起始，看不出運行的軌跡。演示者安舒瀟灑自如，讓觀者也是一種舒心的享受。

2. 心靜或意靜。這裡心靜的心不是心臟器官的心，是指人體內在的心理狀態。《大學》經文中說：「知止而後有定，定而後能靜，靜而後能安，安而後能慮，慮而後能得。」意思是說：人有志向，為追求理想而專注才能內心寧靜，內心寧靜後，才能泰然安穩，安穩後才能行事思慮周詳，才能達到最好的理想境界。

心靜不是絕對靜，而是內心乾淨，專注一方，要專注太極拳的一招一式。精神集中於太極拳上，除去想拳之外事情，排除思想雜念和外界的干擾，做到視而不見，聽而不聞，專心致志。

練拳從鬆靜、輕柔入手，功夫日久，周身合一，由鬆

靜輕柔而漸入沉著。兩臂鬆柔靈活，有「如意胳膊羅圈腿」之說。兩肘下垂，前手去，後手隨，「兩手轉來似螺紋。」似柔非柔，似剛非剛，外如棉花內如鐵。能進能退，能收能放，轉關腰一轉，發勁如閃電，凡此全是意，在內不在外形，彼之勁方挨我皮毛，我之意已入彼之骨髓，處處意在人先。

3.《用心體悟》。用文字寫不明白，用語意表達不清楚，而內心深處感悟到的，心中明白了，為「悟」。

我常說：「拳打千遍必有悟」。任何一件事，只要用心做，時間長了，就有了體會，有了自己的詮釋和認識。多年的練拳過程，透過細心體會和揣摩，對拳的一招一式的技法和應用，都有了自己的認識和感悟，除錯取正，從而不斷提高自己的拳藝水準。只有你體悟的東西才屬於你自己。在沒有悟到之前，你練的是師父教授你的拳，那還是師父的，而不是你的，「悟」是人的一種潛能，「悟」不在言中，「悟」也不能贈送，也不能繼承，「悟」必須是你自己在練拳過程中用心去體會和探求。

「悟」是一種財富，「悟」能生覺，提高智慧。你不付出是不會得到的。所以「太極拳十年不出門」，那不是一句空話，太極拳必須經過長期積累和沉澱，做到身鬆、意靜，感觸到空的境界，悟也就會在其中了。因為「空」，你的內心才能容納，「空」無所不容，無所不納。有了空才能有悟，你才能看透事物的本質，體悟到太極拳的內涵，融會貫通太極拳的精髓。

IV 太極 知識篇

太極拳乃在動中求靜，靜中求
動，動靜相兼，體用結合的內家拳
術……

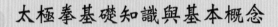

太極拳基礎知識與基本概念

　　為了幫助大家更好地學練太極拳，真正瞭解太極拳理法內涵和相關知識，參照前人的有關拳論和我們多年學練太極拳的經驗與感悟，對太極拳的一些基礎知識與有關名詞進行了歸納，供大家參考。

一、太極拳

　　太極拳是我國武術文化藝術寶庫中一枝色彩絢麗的奇葩。首先，太極拳是武術，「術」即技術。然而，「術」只是手段，它真正的精髓內涵是「道」的境界。所以，太極拳不僅是單純的武術，不是簡單的肢體運動。它植根於中華民族傳統文化的沃土之中，融技擊、健身、養生、娛樂於一體，其內容博大精深，極富有哲理性，是典型的東方文化。

　　古人曰：「太極拳得『易理』而為用。」「太極拳非純功於『易理』而不可得也。」「不知『易』，則不足以論太極拳。」可見，太極拳是源於《易學》的陰陽之理。古人把地球、人都比喻為一太極，都是陰陽之體，都是以吸天陽之氣和引地陰之氣以善其身，陰息陽生，陰靜陽動，生生不息有規律的運動。

　　太極拳也是以調整人體陰陽、虛實、開合、剛柔變

化，運化人體氣血通暢以達拳為我用，以體為養的目的，以順應「天地人合」。所以，不知「易」，不懂得太極陰陽相濟、剛柔相摩、八卦相盪、虛實相應的變化，很難把太極拳練到很高的境界。

太極拳以「易」和「道」為理論基礎，它是一套「在動中求靜，靜中求動，動靜相兼，體用結合的內家拳術。」它在鍛鍊身體的同時，著重修練頭腦和心靈的功夫，修養心平氣和的人生境界，啟迪人類固有的智慧寶藏。由於它順應了人體生命的運動規律，使人體氣血暢通，陰陽平衡，從而達到強身健體、益壽延年之目的，深受廣大群眾的喜愛。

太極拳以鬆靜為本，以圓為動，以虛為靈，運動非弧即圓；以心領氣，以氣運身，以內動帶動外動，使人體從內到外，從上到下，從骨到肉，從氣到血，從筋到關節等，無處不在運動。所以說，太極拳不是一項單純的健身運動，而是集哲學、醫學、藝術、美學、力學等多種學科於一體的健身運動項目。太極拳重在自我修練，並形成文武兼練、內外雙修的一套運動體系。

太極拳是心氣功夫，重在精神的修練。人的力量，並不單純來源於人身的能量。而精神力量是無窮的。氣本無形之物，但可能對有形之體產生極其深邃的影響。比如說，有時一句話能嚇你一身冷汗；有時一句話也可讓你神清氣爽，力量倍增。其實我們並沒有攝入食物，而是一句話就能產生巨大的能量。一幅畫會讓你心動不止，一支歌會讓你豪情滿懷，一個眼神會讓人心儀神往，這就是精神的力量。自然界中有無限的無形之能。練太極拳就是一種

食物之外的能。

吳式太極拳傳人李立群說：「太極拳有的是有形有像，化成招數，衍成拳架；有的是無形無象的內氣鼓盪，隨形流動。這種無限深奧的內涵外延，寓於莫測境界的拳架中，意欲得之，只有在無限的往返重複中，日益繼日，月以繼月，年以繼年地修練拳架，逐漸深入，逐步體悟中進入奧堂。」

二、太極十三勢

太極十三勢即「八法」「五步」之合稱。「八法」為技，也稱「八勁」；「五步」為行，稱「五行」。

「八法」者：掤、捋、擠、按、採、挒、肘、靠。五步者：進、退、顧、盼、定也。掤、捋、擠、按，即坎、離、震、兌四正方也；採、挒、肘、靠，即乾、坤、艮、巽四斜角也。此乃八卦也。

進、退、顧、盼、定，即金、木、水、火、土，此乃五行也。合而言之，曰「十三勢」。

三、八法

八法即掤、捋、擠、按、採、挒、肘、靠，八種技法。

1. 掤

掤在太極拳的運用中至關重要。八法為首，掤字為先。掤勁是每一個招式勁力的延伸，所以它貫穿於太極拳

運動的始終。

掤字在字典中讀「兵」音，《辭海》註釋為：「古代筒子的蓋子。」古拳譜中也有用「捧」字的。「捧」是兩手相合上托之意。也有用「棚」字的，「棚」是指農村放柴草的棚子。但多數還是用掤字。因為太極拳是用手臂打拳，所以用掤字比較合適。

太極拳運動中的掤是用手臂掤、攔擋，是向上、向外的撐力。有人比喻它像充滿氣的氣球，八面支撐，處處都有膨脹力。打太極拳時，氣勢飽滿，動作非弧即圓，沒有突凸處，沒有窪陷處。所以說掤為「八法」之首，招招式式不能丟。

推手是以腰為軸，不丟、不頂，隨屈就伸，不軟不硬，全身放鬆。可進可退，可以旋轉；可攻可守，運轉自由。全身上下處處都有膨脹力，像彈簧一樣有彈性，有韌勁。「掤勁」不是用力，不能硬頂，而是根據對方來勁的大小、方向和快慢而變化的，所以說「掤勁」是活勁，因為掤與化是分不開的，只掤不化那是頂勁、死勁。

因此無論打拳還是推手，掤勁和化勁要始終貫穿如一。只有這樣，才能做到不丟、不頂，運轉自由。

歌訣曰：「掤在兩臂」，「掤勁要撐」。

2.捋

捋同攦是一個意思，用力把物體攦下來。捋在太極拳和推手中應用較多。捋時雙手一般情況下是一反一正，雙手要有合勁，要用腰的運轉力順勢將對方的來勁引向身體的側方，使對方來勁落空而失去重心，並借力將對方跌

出。切記，捋不能走直線，直線為拽，更不能硬拽。必須順勢，借力，用腰的旋轉力。

歌訣曰：「捋在掌中」，「捋勁要輕」。

3. 擠

擠在《辭海》中的解釋為排擠，就是用力擠壓，使之排出；擁擠；擠榨、擠壓的意思。

在太極拳推手時，用擠破解對方的捋，借對方的捋勁用手臂順勢變為擠，排擠對方。在太極拳式中如「六封四閉」、「攔雀尾」等都是用先捋後擠。擠勁必須順勢，用手背和小臂順勢排擠對方。

擠勁不能勉強，一定要順勢，要得機得勢，恰到好處，才能奏效。

歌訣曰：「擠在手臂」，「擠勁要橫」。

4. 按

按有抑制、控制、制止的意思；如按捺、捺手印或摁手印。按與捺、摁同義，是從上向下的力。

太極拳及推手所用的按勁，是用來破解和控制對方的擠勁的。當對方擠來時，用雙手按住對方的肘關節，含胸，鬆腰，沉胯，把對方的擠勁向身體下方按壓，逼使對方改換掤化，不然必被按倒或是被發出去。

「六封四閉」和「攔雀尾」等勢的最後都是用的按勁。按勁要整，要用腰攻，合手，貫於掌根，把勁打到對方的腳跟。發勁要準確、深沉，可以將對方拋起來。

歌訣曰：「按在腰攻」，「按在掌根」。

5. 採

採有摘取之意；採用或者採氣、採礦、採納。

太極拳及推手中有的用採字，有的用採字。因為無論打拳還是推手都是用手，所以用採字比較合適。在太極拳中採與捋很相似，有時分不太清楚。採在捋中，捋中含採。採是從上向下，具有突然性、快速性。一般用手刁住對方之手或用手腕和肘控制住對方肘腕關節後，突然轉腰下沉使對方失去重心而跌出去。採法是以手指執人的手腕或者肘關節，有拿的意思。所以也叫採拿。

歌訣曰：「採在手指」，「採勁要實」。

6. 挒

挒與捩相同，是扭轉之意；撕挒。

太極拳和推手中雙手對稱分裂，方向相反、大小相等的對稱勁，如「野馬分鬃」、「高探馬」等勢，都是一隻手挒拿住對方，另一隻手反方向側擊對方的要害部位。挒法在一般情況下是處於被動時採用的破解方法。有句話叫「避人攻守走採挒，力在驚彈走螺旋」。採和挒一般都配合使用，都是要求快速出擊，突然爆發。這樣才能奏效。

歌訣曰：「挒在兩肱」，「挒勁要驚」。

7. 肘

人體的大小臂連接部位的關節為肘。內有肱骨和尺骨、橫骨相連，從而形成肘關節。它能屈能伸，前面肘窩有靜脈通過。肘窩深處有神經和大血管通過，是人體上肢的重要關節。

太極拳中的肘法，是屈臂以肘尖擊打對方的胸部或腰部。有「遠用手，近用肘」之說。它一般情況下是近距離交手時使用。肘法勁大，凶狠，極易傷人，不是在萬不得已的情況下不會輕易使用。在太極拳中有「順鸞肘」、「穿心肘」、「搬攔肘」、「迎門肘」等。在陳式太極拳傳統二路中的肘法較多。

歌訣曰：「肘在曲使」，「肘勁要衝。」

8. 靠

靠是用人的肩、胸、胯、背等部位撞擊敵人。一般是在近距離與對方交手時使用。肩、胸、胯、背等部位的力量最大，威力也最大。在陳式太極拳中，靠法用的比較突出、明顯。用前胸靠為「迎門靠」；用背靠為「背折靠」；用肩、胯靠為「肩胯靠」。

靠法一般是在對方用採、挒時予以破解。它是順勢進步貼身靠擊，非常厲害。

歌訣曰：「靠在肩胯胸」，「靠勁要崩」。

四、太極拳五勁

1. 聽勁

聽勁是太極拳的專用術語，也是太極推手的關鍵。它不是用耳朵聽，而是憑藉皮膚觸覺來判斷對方的勁路。只有聽準對手的勁力大小、虛實和方向，才能決定自己的變化。在推手時誰聽得準，誰就能夠占主動。

練拳時身心鬆靜，用意不用力，以心領氣，以氣運

身；推手時，交手雙方只能憑兩方接觸部位的感覺來判斷對方進攻的企圖。只有先聽準對方勁力的大小和方向，才能化解對方的來勁。只有化解了對方的來勁，使對方的勁力落空，才能達到借力打力的目的。

聽勁的關鍵是要把握住如下幾點：

首先，聽勁的好壞決定你身體放鬆的程度。如果你心裡緊張，全身僵硬，那就聽不到對方的勁力。只有做到了心靜、體鬆，皮膚的觸角才會靈敏，才會聽準對方的勁路。

其次，聽勁的好壞決定於能否做到沾黏連隨，不丟不頂。一旦黏不住對方失去了接觸，即脫了手，也就切斷了自己對對方進攻意圖的判定。我們稱之為「丟勁」。頂是硬的緣故。由於身體放鬆不下來，接觸部位緊張僵硬失去了皮膚的靈敏性，聽不到對方勁力大小、方向及虛實變化，只能以力相抵抗。

第三，太極拳推手強調「人不知我，我獨知人」。所以說，要想提高自己的太極拳和推手水準，必須在聽勁上下工夫。

聽勁不僅是皮膚觸覺的感知，也有聽覺和視覺的內在因素，因此，聽勁也可以說是觸覺、視覺、聽覺的綜合反應。因為對方的神色的變化也是進退的先兆，僅憑皮膚的觸覺是不夠的，只有在與對手接觸的一瞬間憑藉觸覺、視覺、聽覺的綜合反應，才能使我們的判斷更加準確。

2. 化勁

所謂化勁，就是化掉對方的來勁，破壞對方的招數。因此，化勁也叫引化。在我們聽到對方的來勁時，不是採

取頂抗的方法，而是先掤後化，由身體的鬆腰轉胯引化對方的來勁，使對方的來勁落空。在太極拳術語中叫做「走」。化勁的目的是避實就虛，我順人背，變被動為主動。順，就是得機得勢，占有主動權。背，就是被動失勢，不得勁，失去了進攻的目標，失去了進攻的能力。

掤化、轉化、引化都離不開腰。以腰的旋轉和肢體的弧形運動把對方的來勁化掉，再擊對方，這叫以圓擊直。

3. 借勁

所謂借勁，就是借對方的勁把對方發出去，或控制住對方。推手時透過聽勁、化勁解脫掉了對方的來勁，在以我之力加上彼之來力，順勢將對方發出去。此時自己並不需要用多大力，主要是借用對方的來力。

借勁，必須在得機得勢時順勢使用，讓對方在不知不覺中跌出去。

4. 拿勁

所謂拿勁，它是由擒拿法的節、拿、抓、閉發展而來的。通常叫「節拿」，就是拿住對方的關節部位。是由控制對方的手腕、手指、肘、肩等關節處，使對方失去抵抗能力。

拿即擒拿，拿住。也可以反擒拿。反拿，必須會反關節。一旦被對方拿住，不能硬抗，必須進身貼住對方，順勢反關節，由被拿變為反擒拿。不但解脫自己，而且反制住對方，這叫「逢拿必進」。要做到這樣，需要反應靈敏，速度要快，不然一旦讓對方拿實，就再難解脫。

5. 發勁

所謂發勁，就是調動全身的力量將對方發出去。一般是在我順人被的時候發勁，有句話叫「逢直必發」。當對方身體僵硬挺直時，是發勁的絕好機會。

發勁時要全神貫注，完整一氣。發出的勁起於腳，發於腰，形於梢。要意到，氣到，力到，專注一方，集中一點，突然爆發出去。

太極拳非弧即圓，以圓擊直，所以發出的勁一般是沿弧形切線的方向發出去。發勁的條件是在對方處於僵、直、實的時候。歌訣曰：「虛在當守」，「實在必攻」。「化勁形圓，發勁形方」。「方圓結合，方在圓中」，就是說化勁是圓周運動，而發勁要利用慣性離心力，順著圓周切線，專注一方，略呈直線地爆發出去的剛勁。發放後，勁由剛復柔，仍循圓周運動。

五、勁與力

「有氣為勁，無氣為力」，關鍵在「氣」。《太極拳力氣解》中說：「力出於血肉皮骨。故力者，皆外壯於皮骨，形也。」「氣走於膜、絡、筋、脈。有氣者，內壯於筋脈，象也。氣血功於內臟，血氣功於外壯。」所以「勁」與「力」既有區別，又有不可分割的連帶關係。

「勁」有氣，是剛柔相濟的。「力」是無氣純剛的。勁在內而顯於外，勁走圓，有彈性，韌而不折。力在外形是僵硬的，力走直線，沒有彈性，脆而易折。勁是整體的，無形的。勁蘊於內，氣血暢通，速捷而靈快。力者，

是浮而澀，滯純而散。

太極拳用力不對，不用力也不對，用勁才對。勁與力雖然不同，但又不可分開，因為力是基礎，勁又源於力。人們常說：「意到、氣到、力到，勁到。」就是這個道理。力經過加工提煉，才能轉化為勁。就像生鐵硬而脆，必須經過熔化和錘煉，才能成為鋼一樣。勁與力又像氣與血一樣，可分而不可離。

氣血雖然有嚴格的區別，但它們又是同源的。血是由氣化而生。勁是由力提煉氣化生而來的。氣為血之帥，血為氣之神。勁是在全身放鬆，在意識的引導下，由氣血的內在運轉，加上筋骨和肌肉的屈伸而產生的富有彈性的勁。而力是在身體緊張和肌肉緊縮的狀態下產生的硬力。人只有在身心鬆靜的情況下，「以意領氣，以氣運身」才能產生彈性勁。所以說：「太極拳剛柔相濟，勁也。太極拳純剛無柔，力也。」

太極前輩許禹生說：「太極拳剛柔之義，勁也。」又說，「太極拳之妙全在用勁，然勁為無形，必須附於有形之著，始能顯著。」

《太極拳懂勁解》中說：「勁是太極拳技法達到理性認識階段的標誌。」

王宗岳在《太極拳譜》中說：「太極拳雖然變化萬端，而理唯一貫，由著熟而漸悟懂勁，由懂勁而階級神明。然非用力日久，不能豁然貫通焉。」

所以練太極拳不能著急，不能急於求成，不能急於求勁，欲速則不達。必須要一步一步地走，一個台階一個台階地上。用力久了，才能漸悟懂勁。

六、虛與實

《拳論》曰：「夫拳，名太極者，陰陽虛實也。」所以虛實就是太極拳法的實質。「虛」為柔，為收，為蓄，為合，為走。「實」為剛，為開，為發，為放，為黏。虛實的靈魂在於變化，要全身無處不虛實。與人交手，虛實待之。人虛我實謂之黏，人實我虛為之走。所謂實打虛化，打實不打虛，就是要乘虛而入，避實就虛。虛實的變化全以對手的變化為依據，虛實分明，陰陽相濟，才能運轉自由。「虛實訣」說得好：

虛虛實實神會中，虛實實虛手行功。

練拳不諳虛實理，枉費工夫終無成。

虛守實發掌中竅，中實不發藝難精。

虛實自有虛實在，實實虛虛攻不空。

然而，虛實並非全不用力，而是虛中有實。實非全實，而是實中有虛。「虛實並非身子亂動，手足亂換也」。

楊澄甫的《太極拳十要》第四要就是分清虛實，認為：「太極拳以分清虛實為第一要義。能分虛實，而後轉動輕靈毫不費力。如虛實不分，則邁步重滯，自立不穩，而易被別人牽動。」可見虛實是太極拳的關鍵。虛實即陰陽。沒有虛實就沒有陰陽，沒有陰陽也就沒有太極。所以太極拳要始終貫徹虛實無處不在，實中有虛，虛中有實的原則。但是，虛實在實際應用於表現中也是十分複雜的。如果我們從不同的角度來觀察，虛實又有不同的內容：

（1）從身體重心的角度論虛實，則是偏重方為實，

偏輕方為虛。

（2）從運動的方位論虛實，則是動方為實，靜方為虛。

（3）從勁力的角度論虛實，則是發勁為實，化勁為虛。

（4）從戰術的角度論虛實，則是進攻為實，誘敵為虛。

（5）從意識的角度論虛實，則是意到為實，未到為虛。

七、剛與柔

「太極者，陰陽之母也。」（王宗岳《太極拳論》）
「太極拳者，剛柔相濟也。」（《太極拳論解》）太極拳
特別強調剛柔相濟。所謂剛柔相濟，是指剛中有柔，柔中
有剛。純剛無柔，純柔無剛都不能稱之為太極拳。

陳長興在拳論中說：「剛不可無柔，無柔則環繞不
速。用柔不可無剛，無剛則催迫不捷。剛柔相濟則沾黏連
隨，掤捋擠按無不得其自然矣。」特別是陳式太極拳強調
鬆活彈抖，輕沉兼備，剛柔相濟，快慢相間。靜時，剛柔
無跡可循，柔時輕如楊柳，剛時堅如磐石。「久練純熟，
則起落進退，旋轉自如，而輕重虛實，剛柔齊發。」（陳
鑫《太極拳論》）對於剛柔，太極拳名家陳鑫曾有過精闢
的論述：「世人不知，皆以太極拳為柔術，殊不知用功以
久，千錘百煉，剛而歸於柔，柔而造至於剛，剛柔無跡可
見。但就其外觀之，有似於柔，故以柔名之耳，而豈其然
哉？且柔者，對於剛而言之耳，是藝也。不可謂之柔，亦
不可謂之剛，可名之謂太極拳。太極者，剛柔兼至，而渾
於無跡之謂也。其功也多，故其成也難。」陳鑫認為將太
極拳說成是柔術，有一定的偏見。太極拳不可偏執於剛，

也不可偏執於柔，而應該剛柔相濟，才符合太極拳這一名稱的真義。

太極拳要求剛而不硬，柔而不軟，鬆而不懈。用力不對，不用力也不對，用勁才對。硬了不對，軟了也不對，不軟不硬才對。因為剛與硬、柔與軟、鬆與懈、勁與力，都有嚴格的區別，是截然不同的概念。太極拳要做到剛柔相濟，要經過幾個階段的鍛鍊：

（1）催僵化柔的階段

一般情況下，人用力是透過肌肉收縮來實現的。太極拳用勁是在意氣的引導下，由全身肌肉的收縮協調來體現出富有彈性的勁。這一階段主要是放鬆肢體，化去身上的拙力、僵力，使骨節放鬆貫通，做到一動無有不動，形成周身一家的整勁。

（2）積柔成剛的階段

在前一階段的基礎上，繼續放鬆身體，平心靜氣，不僅身體鬆柔，而且培養真氣，做到柔運動，剛落點，即運勁要柔，發勁要剛。只有經過長時間的積累，這種勁力才能逐漸產生，不可強求。這種勁力源於腰，起於腳，而形於梢。

（3）剛而復柔的階段

積柔成剛後能發出太極拳的內勁。此時再回來練柔勁。這是柔的高級階段。它必須在鬆靜之中才能得到。

（4）剛柔相濟的階段

此時的柔已在原來的基礎上發展成隨心所欲的柔，隨機應變的柔；此時的剛已發展成隨心所欲的剛，隨機應變的剛。就如拳論所述：「看似至柔，其實至剛；看似至

剛，其實至柔。剛柔相濟，無端可尋。」

八、鬆與靜

鬆與靜有著極其密切的關係。放鬆是入靜的前提和基礎，只有先放鬆了下來，才有可能入靜。因此，鬆是入靜的初始，放鬆是措施，是手段；入靜是放鬆的效果，是一種狀態。

人體肌肉的放鬆，能使血脈平靜，氣血調和而暢通。精神上的放鬆能穩定情緒，精力集中，心無他念。也就是說，放鬆是人的肢體安和放鬆，呼吸開始平穩，思想雜念減少，使人的身心達到協調統一，使人進入一種安靜和舒適的境界。反過來說，表情上的放鬆和精神上的安逸，又是全身放鬆的標誌。這是鬆與靜相互依賴、相互統一的關係。

但是，鬆與靜都是相對的。沒有絕對的鬆，也沒有絕對的靜。鬆是相對於緊而言的，靜是相對於躁而言的。靜者生，躁者亡。

鬆是不懈，但不能軟。鬆是身心安詳，不用拙力。在打太極拳時沉肩、墜肘，用意不用力。肌肉放鬆，關節鬆開，可以自由運轉。精神不能緊張，要面帶微笑，全身舒展大方，特別是腰胯運轉自如。

靜是心靜。其實，專注就是入靜，入靜不是入空，追求虛無，而是不用心力。就是思想集中，專注一方，而不是胡思亂想，神不守舍。要把心沉入一種「心如止水」的境界。畫家繪畫要進入畫中，演員演戲要進入戲中，書法

家寫字要進入字中，我們打太極拳也要進入拳中。這就是入靜。沒有專注的靜，畫家畫不出好畫，演員演不出好戲，書法家寫不出好字，我們打拳也打不出好拳。因此，精神集中，神情專注，一志凝神，對其他的事視而不見，聽而不聞，這就是靜。

然而，並不是不思不想才為靜；全身柔軟如泥才為鬆。如果心不在焉，身軟如泥，站都站不住，是打不好太極拳的。所以說，靜不是默不做聲，不是閉目塞聽，而是讓你精神集中，一志凝神，達到一種忘我的境界。有人想以打坐入靜，追求開天目，希望能看到佛祖，或聽到天外之音，追求特異功能，做一個靈通的超人。結果神靈沒通，卻走火入魔，害了自己。所以對靜不要刻意地去追求、妄想。要自然、平靜，「心如止水」的靜。

靜能給我們巨大的力量，讓我們身心合一。它可以聯通自然之能，這種力量無堅不摧，無病不除，它不僅不消耗人體自身的能量，還能挖掘出人體固有的潛能。入靜不是追求虛無縹緲，而是不用心力，身心合一，專注一方。這樣能夠使人的氣血暢通。

九、腰與胯

腰與胯是人體的兩個重要部位，雖然功能不同，但它們是相互關聯而又不可分割的。

腰為一身之主宰。能鬆腰，兩足就有力，下盤就會穩固。腰為腎之府，腎為藏精處。腎俗名腰子，又稱命門，是人體中心要害部位。腰不僅是人體運動的中樞，而且是

人的生命之根，力量之源。腰的部位在人體的肋之下，胯之上，前邊是肚臍和丹田，後面有五個骨關節相連，稱為腰椎。中間有兩腎。腰椎兩邊為腰眼，腰肌。腰椎支撐身體，並能前後左右活動和旋轉，猶如軸承和萬向輪，在一定的範圍內自由旋轉。

胯在腰下兩側，是由骶骨、髖骨與尾骨組成的骨盆。它上連腰椎，下連大腿，是人體下肢運動的關鍵部位，同時還有保護小腹的功能。胯如車子的兩個輪子，帶動人體行走和運動。兩胯可以合用，也可以分用。如金雞獨立、白猿獻果等勢，就是用一個胯來支撐身體的；懶紮衣、單鞭定勢等是用兩個胯來支撐身體的。它可以用一個胯來支撐身體，也可以用（馬步）雙胯合撐身體；還可以一虛一實的虛步支撐身體。

如果說腰是勁力的發源地，那麼胯就是發勁的機座，是發勁的基礎。

由於古人受到醫學知識的侷限，對腰胯的具體位置並不十分清楚，往往是腰胯不分，認為腰就是胯，胯就是腰，將二者混為一談。

因為太極拳主宰於腰，所以有人一打拳腰胯就來回晃動，猶如自行車的「軸鐺」鬆了，車輪不停地畫龍，像要散了架一樣，並錯誤地認為這就是腰勁。

其實不然。腰與胯在太極拳運動中非常重要。陳照奎老師說：「太極拳不練腰，根本不懂道。就以人而言，腰就是太極。」《十三勢行功歌》曰：「命意源頭在腰隙。」太極拳「其根在腳，主宰於腰，運行於梢」，「腰不動手不發，內不動外不發」。腰一動全身動。「由腳而

腿、而腰總需完整一氣，向前，向後，乃能得機得勢。有不得機得勢處，身便散亂，其病必於腰腿求之。」由此可見腰在太極拳運動中的重要性。

特別是陳式太極拳，更注重腰椎的旋轉鍛鍊。腰就是全身的總軸承，就像天平，既不能傾，又不能斜。腰的旋轉必定帶動全身的旋轉。

所以腰一動，全身動。腰是人體縱橫的中軸，腰轉動一點，手、臂、肩就會轉動很大，產生很大的旋轉力，也即螺旋勁。

但是，這種旋轉的腰勁，必須是在沉胯、合襠的基礎上完成的。如果合不住襠勁，腿、膝、胯也跟著腰轉，則就形成了連軸轉，也即晃腰，所發出的勁是散亂無力的。因此，太極拳在行功時，特別要注意腰腿部的放鬆。在腰部放鬆的基礎上，力求圓襠，沉胯，氣沉丹田。襠合住了，發出來的勁才有力量。

當人體需要支撐重物時，腰不能放鬆，而是腰肌收緊，腰椎骨節鎖住，以防持重傷害了腰椎。當腰肌放鬆，腰椎骨鬆開，則又可以自由運轉。對腰的要求，《拳經》上說：「立如平準，活似車輪。」

所以古人說：「要想拳藝高，必須練好腰。欲知其中妙，久練氣機找。」「氣贏腹鳴內運轉，腰旋氣盪好太極。」然而，說起來容易，做起來確實很難。

因為太極拳的修練總需要一定的過程。開始就是形體四肢的運動，必須經過一定的時間，即用力日久，才能獲得腰勁。首先是身心放鬆，氣血暢通，在內氣的運轉下，才能產生腰勁。

十、「順纏」與「逆纏」

「順纏」與「逆纏」是太極拳的專用術語。陳式太極拳講「纏絲」，楊式太極拳講「抽絲」。無論是「纏絲」還是「抽絲」，也不管是「順纏」還是「逆纏」，指的都是纏絲勁，它們只是稱呼不同或運轉的方向不同而已。纏絲勁就是螺旋勁，也就是太極勁。

陳鑫在《陳式太極圖說》中說：「太極拳，纏法也。纏法如螺絲運行於肌膚之上。」「纏絲者，運中氣之法門也。不明此即不明此拳。」並列舉了十二種纏法，即進纏、退纏；左纏、右纏；上纏、下纏，裡纏、外纏；大纏、小纏、順纏、逆纏。

楊式太極拳傳人田兆麟說：「抽絲為太極拳的基本動作，無之則不能稱為太極拳也。」並提出了「左抽右抽；大抽小抽；進抽退抽；裡抽外抽；上抽下抽，順抽逆抽。此十二抽也。」與陳式太極拳傳人陳鑫的十二纏相呼應。我們認為這樣太繁瑣。

其實，纏絲與抽絲乃指旋轉地出與入，都是螺旋形。出為抽，入為纏。總之離不開順、逆二字。它們只是方向相反，抽為出，為開，為吐，為放，為陽；纏為入，為合，為吞，為收，為陰。

石磊老師也認為「十二纏」或「十二抽」太繁瑣，就把它歸納為四種纏法：出勁順纏、收勁順纏、出勁逆纏、收勁逆纏。

「凡手足向外伸展，內氣沿臂腿內側向前斜纏而上至手足者，稱為出勁順纏。凡手足向裡屈收，內氣循臂腿外

側向後斜纏而上至於肩膀者，稱為收勁順纏。凡手足向外
伸展，內其循臂腿外側向前斜纏而下至於手足者，稱為出
勁逆纏。凡手足向裡屈收，內氣循臂腿內側向後斜纏而上
至於肩膀者，稱為收勁逆纏。」

石磊老師強調：「纏絲勁是在內氣的運轉為動力肢體
做螺旋展伸進退運動。」由於內氣人們看不見，摸不到，
對於初學者來說是很難理解的。為了便於學習和理解，我
們再歸納一下，將纏絲勁分為兩種纏法。其實兩順兩逆，
還是沒出順纏和逆纏。順纏、逆纏，比較簡單，更容易理
解和學練。

1. 順纏

就是不分左右手臂、腿腳，凡是向裡合旋滾纏絲的運
動都為順纏。以手腳為例，以手的小魚際領勁向裡合纏
繞，腳尖內扣，都為順纏。

2. 逆纏

就是不分左右手臂、腿腳，凡是向外開展的纏絲的運
動都為逆纏。以手腳為例，以手的大魚際領勁，向外開
展，掤撐的纏繞和腳尖外擺，都為逆纏。

由於纏絲勁在陳式太極拳運動中比較明顯，所以陳式
太極拳也叫「纏絲拳」。

十一、「四正」與「四隅」

「四正」與「四隅」是太極拳推手的專用術語。太極

拳手的運動有「八法」，足的運動有「五步」。以「掤、
捋、擠、按」四種技法喻之「坎、離、震、兌」四正方，
簡稱「四正」。以「採、挒、肘、靠」四種技法喻之
「乾、坤、艮、巽」四斜角，簡稱「四隅」。以「前進、
後退、左顧、右盼、中定」五種步法喻之「火、水、金、
木、土」，簡稱「五行」。「八法」「五步」合稱為「十
三勢」。

「四正」，即四正方也。「掤、捋、擠、按」是也。
「四隅」，即四斜角也，「採、挒、肘、靠」是也。太極
拳的「四正」推手，就是運用「掤、捋、擠、按」四種技
法進行雙人搭手對練的。這種技法也稱「四正手」打輪。
它是運用不丟、不頂的方法來進行的。你捋我擠，你擠我
按，你按我掤，你掤我捋；你進我退，我進你退；你打我
化，我打你化；有進有退，有方有圓。如此週而復始地進
行套路打輪對練，目的是為了鍛鍊八種勁力和聽勁、化
勁、借勁和打勁等感覺，從而提高觸覺反應和應變能力。

「四隅」是利用「採、挒、肘、靠」四種技法進行雙
人套路搭手對練的。「四隅」當下勢成仆步時，又稱之為
「大捋」。「四隅」在實際應用中用的比較少，因為掌握
不好，容易產生傷害。一般情況下，友誼推手多不採用。
太極高手認為，如果能夠熟練地掌握「四正」推手，就已
足夠用了，只有在化解不開或被制約時，突發使用「四
隅」以破解控制。

《太極四正解》中說：「太極者，圓也。無論內外、
上下、大小、左右，不離此圓也。太極者，方也。無論內
外、上下、左右，不離此方也。夫，圓者出入，方者進

退。隨方就圓之來往也。方為開張，圓為緊湊。」方圓，用於太極拳的技法，要求方圓能相互轉化，圓於走化，方於黏打。方圓兼備，剛柔相濟也。

《太極拳四隅解》中說：「不得已以隅手扶之而歸圓中方正之手。」「圓（四正手）失體而補缺也。」這就是說，「四隅」只有在「四正」失體而補缺時才能使用。所以，「隅手」的關鍵在於被動中求主動，先從人，後由己。為了補救「四正」失體，不得已而為之。

十二、心與意

人為萬物之靈。

心者，為人身五官百骸之靈。故心為一身之主。心一動，五官百骸皆聽從命。

意者，心之所想為之意也。即心之所發為意。意發於心，傳於五官百骸，運於手足。意就是心思，就是思想。心裡怎麼想，四肢百骸就怎麼動，而不是憑著力氣、手足運行。用意則輕靈自如，用力則僵硬遲滯。

氣者，人體之能。人身一切行動都源於氣。氣是人的生命之源。

人身是有形的，而心、意、氣是無形的。形是人之體，心、意、氣則是人體生命的能源。人的一切行動都源於心，心領意，意領氣，氣運身而摧形。所以，人心之所發意正，則身形手足百骸者亦正；人心之所以偏，則身形手足百骸者，亦偏。

人們常說，為官一任致富一方。心裡想的是老百姓，

人們就說他是一個好官。至於功績，只能看他的能力了。反之，當官不為民做主，不如回家賣紅薯。心裡只想著自己，其心不正，則其身也不正。所以，古人說：「欲修其身，必正其心。欲正其心，先誠其意。」人如果能心平，意靜，則身形、身法、手足自然端正。

　　心主神明，當人的心血不足時，則神志不安，神不守舍，意則無主。《黃帝內經》講：「心者，君主之官也，神明出焉。故主明則安，主不明則十二官危。」意思是說心是人體生命的主宰。主官明，則養生，則壽。主官不明，則十二官就會發生危險，以此養生就會遭殃。所以古人養生特別強調要「清心寡慾」。

　　心要像天空一樣晴朗明澈，像大地一樣包容一切，承載一切，露養一切；像流水一樣川流不息，無所滯礙。即「有追求但不貪婪，能進取而不自傷」。因時制宜，順自然之性，保持心安氣暢，體態神明，身體自然健康。

　　太極拳就是以「心為令，以意為旗。以意領氣，以氣運身」。人們常說：「心到意到，氣到，勁到。」就是這個意思。只有心靜，意才誠；只有心正，意才定。練拳要出於心，精於意，重於神。心有所想，意有所向，目有所視，力有所達。以內催外，以根帶梢。一動無有不動，一靜無有不靜。所以心意不能分矣。《十三勢行功要解》中說：「事事存心揆用意。」就是最好的說明。

十三、三合

　　「三合」是武術太極拳運動的專用術語。所謂「三

合」，講的是合勁，是指對人體有關部位的要求而言。人身「三合」有「外三合」和「內三合」之分。

（1）外三合

是指手與足相合；肘與膝相合；肩與胯相合。

（2）內三合

是指心與意相合；意與氣相合；氣與力相合。還有一種說法是心與意相合；氣與力相合；筋與骨相合。

打拳時下盤要穩固，根基好，有合勁。如果合不住勁，周身形不成一個整體，身體便會散亂無力。所以要做到上虛下實，外柔而內剛；胸虛腹實，心腎相交；頭領腰頂，立身中正。圓襠沉胯，合住襠勁。

十四、四　梢

太極拳之妙，全在於用勁。勁源於心、意、氣，起於腳，發於腰，行於梢。所謂「行於梢」，指的是勁達四梢。就是把勁力貫注到人體的最尖端，讓全身氣血暢通無阻，無往而不至。氣血充盈，筋骨強壯，勁力充足，才會身體健康。

關於「四梢」，有兩種說法。

（1）人體的四肢手腳（兩手兩足）。

（2）髮為血之梢；舌為肉之梢；齒為骨之梢；甲為筋之梢。

我們認為，打太極拳要力達四梢指的是勁力，應當是四肢，是雙手雙腳。中醫講的是：舌、齒、甲、髮。

十五、精、氣（人體之氣）、神

精、氣、神是人體生命活動中重要的三大元素。精，是生命活動的物質基礎；氣，是生命活動的根本動力；神，是生命活動的最高主宰。

精、氣、神的外在表現，可以簡單地理解為精神、氣力和神色。精足、氣足、神全是人體健康的保證；精虧、氣虛、神耗則是人體衰老和疾病的原因。三者既相互聯繫，相互依賴，又相互制約，相互影響。神是由精和氣所派生的，但是反過來神又統御精和氣。由此可見精、氣、神既是不可分割，相互依存的，又是互根互生的對立統一的整體。它們存則俱存，亡則俱亡。

神醫張景岳說：「善養生者，心得其精，精盈則氣盛，氣盛則神全，神全則身健，身健則病少。」所以要保養精、氣、神，關鍵在於修身養性，清心寡慾。太極拳則是純心氣功夫，因此是調攝精、氣、神的最好方法。

1. 精

《管子・內業》中說：「精者也，氣之精者也。」是說精是氣中的精粹部分，所以精又稱為「精氣」。《靈樞・本神》中說：「故生來謂之精，兩精相摶謂之神。」是說精在人生下來就有，兩精相摶是指男女生殖之精相結合就會產生有神奇靈性的新生命。因此，精是產生新生命的基礎，沒有精就沒有生命。

《靈樞・經脈論》中說：「人姓生，先成精，精成而腦隨生。骨為幹，脈為營，筋為剛，肉為牆，皮膚堅而毛

髮長。」《靈樞・千年》中說：「當氣血已合，營衛已通，五臟已成，神氣舍心，靈魂畢具，乃成為人。」說明精氣是構成人體的最基本物質。《素問・上古天真論》中說：「腎者主水，受五臟六腑精而藏之。」即人體的精氣主要藏於腎臟。腎虧無力，腰痠腿疼，主要是腎臟的精氣不足所致。精氣不僅是人體生命形成的原始物質，力量之所在，也是人體生長發育全過程的主宰。

2. 氣（人體之氣）

人體之氣來源於三個方面：一是受於父母而藏於腹的先天之氣。二是脾胃接受飲食中的水穀之氣。三是肺呼吸接受的自然界之清氣。莊子曰：「氣者，精神之根蒂也。」「人之生，氣之聚也。」

人體生命的全過程，實際上就是氣生成運化的過程。人體有了氣，才有了生命。因此我們說，氣是人體生命之源。氣是一種極精微的物質，由於它太小，人們看不見，摸不到，只能由它的功能表現來證實它的存在。因此，氣的含義有兩重性，即它的物質性和功能性。前者是後者的基礎，後者是前者的外在表現。

根據氣在人體活動中所表現出的功能，中醫將人體之氣分為元氣、宗氣、營氣、衛氣等。

（1）元氣

又稱原氣、真氣。是人體生命的原動力。元氣源於腎，由腎中精氣化生而來。腎中氣的精氣來源於父母，是由父母之精結合而成的。因此，腎中的精氣必須得到後天脾胃運化的水穀精氣不斷地培養和補充，才能使腎中精氣

不斷地化生為元氣。元氣由三焦運送到五臟六腑，激發和推動各臟腑組織進行生理活動。

元氣的主要功能就是激發和推動人體各臟腑組織的生理活動，不斷化生和推動機體不斷地生長發育。由於元氣不斷地轉化為機體生理功能所需要的能量而產生生理活動。所以元氣又稱為人體原動力，是維持生命活動的能量源泉。元氣充沛，則人體各個器官活力旺盛，身體健康。如果元氣不足，則身體軟弱多病。

（2）宗氣

宗氣是積於胸中之氣。胸中又稱「膻中」，是全身最集中的地方，故稱「氣海」。宗氣是由肺吸入的自然界空氣與脾胃從飲食中運化吸收的水穀之精氣結合而成的。宗氣的功能有兩點：

第一，走息道以行呼吸。凡是語言如說話、唱歌、呼吸、聲音等都與宗氣有關。宗氣充足語言清晰，聲音洪亮，呼吸均勻而有規律。宗氣不足則語言不清，呼吸短促，聲音低微。

第二，貫心脈而行氣血。凡是氣血運行，經脈搏動都與宗氣有關。宗氣充足則脈象搏動和緩，節律均勻而有神韻；宗氣不足則脈搏躁動，節律不規則，脈搏微弱而無力。

由於宗氣的呼吸和血的運行有推動作用，因此會直接影響人體的生理活動，除了呼吸、聲音、語言之外，人的肢體運動、筋骨強弱等也都與宗氣的強弱有關。

（3）營氣

營氣又稱「榮氣」，是行於脈中之氣，即能化成血

液，又與血液並行於脈中，所以常與血合稱為「營血」。

營氣與衛氣同源於脾胃運化而來的水穀之氣。營氣為水穀精氣中的「精華」部分。而且行於脈中，按陰陽屬性，營氣在脈中為陰，衛氣在脈中為陽。

營氣在脈中的運行路線：由脾胃化生而出中焦→手太陰肺經→手陽明大腸經→足陽明胃經→足太陽脾經→手少陰心經→手太陽小腸經→足太陽膀胱經→足少陰腎經→手厥陰心包經→手少陽三焦經→足少陽膽經→足厥陰肝經→督脈→任脈→手太陽肺經。以此順序營運不休。

營氣的主要功能：

①生化成血液。營氣為水穀精氣中的精華部分，於津液結合而注入脈中，形成血液。

②營養全身。人體臟腑與器官必須得到血液中的營氣的滋養才能生存。所以營氣是人體生理活動的主要物質基礎，對人的生命活動有著重要作用。

（4）衛氣

衛氣是行於脈外之氣。具有衛護機體，防禦外邪侵襲的功能，故稱「衛氣」。衛氣屬陽，故稱「陽衛」。衛氣與營氣同出一源，都是由水穀精氣化生而來。衛氣是水穀精氣中的悍氣，其性質滑利，所以不受營氣的約束而行於脈外，循經脈營運周身不止，散行全身，內到臟腑、胸腹、肓膜，外到皮膚、筋骨，無所不在。

衛氣的功能主要有三點：

① 衛護肌表，防禦、抵抗外邪侵襲。

② 能滋養臟腑、肌肉、皮毛。

③ 衛氣能調解控制毛孔的開合、汗液的排出。

3. 神

神的物質基礎是形體，人的形體功能表現就是「神」。人體是有生命的，生命貫穿於人的一生，而生命運動的本身就稱之為神。

神者，精氣發生於外，而無難澀之弊之靈氣也。天地間無論何物，精神足則神情自足。《荀子·天論》中說：「萬物各得其和以生，各得其養以成，不見其事而見其功，夫謂之神。」「物生為之化，物極為之變，陰陽不測謂之神。」意即只能看到變化的外在結果，而看不到內在的變化，就是「神」。

「神」的含義就是指人體生命的外在表現的總稱。人體生命運動正常，氣血充足，則外在表現就顯得「有神」。人們常常形容其「神采奕奕」。當人體氣血不足時，則精神不振，目光無彩，表情呆滯。人一旦失去了神，則氣血停止，生命運動也就結束了。人是萬物中最有靈性的動物。其特點就在於有精神，有思維活動。精神活動的最高級形式就是思維。

人要是神氣十足，則思維清晰，行動敏捷，語言表達流暢。反之則神氣渙散，思維混亂，行為顛倒，詞不達意，嚴重者則神志不清。所以中醫有「神形學說」，認為神與形不可分離。

神與形的關係：形是第一性的，精神是第二性的。形體是本，神是由形體而產生的，有形體才有生命，有生命活動才會有精神表現，氣血是生命活動的基礎物質，當然也就是神的基本物質。氣血維持人的生命活動，亦維持精

神思想活動表現。

　　生命活動正常，則精神思維活動就正常。生命活動停止，神也就消亡。所以精神健康，形體健康則氣血充足。「形乃神之舍，神乃形之主」。所以，精、氣、神稱為人身三寶。「精足不思食，氣足不畏寒，神足不思眠」。

十六、三　焦

　　三焦是中醫臟象學說中一個特有的名詞，是上焦、中焦和下焦的合稱。上焦為膈以上的部位，包括心、肺；中焦為膈以下、臍以上的部位，包括脾、胃；下焦為臍以下部位，包括腎、膀胱、大小腸、女子胞等。

　　中醫認為三焦是人體健康的指揮部，是裝載人體全部臟腑的大容器。神醫華佗《中藏經》中說：「三焦者，總領五臟六腑，榮衛經絡，內外左右上下之氣也。」「三焦通，則內外左右上下皆通也。」「三焦之氣和則內外和；三焦之氣逆則內外逆。」

　　三焦的生理功能有兩個：一為通調水道，二為運化水穀。明代醫學家孫一奎說：「上焦主納而不出，其治在膻中；中焦主腐熟水穀，其治在臍傍；下焦分清泌濁，其治在臍下。」

十七、氣與血

　　所謂「氣」，指的是人體之氣。《莊子》中指出：「人之生，氣之聚也。聚則為生，散則為死。」氣是人體

生命運動的根本。明朝張景岳說：「人之有生，全賴此氣。」人體之氣是先天之精所化，又依賴於後天之精氣不斷地滋養。真氣通過三焦激發和推動臟腑及一切器官的正常的生理活動。故氣為人身生化的原動力。所以說：「真氣者，受於天，與水穀之氣並而充身也。」（《靈樞・刺節真邪》）

所謂「血」，即血液，是由水穀精微和營氣經過生理變化而成。血液在生化的過程中，脾、胃是生化之源。血液中含有人體需要的豐富營養，並由氣的推動循經脈運行全身，內至五臟六腑，外達皮膚、肌肉和筋骨。

人體的一切器官都需要血液的滋潤而進行正常的生理活動。所以，血液充足，則人體健康，血液不足，則身體虛弱。《靈樞・本藏篇》中說：「血和，則經脈流暢營養陰陽，筋骨強勁，關節清利矣。」

關於氣與血的關係，中醫講：「氣血可分不可離。」所謂可分，是指氣與血是有區別的；所謂不可離，是說氣和血是同源的。

氣是一種極精微的物質，人們用眼是看不見的。血是紅色的液體，能夠看得見，但是血是氣化生而來的。

氣和血是構成和維持人體生命最基本的物質。但是氣和血在陰陽屬性上和生理功能上有著明顯的區別，在生理表現上各有不同。

「血」的運動是在氣的引導下循經脈周運不息。

「氣」的運動是在意識的指揮下運行全身，稱為「氣機」。「氣」的運動形式是由升、降、出、入四種形式表現出來的。

　　「血」是由營氣和津液生化而成的。營氣和津液都是由脾胃吸收水穀飲食經過運化而產生的水穀之氣中分離出來的。所以血液的形成離不開氣。

　　《靈樞・邪客》中說：「營氣者，泌其津液注於脈中，化以為血。」可見，血液是由營氣和津液構成的。營氣和津液注入脈中，經過肺的宣發作用，上送到心脈變化為血液，再輸送到全身，為人體提供所需要的營養，維持人體的生命運動。

　　但是，血液能在脈中運行，完全依賴於氣的推動作用。它能在脈中而不溢出脈外，也是靠氣的固攝作用。所以血聽命於氣，氣統血。血來源於氣，血的運行也離不開氣。

　　名醫吳鞠通在《治血論》中說：「故治血者，不求有形之血，而求有形之氣。」氣通血通，氣到血到。氣虛則傳送無力，血虛則失濡潤。氣血的關係則是：

　　氣血同源，可分不可離。

　　氣為血之帥，血為氣之母。

　　在生理上它們相互滋生，相互作用。在運行上不分離，氣行血，血載氣。

　　在病理上有相互影響，血出多必氣虛，氣隨血出而虛脫。

　　所以，氣統血，為陽，為帥。血無氣則無主。血養氣，為陰，為母。氣無血則無所養。所以中醫經常講「陰陽失衡」、「氣血盈虧」，並以此為依據，把調節人體的陰陽平衡，使之氣血滋養充盈作為治病之本。

　　太極拳運動則以身鬆體靜，虛靈頂勁，以「以意行

氣，以氣運身，以內勁催外形」為根本。

十八、臟與腑

人有五臟六腑，還有奇恆之腑。

臟即「五臟」，有藏的意思。「五臟」的功能就是儲藏精氣、血、津液的。所以說它是「藏精氣的」。

腑即「六腑」。六腑之間是相通的。「六腑」是主食物的受納、消化、吸收、傳導、排泄的。所以說它是「傳化物的」。《素問・五臟別論》中說：「五臟者，藏精氣而不洩也；六腑者，傳化物，而不藏，故實而不滿也。」

「五臟」者：心、肝、脾、肺、腎也。「六腑」者、胃、膀胱、大腸、小腸、膽、三焦也。

奇恆之腑者：腦、脈、骨、髓、膽、女子胞也。

臟的功能是：儲藏精氣而不洩。臟主表，為陽。其中：心臟的功能是主血脈神志，開竅於舌。肝臟的功能是主藏血、疏洩、主筋，開竅於目。脾臟的功能是主運化、統血、四肢肌肉，開竅於口。肺臟的功能是主氣、宣降、主皮毛，通水道，開竅於鼻。腎臟的功能是主骨生髓、藏精，開竅於耳。

腑的功能是：傳化水穀而不藏。腑主內，為陰。其中：胃受納水穀。膀胱，泌尿清濁。大腸，傳送大便。小腸，氣化津液，排泄小便。膽，盛膽汁。三焦，通調水道。

奇恆之腑的功能是藏而不洩。其中：腦是髓海，為元神之腑。脈是充實骨髓筋腦，骨是人身之架，髓是行氣血的，膽是盛膽汁。女子胞，主月經及生育。

　　人身臟腑之間，是相互密切關聯的，任何一個臟腑器官組織的生理活動都是整個人體生理活動的一個部分。既影響其他臟腑器官的組織，也受其他臟腑器官組織的影響。既相互滋生，又相互制約。如腎之精養肝，肝藏血上濟於心。心之熱能溫脾，脾化生水穀以充肺，肺主氣宣降下行以助腎水。肺氣清肅下降可以抑制肝陽的上亢；肝的條達又可以疏洩脾的壅鬱；脾的運化又可以制止腎水的泛溫；腎水的滋潤又可以防治心火的亢烈；心的陽熱又可以制約肺氣宣降的太過。

十九、丹　田

　　「丹田」原是道教修練內丹精氣時用的術語。現已被廣泛引用。「丹」是一種精微物質，「田」就是製造這種物質的田地，就是練氣化精，煉精化氣，提煉精氣的地方。「丹田」就是「關元」穴，位在臍下三寸處。是男子藏精之處；女子養血之處；人身的元陰元陽交關之處，所以叫「關元」。此穴為長壽穴，經常按壓擦摩此穴，可以使人健康長壽。丹田又有上丹田、中丹田、下丹田之分。

　　上丹田。在兩眉之間，為神舍。神藏於心，顯於上丹田。所以上丹田是神之所在。

　　中丹田。在胸膻中穴，為氣海。氣源於肺而生於腎，運行於中丹田。所以說中丹田是氣之所在。

　　下丹田。在肚臍以下三寸處，為氣府。是練氣化精，練精化氣的地方。為精區，精藏於下丹田。所以說下丹田是精之所在。人們常說氣沉丹田，是指內氣而言，不是呼

吸的空氣，空氣是不能沉入丹田的，必須經肺腑的提煉和轉換，再和先天之氣經過腎精的貫穿合成為一種能之後，才能沉入丹田。先天之氣和後天之氣合成的過程，也就是練氣化精，煉精化氣、練氣化神的修練過程，也就是製造能量的過程。之後再輸入血之中，運送到全身的各個部位。

氣沉丹田的目的，是為了「氣化」提煉為能，再由心臟、血管把能輸入到全身末梢，最後再返回丹田。

打太極拳就是以腹式呼吸即逆式呼吸來增加氧氣的攝入量，從而使丹田氣充足，能量充分，身體健康。

二十、經　絡

經絡是人體之內經脈和絡脈的總稱。「經」是路經的意思，是經絡系統的主幹，多循行於深部。「絡」即網絡，是經脈的分支，猶如網絡一樣聯繫周身，無處不至，其部位分佈較淺。正如《靈樞‧經脈篇》所說：「經脈十二者，伏行在肉之間，深而不見。」「諸脈之浮常見者，皆絡脈也。」

「經絡」遍佈全身，是人體氣血、津液運行的通道。由於經絡的溝通和聯繫，便將人體所有的內臟和器官、孔竅以及皮毛、筋肉、骨骼等組織緊密地聯繫成一個統一的整體。

1.經絡的組成

①經脈：正十二經、奇經八脈。②絡脈：十五絡、孫絡和浮絡。③其他：十二別經、十二筋經等（見表2）。

表 2｜經絡簡圖表

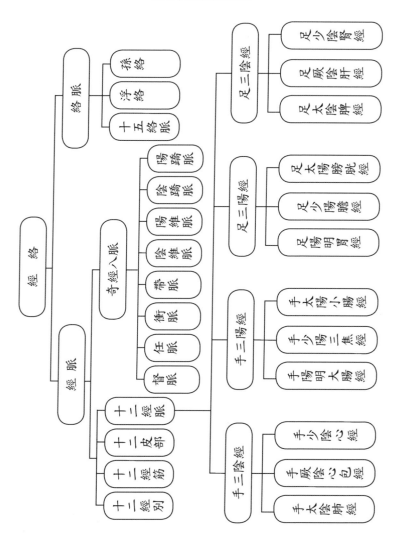

　　經絡，由經脈和絡脈兩部分組成。其中縱行的主線稱為經脈；由經脈分出網絡全身各個部位的分支稱為絡脈。

所以說「經」為主幹線，「絡」是支線。人體有 12 條主
幹線，也叫 12 經。還有無數支線，稱為絡線或絡脈。人
體經絡是縱橫交錯的，在人體內構成一張大網。經絡內聯
臟腑，外聯四肢骨骸，可以說人體的各個部位，人體的各
個器官，皮毛骨肉無不包羅在這張大網之中。所以，身體
的哪個部位有了毛病，這張網就會有相應的反映，向我們
報警求救。

　　我們只要看一下是哪一條經絡的鈴鐺在響，就可以知
道哪個臟腑的器官出了問題。這叫「諸病於內，必形於
外」（《黃帝內經》），見圖 4。

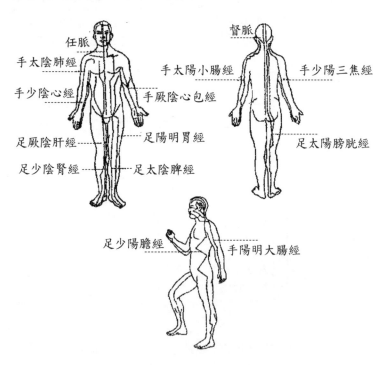

圖 4｜人體十二正經示意圖

人體有五臟，即心、肝、脾、肺、腎，還有六腑，即胃、小腸、大腸、膀胱、膽、三焦。每個臟腑都連著一條經絡，所以共十二條經絡。經絡的走向在人體四肢兩側，是對稱的，相同的。

人全身十二條經絡，再加上奇經八脈共 360 多個穴位。它確實像一張大網，讓人望而生畏。其實，主要穴位也就是 20 多個。

2. 經絡的功能

（1）當經絡的穴位感覺痠痛時，表示經絡通，但可能是狹窄、擁堵、流通不暢，氣血弱。

（2）如果感覺刺痛，表示那裡的氣血都堵了，正在衝撞，所以刺痛。

（3）當感覺麻木時，表示經絡不通，但氣到血未到。

奇經八脈——任脈、骨脈、衝脈、帶脈、陰蹻脈、陽蹻脈、陰維脈、陽維脈。

奇經八脈，有統帥聯絡、調節十二經脈的作用。

十二正經是手、足三陰經和手、足三陽經。

十二正經中，每個經脈分別隸屬於人體一個臟或一個腑，且左右對稱地分佈於人體兩側。十二正經與奇經八脈及分支絡脈在人體內縱橫交錯，裡通臟腑，外達肢節。上通頭，下達腳，把人體網絡聯成一個整體。

十二經脈中氣血的運行是循環貫注、首尾相連、如環無端，其流注次序如表 3 所示。

表3 | 十二經脈氣血循環流注表

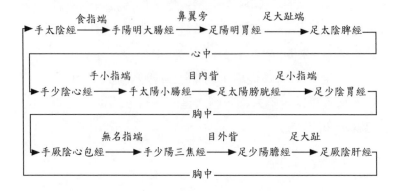

3. 督任二脈與奇經八脈的關係

奇經八脈是督脈、任脈、衝脈、帶脈、陰蹻脈、陽蹻脈、陰維脈、陽維脈。

奇經八脈雖與臟腑沒有直接關係，但與十二經脈縱橫交接，對十二經脈具有調節、疏通作用，其中任督二脈至關重要。中醫學把任、督二脈與十二經脈合稱「十四經」。

任、督二脈皆起於胞中，下出會陰，而後任脈經陰阜循行於腹、胸中線，上經口唇、沿面頰分至目眶下；督脈則絡陰器，「貫脊屬腎」，循行於脊背正中線，經百會穴、額、鼻部至上唇。

任督二脈循行於人體一前一後，前後相連，貫陽通陰，總督總調人體陰陽諸經，通調人體陰陽氣血平衡。

二十一、穴位與經絡

1.穴位的概念

穴位是武術、氣功、中醫的專用術語。《武當絕技彙編》中說：「血猶水也，穴猶泉也。」「穴閉則血凝淤，開之則疏洩。」

人之一身，外有五官四肢百骸，內有五臟六腑，皆以經絡為線以貫穿，以血脈灌溉而滋養。氣行經絡外，血行經絡內。氣源於腎，血源於心。血循氣行，日夜周行於十二經，瞬息不停。潮血來回，百脈震動，如筋絡斷，則氣血停，缺乏活動之能力。如血脈停，則失去知覺之效應。所以武術中的點穴術就是閉其氣血交通之道，斷其經絡運輸之功能。

點穴術是一門功夫，不是每個人都能做到的。中醫針灸、按摩穴位則是疏通血流的通道，以達舒筋活血之功能，是一門理療治病養生的功法。

《武當絕技彙編》中說：「經絡始於爪甲，聚於肘膝，會與頭面，而活動之能者，氣也。」因為氣統血，血隨氣行。所以不管是健身養生，還是練武技擊強身，都得先練氣。人身穴位都在經與絡的交匯點處，是氣血由經脈行至絡脈的接口位置。當穴道通達，則氣血暢通，血流不息，人體身體健康；當穴位閉塞，則氣血不通，人體就會傷痛。如果穴位不暢，血流不足，則人就會有氣無力。

2.穴位的功用

因為人體氣血的活動是通過經絡遍及全身的，可以說

是無處不在。血脈主幹道為經，支道為絡，總稱為經絡。經絡在人身縱橫交錯，猶如一張大網，遍佈全身。但是，如果主幹道閉塞，則關係到人體生命，支道閉塞也會影響身體的局部功能。所以穴位對人體生命安全和健康至關重要。人體穴位很多，大約有 360 個，但主要穴位只有 20 多個。人從頭到腳，五寸一大穴，五分一小穴。點小穴可傷，點大穴可亡。由此可見，穴位針灸、按摩可以疏通經絡，有利人身健康。

穴位被重擊或被點擊，可閉其穴道，斷其經絡運輸氣血之能，則傷害人身健康，甚至會導致人身傷亡。所以穴位被武術家所用，稱為點穴術。點穴術是一種重要的技擊手段，是一招制敵的高深功夫。穴位被醫學家所用，則成為一項治病養生的功法。

由此可見穴位的功能有兩個：一是武術搏擊點穴，讓其瞬間失去抵抗能力，也可致人傷殘或死亡。二是針灸、按摩，可以治病救人和養生。

3. 點穴和按摩穴位的方法和要求

點穴主要是以指點戳重擊為主，具體方法有：

（1）用一指點戳穴位。

（2）用二指點戳穴位。

（3）用肘尖撞擊穴位。

（4）用掌根拍擊穴位。

（5）用膝頂撞穴位。

按摩、針灸穴位，主要是用手指點壓、手掌拍按、掌根揉搓和針刺穴位。具體方法有：

（1）用手指按壓穴位。

（2）用掌根揉搓按壓穴位。

（3）用肘尖揉壓穴位。

（4）用針刺扎穴位。

（5）用行針穴位。

無論是點穴還是按摩、針灸穴位，都必須具備兩個條件：一是熟知穴位在人體的準確位置；二是能在實際應用中準確地找到穴位。除此之外，點穴還應該具備一定的功力。

勁力大，指力堅硬，速度快捷，並且穩、準、狠。一招制敵，迅速奏效，閉其穴道，使其瞬間失去抵抗能力。而按摩、針灸穴位關鍵是準確，力度適中，主要是疏通穴道，治病於人。

4. 人體重要穴位的分佈

人身共有 360 個穴位，但其主要穴位只有 20 幾個。穴位之中有死穴、啞穴、暈穴、咳穴等，這些穴位輕點則暈，重點則亡。

按照武術技擊點穴的常規，人身主要有 36 個穴位，其中人身正面有 22 個，背後有 14 個。

人身正面：

頂心，左額角，右額角，眉心，左太陽，右太陽，左耳竅，右耳竅，咽喉，氣嗓，胸膛，心坎，大腹，肚臍，膀胱，腎囊，左乳，右乳，左肋，右肋，左脅，右脅。

人身背面：

後腦，左耳根，右耳根，脊背，脊心，命門，左後

肋，右後肋，左脊臀，右脊臀，左後脅，右後脅，左腰眼，右腰眼。

　　按照氣功，中醫針灸、按摩的常規，則穴位更多。但其主要穴位有 28 個，具體穴位名稱及所在位置詳見表 4 常用穴位經絡對應圖表。

表 4｜常用穴位經絡對應圖表

身體部位	穴名	所屬經脈	分佈位置
頭	百會	督脈	頭頂正中，兩耳尖連線中點
	印堂	經外奇穴	兩眉頭連線中點，正對鼻尖
	太陽	經外奇穴	眉梢與目外眥之間向後約 1 吋凹陷處
	人中	督脈	上唇人中溝上 1/3 處
	承漿	任脈	下唇溝正中凹陷處
頸	玉枕	足太陽膀胱經	枕外粗隆上緣外側
	風池	足少陰膽經	頭頸後兩側髮際凹陷處
	天柱	足太陽膀胱經	平啞門旁開 1.3 吋斜方肌外緣凹陷處
背腰胸	大椎	督脈	第七頸椎棘突下凹陷處
	命門	督脈	第二腰椎棘突下凹陷處
	腎俞	足太陽膀胱經	命門旁 1.5 吋
	膻中	任脈	兩乳頭連線中點

腹	中脘	任脈	臍上 4 吋
	神闕	任脈	肚臍中
	氣海	任脈	肚臍下 1.5 吋
	關元	任脈	肚臍下 3 吋
襠臀	會陰	任脈	二連便、陰連線中點
肩	肩井	手陽明大腸經	肩端，平舉肩時前上方凹陷處
臂	曲池	手陽明大腸經	肘彎橫紋橈側端凹陷處
	內關	手闕陰心包經	仰掌腕橫紋上 2 吋
手腿	勞宮	手闕陰心包經	握拳，中指尖所點處
	足三里	手闕陰心包經	膝下 3 吋，脛骨前脊外側
	承山	足太陽膀胱經	腓腸肌腹下尖端凹陷處
	委中	足太陽膀胱經	膝後窩橫紋中央
	三陰交	足三陰經上	內踝尖上 3 吋，脛骨內側後緣處
足	太谿	足少陰腎經	內踝後，跟骨上凹陷處
	太衝	足闕陰肝經	足第一、第二蹠骨結合部之前
	湧泉	足少陰腎經	足心人字紋頭凹陷處

（註：1 吋—拇指最寬指節為 1 吋的尺度）

5.關於點穴術的學練方法

點穴是一門高深的武功，是一種重要的技擊手段。據古代文獻記載，點穴的練習方法：「先以黑豆、綠豆置於斗中，以手指戳之。先輕後重，每日三次，至極疲為止。繼而再用小河卵石，再以手指插之。久之，使其手指之皮肉筋骨合而為一。但可能會傷及皮膚、骨肉，再用藥水煎洗。久之，則手指掌，皮骨肉則堅厲無比，勁力倍增。再用手指點穴時，則會使人如蛇咬、蠍螫之疼，則大功告成。」

當今練點穴術之人很少。固必精拳者，始能將點穴術夾於其中用之，才能奏效，故多已失傳。而練中醫按摩、針灸穴位的人越來越多，因為它既能治病，又能養生，更有益於身體健康。

其藥方為：活鷹爪 5 對，敲碎，置入鐵罐之中，加象皮、鯪魚甲、半夏、川烏頭、草烏頭、全當歸、互松、皮硝、蜀椒、側柏葉、透骨草、紫花地丁、食鹽共 14 味，用薑汁、酒炒後，再加陳醋 7 斤，河水 7 斤，浸泡 1 月。

二十二、易 學

「易學」即《周易》。《周易》被稱為天下奇書，是我國古代儒家經典作品之一，位居「五經」、「四書」之首。它的內容博大精深，歷代學者研究《易學》的著作就有上千種之多。時至今日，仍有許多未解之謎。

「易學」是由《易經》和《易傳》兩部分組成的。《易經》是一部訊息預測學，分上下兩經。《易傳》是一部哲學著作，它由《彖》上下、《象》上下、《繫辭》上

下、《文言》、《說卦》、《序卦》、《雜卦》等十篇文章組成，又稱《十翼》。傳說是孔子傳經而著作的。

《易經》和《易傳》合稱為《周易》，構成了今天完整的「易學」。《易經》和《易傳》在內容上雖有差別，但在形式上又有密切的關係，結合為一個整體。

《易經》形成於殷周之際，《易傳》形成於春秋戰國時期。二者相隔近千年的歷史。所以說「易學」的萌生和歷史發展是非常漫長的，是一個非常複雜的進化過程。它絕非一人所作，是古人集體智慧的結晶。它經歷了陰陽概念的產生、八卦的創立，卦、爻、辭的問世和《十翼》的形成等幾個階段；在時間上它經歷了夏、商、周、春秋戰國幾個朝代；在成書上，它經歷了《連山易》、《歸藏易》、《易經》到《周易》的發展過程。

那麼，《易經》又是如何發展成《周易》的呢？

（1）周朝時期，周文王發展了「易學」。在我國歷史上有「文王拘而演易」之說。相傳《卦辭》是周文王所作，《爻辭》是周公所作。當年周文王被商紂王囚於羑里八年，期間演義了八卦，並將六十四卦符號仔細推敲研究，加以文字說明，這就是今天《周易》的《卦辭》。周公在此基礎上進一步發揚光大，對六十四卦的每一爻都加以說明，這就是今天《周易》的《爻辭》。

歷史上把文王以前的八卦稱之為先天八卦，文王之後的八卦稱之為後天八卦或文王八卦。後來人們把伏羲八卦稱之為先天八卦，文王八卦稱之為後天八卦。傳說是伏羲創造了「易」，周文王又發展了「易」，稱為《周易》。

（2）春秋末期，孔子進一步豐富了「易學」的內

容。孔子創立了儒教，並周遊列國宣傳自己的主張，但並沒有得到統治者的重用。在他 50 歲後便退而學「易」，並把自己研究的心得和成果記錄下來，就是今天的周易的《繫辭》，從而更加充實了「易學」的內容，形成了比較系統完整的《周易‧繫辭》。

其實，《易經》的精髓是「位當」。易有八卦，六十四卦，每卦又有六爻，講的是三百八十四種變化。天地瞬息萬變，人類如果能在千變萬化之中處於適當的位置，是關鍵。這就是《易經》八卦要告訴人們的哲理。因為天人合一，人與自然界有著千絲萬縷的聯繫。可以說人與天地是同呼吸，共命運的。適者生，逆者亡。懂其哲理，能順其自然之規律，人就可以避開災難，走向順利。

二十三、無　極

傳說在開天闢地之前，宇宙是混混沌沌的一團氣，沒有光，沒有聲音，沒有任何物質，無影無像，什麼都沒有，所以稱為「無極」。也就是說，「無極」是宇宙原始時無影無像的狀態。

道家把「無極」作為煉丹的最高境界，也就是修練的歸宿，即煉神歸宿，復歸「無極」。

從哲學上講，宇宙萬象，天地萬物，世間萬事都是從無到有，從產生到分化，組合，再分化，再組合，生生不息。就像「易學」中講的：「從無極而太極到陰陽、四象、八卦……」週而復始，無始無終。

從數學上講，「無極」就是零，什麼都沒有。

從太極拳方面講，「無極」就是身不動、心不想的靜止狀態。打拳前端然恭立，息心靜氣，兩腿垂立，身樁端正，心中無一物，無所著，一念無所思，穆穆皇皇，渾然如混沌，無影無像。就是說在打拳之前，身心未動，故無影無像，無可名，曰「無極」。身心未動就是無所思念，無所動作，是無極樁的狀態。當心念已動，身將動之機為「太極」；當身心已動，有動，有靜，即陰陽已分，稱為「陰陽兩儀」。楊澄甫大師在《太極拳用法》中說：「打太極拳不動為無極，已動為太極。」「靜本無極，心神合一，滿身空空洞洞，稍有接觸即知。」

由此可見，「無極」是一種境界，是一種狀態。

二十四、太　極

太極是中國古代哲學名詞。是指派生萬物的本源。有太極歌一首：

太極原是無極中，混無一氣感斯通。

先天逆運隨機變，萬象包羅易理中。

「太極」源於「易學」。「易有太極，太極生兩儀，兩儀生四象，四象生八卦，八卦定吉凶，吉凶定大業。」（《易傳‧繫辭》）又曰：「太極者，無極而生，陰陽之母也。」（王宗岳《太極拳論》）即「太極」是從無極的無影無像到有形有像的過程，或者說是交界點。

太極圖就是最好的表示。它是一個內含陰陽魚的圖，分則陰陽，和則太極。所以說「太極」是一個陰陽對立而又變化無窮的統一體。

　　「太極」即一圓，「太極」即一氣。一氣，清濁將分未分之際，天地未形成之時，稱「太極」。當清氣上升，為天，為陽；濁氣下沉為地，為陰。陰陽已分，天地而立，所以太極又是陰陽之母。

　　太極圖像為圓，圓無頭無尾，無始無終，無窮無盡。因此表示至高無上的意思。以時間而言乃最初的創始；以空間而言又無往而不在。所以說「獨立而不改，周行而不殆」（《老子》二十五章）。

　　「太極」是宇宙一切事物生化的本源，「太極」是和諧、圓滿、陰陽平衡的標誌，是人們最理想的思想境界。因此「太極」成為中華民族文化的根，即「太極文化」。「太極蓋萬物之理，以虛而受，以靜而成，天地從虛立極，從靜中運機，虛則無所不容，靜則無所不應。所以太極拳應以虛靜為本。」「打拳時身形未動，但心念已動，這時的狀態成為太極。」

　　陳鑫在《太極圖說》中說：「打拳上場手足未動，而端然恭正之中，其陰陽開合之機，消息盈虛之數已俱寓於腹之內。此時一志凝神，專著於敬，而陰陽開合，消息盈虛未形耳，時無名，亦名之曰『太極』。」就是說打拳開始時先洗心滌慮，去其雜念，以待其動，此時為「太極」。一旦身形已動，陰陽開合也。陰陽開合、虛實自然運行。一絲不強為，皆非太極自然之理，不得名為「太極拳」。

　　由此可見，「太極」於數為一，是一切事物的始源。宇宙是一個太極，地球也是一個太極，人也是一個太極。「太極」代表著陰陽平衡，身心健康；「太極」代表著社會和諧，國家穩定；「太極」代表著和平、統一。

二十五、陰　陽

相傳天地在形成之前，宇宙是一片混沌。盤古開天闢地，將混沌一分為二，上天為陽，下地為陰，由此有了陰陽的概念。

陰陽者，「天地之道也，萬物之綱紀，變化之父母。生殺之本始，神明之府也」。宇宙間一切事物的生長、發展和消亡，都是事物陰陽兩個方面不斷運動和相互作用的結果。

物極必反，太極了，就會出現分化，成為陰陽。所以，「太極者，陰陽之母也」。陰陽合為太極，太極分而陰陽。太極、陰陽為對立而又統一的整體。無陰不生，無陽不長；陰靜陽動，陰息陽生；陰陽相交，始育萬物。宇宙萬象，天地萬物，世間萬事，生生不息，都是陰陽變化之為。

陰陽學說產生於中國的「易學」。當時還沒有文字，傳說是伏羲創造了陰陽符號，陽者用〔—〕表示，陰者用〔--〕表示。〔—〕、〔--〕兩個符號，說它是陰陽可以，說它是天地也可以，說它是男女也可以，說它是乾坤也可以。乾純陽，象天；坤純陰，象地。有天地，然後有萬物。天資始，地資生。天（乾）代表陽物，地（坤）代表陰物。「陰陽合德而剛柔有體，以體天地之撰，以通神之德。」（《易傳・繫辭下》）

陽〔—〕代表宇宙間一切動態的「能」。陰〔--〕代表宇宙間一切靜態的形跡。〔—〕為陽，為剛，是積極向上的動態的標誌。〔--〕為陰，為柔，是無為、順承、

守靜的標誌。陽（乾）無形而為能，陰（坤）有形而為質。陽為上清之氣，陰為重濁之氣。陽性向外揮發，陰性向內收斂。無陰，陽則無所歸；無陽，陰則無所主。陰陽合而為「太極」，為圓滿，為和諧。

這是中國古人透過長期對日月星辰的移轉，風雨晦明的變化，畫夜交替的反覆，寒暑節氣的往來等自然現象的觀察，以及人類生老病死，人生一世，草木一秋的變化規律，認識到世間的一切物質可以歸納為陰陽兩大類。如天為陽，地為陰；日為陽，月為陰；畫為陽，夜為陰；火為陽，水為陰；男為陽，女為陰；公為陽，母為陰等。以此類推，凡是一切向上的、外在的、明亮的、溫熱的、功能性的，機能亢進的都屬於陽性類。相反，凡是一切相對靜止的、內在的、下降的、寒冷的、暗晦的，物質性的，機能窘退的均屬於陰性類。

用陰陽的對抗屬性來歸類物質世界，用陰陽相對，陰陽互根，陰陽轉變等理論來解釋物質的產生、存在、轉化以及物質的功能和現象。這就是陰陽學說。

陰陽有四大屬性：

（1）陰陽相對

有陰就有陽，有陽就有陰。陰陽是相對的，而且是不可分離的。有天必有地，有男必有女，男體有陽也有陰，女體有陰也有陽，即陰中有陽，陽中有陰。陰陽對立而又不可分離。

（2）陰陽互根

陰陽既是相互對立的，又是相互依存的，任何一方都

不能脫離對方而單獨存在，二者缺一不可。如果沒有天，
也就沒有了地；沒有了地，也就無所謂天。物質為陰，功
能為陽。如果沒有物質，就沒有產生的功能；沒有功能也
就不會有物質的產生。所以陰陽雖然相互對立，而又相互
依存。

（3）陰陽相互消長

陰陽不僅是對立的、互根的，而且是相互消長的。陰
陽的對立和平衡不是靜止不動的，而是在不斷的相互消長
的過程中保持相對平衡狀態。有時「陽長陰消」，有時
「陽消陰長」。它們是不斷地在「此消彼長」或「彼消此
長」的動態變化中保持相對的平衡。

（4）陰陽相互轉化

陰陽不僅相對、互根、消長，而且在一定條件下是會
相互轉化的。陰可以轉化為陽，陽也可以轉化為陰。陰陽
的消長是一種量變，而陰陽轉化則是一種質變。量變到一
定程度就會發生質變。陰陽轉化體現了事物的運動變化中
「物極必反」的規律。「樂極生悲」、「柔極生剛」，就
是這個道理。可見，陰陽、虛實、剛柔、表裡、寒熱等在
一定條件下是會轉化的。

陰陽的四大屬性，可以應用到醫學、哲學、軍事學、
力學、運動學等各個領域。所以古人利用陰陽變化之理創
造了虛實、剛柔、開合、陰陽變化的太極拳。

二十六、五 行

所謂「五行」（見表5），就是把宇宙間自然界中所有

物質的運動歸納為五種形態,即金、木、水、火、土。以此來抽象地代表物質的運行方向。「五行學說」是用五行抽象的特性,來推演自然界中的各種物質和人體臟腑器官的組織結構。用五行之間的「相生」「相剋」「相乘」「相侮」的關係,來解釋自然界各種事物和現象之間的聯繫,以及人體各臟腑器官組織結構之間的相互聯繫與協調平衡。

表5│五行與人體和自然界相互對應圖表

五行	自然界						人體				太極拳
	五味	五色	五化	五氣	五方	五季	五臟	六腑	五官	情志	
木	酸	青	生	風	東	春	肝	膽	目	怒	盼
火	苦	赤	長	暑	南	夏	心	小腸	舌	喜	退
土	甘	黃	化	濕	中	長夏	脾	胃	口	思	中定
金	辛	白	收	燥	西	秋	肺	大腸	鼻	悲	顧
水	鹹	黑	藏	寒	北	冬	腎	膀胱	耳	恐	進

「五行學說」來源於我國陰陽學說,所以又稱「陰陽五行學說」。陰陽學說認為:陰陽時位,為生命生存的四大要素。孤陰不生,孤陽不長,有時無位不存,有位無時而不生。沒有陰陽,就沒有生命,但沒有時位,生命也不會存在。因此,陰陽消長,時位適應是生命不可或缺之象,也是生命生存不可違背之理數。有生命就得有變動,有動就得有「行」,有「行」就得有方向。把各種物質生

命的運動方向歸納為五種形態：

（1）其行動方向向上者，以炎上性之，用〔火〕代表之。

（2）其行動方向向下者，以潤下性之，用〔水〕代表之。

（3）其由一點向四面八方者，以樹根莖生長性之，用〔木〕代表之。

（4）其由四面八方向一點集中者，以凝聚結晶性之，用〔金〕代表之。

（5）其行動方向平行者，以趨平坦性之，用〔土〕代表之。

這就是五行運動的來源。其他各種動向均為五行中的兩種或三種動向配合而成者，非基本動向，不足稱道。五行學說是我國古代樸素唯物主義和自然辯證法思想。它認為宇宙間一切物質都是由金、木、水、火、土五種物質的運動與變化而構成的。水火者，人飲食用之；金木者，人生活用之；土者萬物滋生之。五者皆為人所用。所以「五行」與自然界和人體都是相互聯繫而對應的。

「五行」相生、相剋、相乘、相侮

「五行」相生即是相互滋生、助長的意思。「相剋」有相互制約和相互克制的意思。

五行相生的次序是：木生火，火生土，土生金，金生水，水生木，依次循環無盡。

五行相剋的次序是：木剋土，土剋水，水剋火，火剋金，金剋木，依次往復無窮。

相生相剋是任何物質不可分割的兩個方面。沒有生剋，就沒有物質的發展，就不能維持正常的生理變化。因此，必須生中有剋，剋中有生，相輔相成。

至於「相乘」和「相侮」是事物發展的反常現象。

「五行」學說是中國古人的哲學思想，有一定的科學性，在太極拳運動中，「五行」指的是「前進、後退、左顧、右盼、中定」。

二十七、八　卦

所謂八卦，有先天八卦和後天八卦之分。

先天八卦，即伏羲八卦。相傳是伏羲氏得河圖洛書而畫的八卦。後天八卦是指周文王被囚拘羑里而演義的八卦。先天八卦和後天八卦的方位不同。先天八卦是乾坤定南北，離坎定東西；後天八卦是離坎定南北，震兌定東西。

八卦，最早源於伏羲氏。《周易·繫辭》中曰：「古者，伏羲氏之王天下也。仰觀象於天，俯則察法於地，觀鳥獸之文與地之宜。近取諸身，遠取諸物，於是始作八卦。以通神明之德，以類萬物之情。」由此可見，八卦最初創始於伏羲氏。

八卦是對時間和空間萬物的分類，是宇宙生化萬物最高原理的標誌。八卦的實質是伏羲氏創造了陰陽體系符號，以表達對事物的認識。因為當時還沒有文字，只是認識和體會，即便當時有文字也無法形容盡致。故畫符號〔─〕代表陽，〔––〕代表陰，以代表宇宙間一切動靜態的形跡。陰陽經過反覆的演化，於是成為八卦。

　　八卦的內涵很深。八卦是指一個物體從立體分析說明而言，即有三進向之八卦。宇宙間無一絕對不變立體的存在。萬物由生到死，均無時無刻不在動，不在變化之中。月球繞地球轉動，地球繞太陽轉動，太陽繞何物轉動，還有待天文學家破解。總之，每一物體時時刻刻都在轉動，並且是在公轉和自轉的運動中，而且還都有自己的方位，還有可以計算的運動時間。此「時間」與「空間」、「易」稱之為「時」與「位」。

　　陰、陽、時、位是生命生存的四大要素。而此不同的時位即是一物的八卦。此時間與空間，又必須於不同的時間占其所繞之中心不同的八卦方位之空間。因而此種配合即是 $8 \times 8 = 64$，即是六十四卦的產生。每一卦又有六爻。64 卦不同的時位再細分之，則有 $64 \times 6 = 384$，「易」稱之為「爻」。儘管其變化多端，仍有可循之軌跡。

　　例如：月球繞地球一週，有一定的時間，地球繞太陽轉一週，也有一定的時間。由此，晝夜往來，四時循環，足以證明變動不是亂動，而是有規律的運轉，並且各自有各自不變的軌跡可循。如：月球繞地球一週為 30 日，即一個月；地球繞太陽轉一週為 365 日，即一年；地球自轉一週為 24 小時，即一日。

　　可見天體中的運動，能各得其所而不撞擊，則各自必有約束，相互安排，能達到其共同生存之效果。這說明天體中諸位各有各自的位置，是不能亂來的。於是，人就傚法天地，領悟人與人之間也應有約束來相互安排。故：「致中和」而得「禮」「仁」「義」之道理和法制。才有「君」「臣」「民」而相互約束而生存，不然就亂了。這

就是「易有太極，太極生兩儀，兩儀生四象，四象生八卦，八卦定吉凶，吉凶定大業。」（《易經‧繫辭》）這是天地之間的大道理。這裡的吉凶，指的是福與禍，得與失，成與敗。一切物質的生命過程之中的一切變化，盡在八卦理數之中。由伏羲、文王、周公、孔子等聖人文明日進，天道蓋明。人即天地宇宙大生命之中小生命，其生存之原理，亦不能離開天道。

關於八卦的應用，中國自古就有「八卦文能定國，武能安邦，上能治國，下能救民」之說。八卦不僅是中國文化的起源，也是數字的起源，它的神奇奧妙無窮，因而被稱為「無字天書」。

它不僅在中國古代已廣泛應用於農業、天文、地理、軍事、醫學、數學、外交、哲學、預測學、信息學等諸多方面。就是在科技發達日新月異今天，它都有一定的科學價值（見表6）。

表6｜八卦的符號應對圖表

八卦符號	☰	☷	☳	☴	☵	☲	☶	☱
代表	乾	坤	震	巽	坎	離	艮	兌
	天	地	雷	風	水	火	山	澤
	健	順	動	入	陷	麗	止	悅
	頭	腹	足	股	耳	目	手	口
	南	北	東北	西	南	西	東北	南

我們今天練的太極拳也是以八法為基本技法。

人有生辰八字：陰、陽、時、位，出生年、月、日、時。

太極拳有八法：掤、捋、擠、按、採、挒、肘、靠。

二十八、「河圖」與「洛書」

「河圖」與「洛書」是中國古代流傳下來的兩幅神祕圖案，歷來被認為是河洛文化的濫觴，中華文明的源頭，被譽為「宇宙魔方」。相傳，上古伏羲氏時，洛陽東北孟津縣境內的黃河中浮出龍馬，背負「河圖」，獻給伏羲。伏羲依此而演成八卦，後為《周易》的來源。又相傳，大禹時，洛陽境內洛河中浮出神龜，背駄「洛書」，獻給大禹。大禹依此治水成功，遂劃天下為九州。又依此定九章大法，治理社會，流傳下來收入《尚書》中，名《洪範》。其實，「河圖」、「洛書」就是有圖形的玉器，一個背有圖，一個背有數。按《周易・繫辭上》中記載，是出現在河水、洛水之間，所以稱之為「河圖洛書」。

《周易・繫辭上》說：「河出圖，洛出書，聖人則之。」《河南府志》中說：「伏羲時，龍馬負圖於河，背有文：一、六居下，二、七居上，三、八居左，四、九居右，五、十居中。伏羲則以之畫八卦。」意思是說伏羲時，在河水和洛水之間得到了河圖洛書，而作「易」並畫出八卦符號的排列組合。這就是「伏羲八卦」，即人們所說的「先天八卦」。那個時代還沒有文字，能用兩種極其簡單、極為抽象的符號〔—〕代表陽，〔--〕代表陰，以此來表示宇宙間一切事物的基本分類，用陰陽變化來表示

一切事物生生化化周而復始的變化規律，堪稱是一項偉大的發明。陰陽可以代表天地，也可以代表男女，代表動與靜，剛與柔，開與合，虛與實……更難能可貴的是由兩種符號的排列組合演繹出八卦、六十四卦，其嚴密精巧的邏輯思想已經達到了相當高的水準。

古人稱之為「河洛文化」。因為它是《易學》創立的先導，是中華民族文化的起源。相傳當年龍馬負圖的地方，就是今天河南孟津縣西五里處，那裡原有「負圖寺」，至今仍然流傳著很多有關「河圖」、「洛書」的神話傳說故事。

二十九、道

「道」是宇宙規律學，是中國老子所創。老子是春秋時期的思想家，道家學派的創始人，道學的始祖。

老子所寫的《道德經》是關於「道」的經典著作。「道」是用來說明宇宙萬物演變的。並提出「道生一，一生二，二生三，三生萬物」的觀點。「道」可以解釋為客觀自然規律。他認為，天地萬物都由道而生。他說：「有物混成，先天地生，寂兮寥兮，獨立而不改，周行而不殆，可以為天下母，吾不知其名，故名之道。」（《老子》二十五章）。「道」是「有」和「無」的統一，即「天下萬物生於有，有生於無」。

老子說：「道可道也，非恆道也。名可名也，非恆名也。無名，萬物之始也；有名，萬物之母也。」意思是說「道」可以用語言來表達，但不是一般的「道」。「名」

也是可以用語言來說明的,但它並非一般的「名」。無形無名,是天地之原始;有形有名是萬物之母。又說:「兩者同出,異名同謂。玄之又玄,眾妙之門。」是說兩者既「無名」,又「有名」,它們都源於「道」。這就構成「道」的兩種不同形態和境界。從「有名」的奧妙到達「無名」的奧妙(從無到有,從有到無)。「道」是洞悉一切奧妙變化的門徑。

「道」雖然空虛無形,但它的作用和功能卻是無窮無盡的。它無限的博大,大到宇宙萬物的祖宗,小到無影無蹤。

老子說:「吾不知其誰之子,象帝之先。是謂天地之根。」意即我不知道他是誰的後代,似乎是天地的祖先。他能生天地,養萬物。從時間上講,它天長地久;從空間上講,它又無處不在。就如「乾坤袋」。說它大,它就大;說它小,它就小。大到無邊無沿,小到看不見,摸不著,無影無蹤而無跡。「道」雖然虛無空影但我們都感受到它的存在,這就是「悟」。所以叫「悟道」。說明「道」就在我們每一個人的心中。「道」是一種境界,所以道家煉丹,把它作為一種修練的最高境界。

「道」就是「易學」的注文。「道」所說的無與有,就是「易學」中所說的「無極」與「太極」。「道」就在我們的生活中,它無處不在。「道」就是理,是天地之間的大道理,是人生的大道理。

練太極拳預備勢,身不動,心不想,為無極。當心念已動,身將動,為太極。當有動有靜,有虛有實,為陰陽。當收勢後身不動,心不想,又回歸無極。

三十、德

「人無德不立，國無德不興」。

德不僅是人類健康的標誌，還是做人的準則。同樣也是練武的準則。

《呂氏春秋》上「德篇」曰：「以德以義，不賞而民勸，不罰而邪止，此神農、黃帝之政也。」意即以德、義執政，不用獎罰就可以使邪惡停止。以德義服人，是神農、黃帝執政的主要方法，是古今帝王的治國之舉。只有德政才能安天下。

老子是道家學派的始祖，孔子是儒家學派的創始人。老子曰：「非淡泊無以明德，非高靜無以明遠。」孔子曰：「大德必得其壽。」所以，高尚的道德才是健康人生的靈魂。道德，代表一個人的品格，自古以來高尚的道德就是中華民族傳統文化的精神內涵。

德，具有清淨自然、公正平等的特點，是一種無私、無慾、無我，超凡脫俗的虛無境界，是世俗人性的昇華。德可以使人品格高尚，心態平和，充滿著無私的幸福感。所以說德不僅是延年益壽的法寶，而且是人生幸福的根本。古往今來，道德高尚而又善於養生的人往往得享康樂百年。道德修養既是修身養性的訣竅，又是為人處世的法寶。所以修道必先修德。其實德是人人有之，只是多少高低、程度不同而已。只有功德圓滿之人，才能得道。道德層次低的人，只注重眼前的利益，過多地強調自己，凡事要占便宜，占上風，常常為達到目的而不擇手段。

道德高尚的人追求的是民族之名，國家利益和他人利

益，表現出大智若愚，大勇若怯，其行為順其自然，唯道
是從。恬淡寡慾，不以得而喜，不以失而憂；重仁，重
義，重德，重道；心胸寬廣，包容一切。注重體察自然平
衡之理，探討社會人事協調之法，具有淨化心靈，增加智
慧之妙。所以德高望重，寬恕厚道，淡泊名利，知足常
樂，性格開朗，心胸寬廣。這就是道德。

　　人生中有些東西是神聖的，是不能褻瀆的。因此，為
人處世必須從德字開始。要立志，立功，立言，立說，首
先要立德。天道酬勤，天道酬善，天道酬德。因此我們習
武之人要嚴格要求自己，走好人生的每一步。只有尚武重
德，寬厚待人，以德服眾，才能德行天下，為構建和諧社
會作出貢獻。

　　為人要有方有圓，做事要有板有眼；
　　工作要有聲有色，業績要可圈可點；
　　交往要有情有義，生活要有滋有味；
　　練拳要身鬆心靜，運勁要剛柔相濟；
　　處事要先公後私，做人要有德有義。

三十一、悟

　　即「悟性」，是指人的潛能。

　　宇宙間事物的發展是千變萬化的，也是非常錯綜複雜
的。有些是有質、有形、有像的，有些是有質但無形、無
像的，有些是有質、有形而無像的，有些是有質、有像而
無形的。所以，有的是聽不到，看不見，摸不到的。它是
很難用語言講清楚，也很難用文字寫明白的。因為語言是

有限的，文字也是有限的。所以，有些必須用「悟」來感知。只有「悟」到了，才會明白。那什麼是「悟」呢？

所謂「悟」，是人對宇宙運行規律的感知，對萬物運行變化的感悟。這種感知感悟，只有在人心清淨之後，才會獲得。如果你不清淨，心中就沒有容納真知的地方。而一旦得到這種真知，你就會獲得巨大的潛能。悟道，是無法教，也教不會，無法傳授的，只能靠自己。只有悟到了，一切清清楚楚，明明白白，徹底通透，心中的快樂是無法表達的。

那麼「悟」在哪裡呢？「悟」就在你腳下，「悟」在不言中。「悟」既不能贈送，也不能繼承。「悟」只能用心去體會，去探求。人要得到「悟性」，必須放下自以為是的架子，必須虛懷若谷。一旦進入「空」的境界，「悟」也就在其中了。因此我們說，「空」是「悟」的最高層次。

《西遊記》中唐僧有三個徒弟：孫悟空、沙悟淨、豬悟能。「能」是外在的表現，還未悟到事物本質。「悟能」意即只是悟到「能」，只能看到眼前可視之物。所以，豬八戒貪吃、貪睡、貪色，人妖不分。「悟淨」，意即已悟到淨而無邪的地步，不為色迷而動，但自然也看不到事物的本質。「悟空」，說明已進入「空」的境界。「空」即無所不納，無所不容。看透了事物的本質，所以是非分明，火眼金睛，「人妖分明」。

「大道無形」，「大道無垠」。「藝海無涯，學無止境」。所以沒有悟性的人，研究任何事物也不明真諦，修行也無法得到正果。就習練太極拳而言，沒有悟性的人是

難以融會貫通太極拳精髓的。

三十二、圓

「太極者，圓也。無論內外上下左右，不離此圓也。」（《太極正功解》）宇宙是一個圓，太陽是一個圓，地球和月亮都是一個圓，而且都是一個旋轉的圓。圓即是圈，圈有大有小，大者為弧，小者為圓。所以太極拳運動非弧即圓，連綿不斷。

圓無頭無尾，無始無終，無窮無盡，無休無止。圓是一切事物的本源；是圓滿和諧的標誌；是儒、佛、道等眾教最高，最通達事理的標準。認為「圓者」無偏缺，「通者」無障礙。「圓通」代表著圓滿通達，是最理想境界。

「客觀世界圓為真，內心世界圓為善，形象世界圓為美。自然界圓運動啟迪了人類，人類圓的思維必將把人生的世界變為圓圓的世界，使人類生活在樂融融的圓圓的世界中。」

「圓學」具有從繁為簡，化深為淺，化難為易，化亂為序，化醜為美，化分為合，化堵塞為順暢，化浪費為節儉，化紛爭為友誼，化愚昧為睿智等多種功能。人們欲追求真、善、美的統一，就必須學習和掌握「圓」的學問。

三十三、形、像、質

形即形狀，像即影像，質即質量。有形、有像、有質方為物。但有形者，必有像，必有質；有質者，未必有形

或像；有像者，未必有形。

有些東西是有形、有像、有質的，如房子、大樹等；有些東西是無形、無像，而有質的，如氣、電等；有些東西是無形，但有像、有質的，如空中的雲等；還有東西是有質、有形，但無像的，如玻璃等。

「電」和「氣」它們都是客觀存在的物質，但我們看不到它的「形」和「像」。看不見，摸不到，但這不等於它不存在。如「電」，它有能，有量，有數有度，但我們看不見。「聲」看不見，摸不到，但我們能聽到它的存在。世間萬物是錯綜複雜的，是千變萬化的。所以只憑手、眼、耳、嘴、鼻來認識和辨別事物是不夠的，必須用「悟」來感知。

首先，人的目視是有限的。它只能看到一定範圍的東西。像空氣及空氣中氧、氮、氫等分子，細菌、原子、離子、電、聲音等都是看不見、摸不到的。所以眼見未必是真。

其次，語言是有限的。看到了，也聽到了，聞到了，但是未必清楚，用語言是表達不出來的。

第三，文字也是有限的。所以很多東西，是用文字寫不出來，甚至是表達不清楚的。

用語言和文字都表達不清楚的東西，人們往往可以通過心靈感知出來，即用心可以「悟」出來。用心來感知的更深層次的東西，這就是「悟」。

「悟」決定每個人的智慧。

V 名家 名論篇

太極者，無極而生，動靜之機，陰陽之母也。動之則分，靜之則合。無過不及，隨屈就伸。人剛我柔謂之走，我順人背謂之黏⋯⋯

太極拳名家經典拳論節選

一、陳王庭拳論

1.長短句

嘆當年，披堅執銳，掃蕩群氛，幾次顛險！蒙恩賜，枉徒然，到而今，年老殘喘，只落得《黃庭》一卷隨身伴。閒來時造拳，忙來時耕田，趁餘閒，教下些弟子兒孫，成龍成虎任方便。

欠官糧早完，要私債即還，驕諂勿用，忍讓為先。人人道我憨，人人道我顛，常洗耳，不彈冠。笑殺那萬戶諸侯，兢兢業業，不如俺心中常舒泰，名利總不貪。參透機關，識破邯鄲，陶情於漁水，盤桓於山川，興也無干，廢也無干。若得個世境安康，恬淡如常，不悔不求，哪管他世態炎涼，成也無關，敗也無關。不是神仙，誰是神仙？

2.拳經總歌

縱放屈伸人莫知，諸靠纏繞我皆依。
劈打推壓得進步，搬撚橫採也難敵。
鉤掤逼攬人人曉，閃驚取巧有誰知？
佯輸詐走誰云敗，引誘回衝致勝歸。
滾拴搭掃靈微妙，橫直劈砍奇更奇。
截進遮攔穿心肘，迎風接步紅炮捶；

二換掃壓掛面腳，左右邊簪椿跟腿；

截前壓後無縫鎖，聲東擊西要熟識；

上籠下提君須記，進攻退閃莫遲遲。

藏頭蓋面天下有，攢心剁肋世間稀。

教師不識此中理，難將武藝論高低。

二、陳長興十大拳論

1. 一　理

夫物散必有統，分必有合。天地間，四面八方，紛紛者各有所屬；千頭萬緒，攘攘者自有其源。蓋一本可散為萬殊，而萬殊咸歸於一本。拳術之學，亦不外此公例。

夫太極拳者，千變萬化，無往非勁。勢雖不侔，而勁歸於一。夫所謂一者，自頂至足，內有臟腑筋骨，外有肌膚皮肉，四肢百骸相聯而為一者也。破之而不開，撞之而不散。上欲動而下自隨之，下欲動而上自領；上下動而中部應之，中部動而上下和之。內外相連，前後相需。所謂一以貫之者，其斯之謂歟！

而要非勉強以致之襲焉！而為之也，當時而動，如龍如虎，出乎爾而急如電閃；當時而靜，寂然湛然，居其所而穩如山岳。且靜無不靜，表裡上下，全無參差牽掛之意；動無不動，前後左右，均無游疑抽扯之形。洵乎若水之就下，沛然莫能御之也。若火急之內攻，發之而不及掩耳。不假思索，不煩擬議，誠不期然而已然。

蓋勁以積日而有益，功以久練而後成。觀聖門一貫之

學，必俟多聞強識，格物致知，方能有功。是知事無難易，功惟自進，不可躐等，不可急就；按步就序，循序漸進。夫而後百骸筋節自相貫通，上下表裡不難聯絡，庶乎散者統之，分者合之，四肢百骸總歸於一氣矣！

2.二 氣

天地間，未有一往而不返者，亦未嘗有直而無曲者矣。蓋物有對待，勢有回還，古今不易之理也。故嘗有世之論捶者而兼論氣者矣！

夫主於一、何分為二？所謂二者，即呼吸也。呼吸，即陰陽也。捶不能無動靜，氣不能無呼吸。呼則為陽，吸則為陰；上升為陽，下降為陰；陽氣上升而為陽，陽氣下行而為陰；陰氣上升即為陽，陰氣下行仍為陰。此陰陽之所以分也。

何謂清濁？升而上者為清，降而下者為濁。清者為陽，濁者為陰。然分而言之為陰陽，渾而言之統為氣。氣不能無陰陽，即所謂人不能無動靜，鼻不能無呼吸，口不能無出入，而所以為對待、回還之理也。然則氣分為二，而貫於一。有志於是途者，甚勿以是為拘拘焉耳！

3.三 節

夫氣本諸身，而身節部甚繁，若逐節論之，則有遠乎拳術之宗旨；惟分為三節而論，可謂得其截法。

三節，上、中、下，或根、中、梢也。

以一身言之：頭為上節，胸為中節，腿為下節。

以頭面言之：額為上節，鼻為中節，口為下節。

以中身言之：胸為上節，腹為中節，丹田為下節。

以腿言之：胯為根節，膝為中節，足為梢節。

以臂言之：膊為根節，肘為中節，手為梢節。

以手言之：腕為根節，掌為中節，指為梢節。

觀於此，而足不必論矣！然則自頂至足，莫不各有三節也。要之，即莫非三節之所，即莫非著意之處。蓋上節不明，無依無宗；中節不明，滿腔是空；下節不明，顛覆必生。由此觀之，身三節部，豈可忽也！

至於氣之發動，要從梢節起，中節隨，根節催之而已。此固分而言之，若合而言之，則上自頭頂，下至足底，四肢百骸，總為一節，夫何為三節之有哉！又何三節中之各有三節云乎哉！

4. 四　梢

試於論身之外，而進論四梢。夫四梢者，身之餘緒也。言身者初不及此，言氣者亦所罕聞。然捶以由內而發外，氣本諸身而發梢。氣之為用，不本諸身則虛而不實，不行於梢則實而仍虛。梢亦可弗講乎？若手、指、足，特論身之梢耳！而未及梢之梢也！

四梢惟何？髮其一也。夫髮之所繫，不列於五行，無關於四體，是無足論矣！然髮為血之梢，血為氣之海。縱不本諸髮，而論氣，要不可離乎血以生氣；不離乎血，即不得不兼乎髮。髮欲衝冠，血梢足矣！

抑舌為肉之梢，而肉為氣之囊。氣不能行諸肉之梢，即氣無以充其氣之量。故必舌欲催齒，而肉梢足矣！

至於骨梢者，齒也。筋梢者，指甲也。氣生於骨而聯

於筋，不及乎齒，即不及乎骨之梢；不及乎指甲，即不及乎筋之梢。而欲足爾者，要非齒欲斷筋、甲欲透骨不能也！果能如此，則四梢足矣！

四梢足，而氣自足矣！豈復有虛而不實，實而仍虛之弊乎！

5. 五　臟

夫捶以言勢，勢以言氣。人得五臟以成形，即由五臟而生氣。五臟實為性命之源，生氣之本，而名為心、肝、脾、肺、腎也。心屬火，而有炎上之象；肝屬木，而有曲直之形；脾屬土，而有敦厚之勢；肺屬金，而有從革之能；腎屬水，而有潤下之功。此乃五臟之義，而猶準之於氣，皆有所配合焉。凡世之講拳術者，要不能離乎斯也。

其在於內，胸廓為肺經之位，而肺為五臟之華蓋，故肺經動，而諸臟不能不動也。兩乳之中為心，而肺抱獲之；肺之下、膈之上，心經之位也。心為君，心火動，而相火無不奉命焉。而兩乳之下，右為肝，左為脾，背之十四骨筋為腎。至於腰，為兩腎之本位，而腎為先天之第一，又為諸臟之根源。故腎氣足，則金、木、水、火、土無不各顯生機焉！此論五臟之部位也。

然五臟之存乎內者，各有定位。而見於身者，亦有專屬。但地位甚多，難以盡述。大約身之所繫，中者屬心，窩者屬肺，骨之露處屬腎，筋之聯處屬肝，肉之厚處屬脾。想其意：心如猛，肝如箭，脾之力大甚無窮，肺經之位最靈變，腎氣之動快如風。是在當局者自為體驗，而非筆墨所能盡罄者也！

6.三　合

五臟既明，再論三合。夫所謂「三合」者：心與意合，氣與力合，筋與骨合，內三合也；手與足合，肘與膝合，肩與胯合，外三合也。

若以左手與右足相合，左肘與右膝相合，左肩與右胯相合，右三與左亦然。以頭與手合，手與身合，身與步合，孰非外合！心與目合，肝與筋合，脾與肉合，肺與身合，腎與骨合，孰非內合！然此特從變而言之也。

總之，一動而無不動，一合而無不合，五臟百骸悉在其中矣！

7.六　進

既知三合，猶有六進。夫「六進」者何也？頭為六陽之首，而為周身之主，五官百骸，莫不體此為向背，頭不可不進也！手為先鋒，根基在膊，膊不進則手卻不前矣！是膊亦不可不進也！氣聚於腕，機關在腰，腰不進則氣餒而不實矣！此所以腰貴於進者也！意貫周身，連動在步，步不進則意索然而無能為矣！此所以必取其進也！以及上左必進右，上右必進左，共為六進。

此六進者，敦非著力之地歟！要之，未及其進，合周身毫無關動之意；一言其進，統全體全無抽扯之形。六進之道，如是而已！

8.身　法

夫發手擊敵，全賴身法之助，身法惟何？縱、橫、高、低、進、退、反、側而已！

縱，則放其勢，一往而不返。

橫，則理其力，開拓而莫阻。

高，則揚其身，而身有增長之意。

低，則抑其身，而身有攢促之形。

當進則進，殫其力而勇往直前。

當退則退，速其氣而回轉扶勢。

至於反身顧後，後即前也。

側顧左右，左右惡敢當我哉！

而要非拘拘焉！而為之也，察夫人之強弱，連乎己之機關。有忽縱而忽橫，縱橫因勢而變遷，不可一概而推。有忽高而忽低，高低隨時以轉移，豈可執一而論。時而宜進，不可退，退以餒其氣；時而宜退，即以退，退以鼓其進。是進固進也，即退亦實以助其進。若反身顧後，而後不覺其為後；側顧左右，而左右不覺其為左右。

總之，觀在眼，變化在心，而握其要者，則本諸身。身而前，則四體不命而行矣！身而怯，則百骸莫不冥然而處矣！身法，顧可置而不論乎！

9.步　法

今夫四肢百骸，主於動，而實連以步。步者，乃一身之根基，運動之樞紐也！以故應戰、對戰，本諸身；而所以為身之砥柱者，莫非步！隨機應變，在於手；而所以為手之轉移者，又在於步。進退反側，非步何以作鼓動之機？抑揚伸縮，非步何以示變化之妙？即謂「觀察在眼、變化在心」，而轉彎抹角，千變萬化，不至窮迫者何？莫非步之司命，而要非勉強可致之也！

動作出於無心，鼓舞出於不覺。身欲動，而步以為之
周旋；手將動，而步亦早為之催迫。不期然而已然，莫之
驅而若驅。所謂「上欲動而下自隨之」，其斯之謂歟！

且步分前後。有定位者，步也；無定位者，亦步也！
如前步進，而後步亦隨之，前後自有定位也；若前步作後
步，後步作前步，更以前步作後步之前步，後步作前步之
後步，前後亦自有定位矣。

總之，捶以論勢，而握要者，步也！活與不活，在於
步；靈與不靈，亦在於步。步之為用大矣哉！

10. 剛　柔

夫拳術之為用，氣與勢而已矣！然而氣有強弱，勢分
剛柔。氣強者取乎勢之剛，氣弱者取乎勢之柔。剛者以千
鈞之力而扼百鈞，柔者以百鈞之力而破千鈞。尚力尚巧，
剛柔之所以分也！

然剛柔既分，而發用亦自有別。四肢發動，氣行諸外
而內持靜重，剛勢也；氣屯於內而外現輕和，柔勢也。用
剛不可無柔，無柔則環繞不速；用柔不可無剛，無剛則催
逼不捷。剛柔相濟，則沾、黏、連、隨，騰、閃、折、
空，搠、捯、擠、捺，無不得其自然矣！剛柔不可偏用，
用武豈可忽耶！

三、陳鑫拳論

1. 太極拳總論

純陰無陽是軟手，純陽無陰是硬手。

一陰九陽跟頭棍，二陰八陽是散手。
三陰七陽猶覺硬，四陰六陽顯好手，
惟有五陰並五陽，陰陽無偏稱妙手。
妙手一運一太極，空空迎化歸無有。

2.太極拳纏絲勁論

太極拳，纏法也。纏法如螺絲形運於肌膚之上，平時運動恆用此勁，故與人交手，自然此勁行乎肌膚之上，而不自知，非久於其道不能也。其法有：進纏，退纏；左纏，右纏；上纏，下纏；裡纏，外纏；順纏，逆纏；大纏，小纏。而要莫非以中氣行乎其間，即引即進，皆陰陽互為其根之理也。

太極拳纏絲法也。進纏，退纏，左右纏，上下纏，裡外纏，大小纏，順逆纏，而要莫非即引即纏，即進即纏，不能各是各著。若各是各著，非陰陽互為其根也。

打太極拳，須明纏絲勁。纏絲者，運中氣之法門也，不明此，即不明拳。

四、王宗岳太極拳論

1.太極拳論

太極者，無極而生，動靜之機，陰陽之母也。動之則分，靜之則合。無過不及，隨屈就伸。人剛我柔謂之走，我順人背謂之黏。動急則急應，動緩則緩隨。雖變化萬端，而理唯一貫。由招熟而漸悟懂勁，由懂勁而階及神明。然非用力日久，不能豁然貫通焉。

虛領頂勁，氣沉丹田。不偏不倚，忽隱忽現。左重則左虛，右重則右杳。仰之則彌高，俯之則彌深，進之則愈長，退之則愈促。一羽不能加，蠅蟲不能落，人不知我，我獨知人。英雄所向無敵，蓋皆由此而及也。

斯技旁門甚多，雖勢有區別，概不外乎壯欺弱，慢讓快耳。有力打無力，手慢讓手快，是皆先天自然之能，非關學力而有為也。察四兩撥千斤之句，顯非力勝；觀耄耋禦眾之形，快何能為。

立如秤準，活似車輪，偏沉則隨，雙重則滯。每見數年純功，不能運化者，率皆自為人制，雙重之病未悟耳。欲避此病，須知陰陽；黏即是走，走即是黏，陽不離陰，陰不離陽；陰陽相濟，方為懂勁。懂勁後，愈練愈精，默識揣摩，漸至從心所欲。

本是捨己從人，多誤捨近求遠。所謂差之毫釐，謬之千里。學者不可不詳辨焉。是為論。

2.太極拳釋名

太極拳，一名長拳，又名十三勢。長拳者，如長江大海，滔滔不絕也；十三勢者，分掤、捋、擠、按、採、挒、肘、靠、進、退、顧、盼、定也。掤、捋、擠、按，即坎、離、震、兌四正方也。採、挒、肘、靠，即乾、坤、艮、巽四斜角也。此八卦也。進步、退步、左顧、右盼、中定，即金、木、水、火、土也。此五行也。合而言之曰十三勢。是技也，一著一勢，均不外乎陰陽，故又名太極拳。

3. 十三勢行功歌訣

十三總勢莫輕視，命意源頭在腰隙，
變轉虛實須留意，氣遍身軀不稍滯。
靜中觸動動猶靜，因敵變化示神奇，
勢勢存心揆用意，得來不覺費功夫。
刻刻留意在腰間，腹內鬆靜氣騰然，
尾閭正中神貫頂，滿身輕利頂頭懸。
仔細留心向推求，屈伸開合聽自由，
入門引路須口授，功夫無息法自休。
若言體用何為準，意氣君來骨肉臣，
詳推用意終何在？益壽延年不老春。
歌兮歌兮百四十，字字真切義無疑，
若不向此推求去，枉費功夫貽嘆惜！

4. 打手歌

掤捋擠按須認真，上下相隨人難進。
任他巨力來打我，牽動四兩撥千斤。
引進落空合即出，沾連黏隨不頂丟。

五、楊澄甫太極拳說十要（楊澄甫口述陳微明錄）

1. 虛靈頂勁

頂勁者，頭容正直，神貫於頂也。不可用力，用力則
項強，氣血不能流通，須有虛靈自然之意。非有虛靈頂
勁，則精神不能提起也。

2. 含胸拔背

含胸者，胸略內含，使氣沉於丹田也。胸忌挺出，挺出則氣湧胸際，上重下輕，腳跟易於浮起。拔背者，氣貼於背也。能含胸則自能拔背，能拔背則能力由脊發，所向無敵也。

3. 鬆　腰

腰為一身之主宰，能鬆腰然後兩足有力，下盤穩固。虛實變化皆由腰轉動，故曰「命意源頭在腰隙」，有不得力必於腰腿求之也。

4. 分虛實

太極拳術以分虛實為第一義。如全身皆坐在右腿，則右腿為實，左腿為虛；全身坐在左腿，則左腿為實，右腿為虛。虛實能分，而後轉動輕靈，毫不費力。如不能分，則邁步重滯，自立不穩，而易為人所牽動。

5. 沉肩墜肘

沉肩者，肩鬆開下垂也。若不能鬆垂，兩肩端起，則氣亦隨之而上，全身皆不得力矣。墜肘者，肘往下鬆墜之意。肘若懸起，則肩不能沉，放人不遠，近於外家之斷勁矣。

6. 用意不用力

太極拳論云：此全是用意不用力。練太極拳，全身鬆開，不使有分毫之拙勁，以留滯於筋骨血脈之間，以自縛

束。然後能輕靈變化，圓轉自如。或疑不用力何以能長力？蓋人身之有經絡，如地之有溝洫。溝洫不塞而水行，經絡不閉則氣通。如渾身僵勁充滿經絡，氣血停滯，轉動不靈，牽一髮而全身動矣。若不用力而用意，意之所至，氣即至焉。如是氣血流注，日日灌輸，周流全身，無時停滯。久久練習，則得真正內勁。即太極拳論所云「極柔軟，然後極堅剛」也。太極拳功夫純熟之人，臂膊如綿裹鐵，分量極沉。練外家拳者，用力則顯有力，不用力時，則甚輕浮。可見其力，乃外勁浮面之勁也。不用意而用力，最易引動，不足尚也。

7. 上下相隨

上下相隨者，即太極拳論所云「其根在腳，發於腿，主宰於腰，形於手指，由腳而腿而腰，總須完整一氣」也。手動，腰動，足動，眼神亦隨之動。如是方可謂之上下相隨。有一不動，即散亂也。

8. 內外相合

太極拳所練在神。故云：「神為主帥，身為驅使。」精神能提得起，自然舉動輕靈。架子不外虛實開合。所謂開者，不但手足開，心意與之俱開；所謂合者，不但手足合，心意亦與之俱合。能內外合為一氣，則渾然無間矣。

9. 相連不斷

外家拳術，其勁乃後天之拙勁。故有起有止，有續有斷，舊力已盡，新力未生，此時最易為人所乘。太極拳用

意不用力，自始至終，綿綿不斷，周而復始，循環無窮。原論所謂「如長江大海，滔滔不絕」，又曰「運勁如抽絲」，皆言其貫串一氣也。

10. 動中求靜

外家拳術，以跳擲為能，用盡氣力，故練習之後，無不喘氣者。太極拳以靜禦動，雖動猶靜，故練架子愈慢愈好。慢則呼吸深長，氣沉丹田，自無血脈賁張之弊。學者細心體會，庶可得其意焉。

六、武禹襄拳論

1. 十三勢行功要解

以心行氣，務使沉著，乃能收斂入骨，所謂「命意源頭在腰隙」也。

意氣須換得靈，乃有圓活之趣，所謂「變轉虛實須留意」也。

立身中正安舒，支撐八面；行氣如九曲珠，無微不到，所謂「氣遍身軀不稍滯」也。

發勁須沉著鬆靜，專注一方，所謂「靜中觸動動猶靜」也。

往復須有摺疊，進退須有轉換，所謂「因敵變化示神奇」也。

曲中求直，蓄而後發，所謂「勢勢存心揆用意，刻刻留心在腰間」也。

精神能提得起，則無遲重之虞，所謂「腹內鬆靜氣騰

然」也。

虛靈頂勁，氣沉丹田，不偏不倚，所謂「尾閭正中神貫頂，滿身輕利頭頂懸」也。

以氣運身，務令順遂，乃能便利從心，所謂「屈伸開合聽自由」也。

心為令，氣為旗，神為主帥，腰為驅使，所謂「意氣君來骨肉臣」也。

2. 太極拳解

身雖動，心貴靜，氣須斂，神宜舒。心為令，氣為旗，神為主帥，身為驅使，刻刻留意方有所得。先在心，後在身。在身則不知手之舞之足之蹈之，所謂一氣呵成，捨己從人，引進落空，四兩撥千斤也。須知，一動無有不動，一靜無有不靜。視動猶靜，視靜猶動，內固精神，外示安逸。需要從人，不要由己。從人則活，由己則滯。尚氣者無力，養氣者純剛。彼不動，己不動；彼微動，己先動。以己依人，務要知己，乃能隨轉隨接；以己沾人，必須知人，乃能不後不先。精神能提得起，則無雙重之虞；沾依能跟得靈，方見落空之妙。往復須分陰陽，進退須有轉合。機由己發，力從人借。發勁須上下相隨，乃以往無敵；立身須中正不偏，方能八面支撐。靜如山岳，動若江河，邁步如臨淵，運勁如抽絲，蓄勁如張弓，發勁如放箭。行氣如九曲珠，無微不到；運勁如百煉鋼，何堅不摧。形如搏兔之鶻，神似捕鼠之貓。曲中求直，蓄而後發。收即是放，連而不斷。極柔軟，然後極堅剛；能沾依，然後能靈活。氣以直養而無害，勁以曲蓄而有餘。漸

至物來順應，是亦知止能得矣。

3. 太極拳論要解

解曰：先在心，後在身。腹鬆，氣斂入骨，神舒體靜，刻刻存心，切記一動無有不動，一靜無有不靜。視靜猶動，視動猶靜。動牽往來氣貼背，斂入脊骨。要靜，內固精神，外示安逸。邁步如貓行，運勁如抽絲。全身意在蓄神，不在氣，在氣則滯。尚氣者無力，養氣者純剛。氣如車輪，腰如車軸。

又曰：彼不動，己不動；彼微動，己先動。似鬆非送，將展末展，勁斷意不斷。

4. 十三勢說略

每一動，唯手先著力，隨即鬆開。猶須貫串一氣，不外起、承、轉、合。始而意動，既而勁動，轉接要一線串成。

氣宜鼓盪，神宜內斂。勿使有缺陷處，勿使有凹凸處，勿使有斷續處。其根在腳，發於腿，主宰於腰，形於手指。由腳而腿、而腰，總須完整一氣，向前、退後，乃能得機得勢，有不得機得勢處，身便散亂，必至偏倚，其病必於腰腿求之。上下、前後、左右皆然。

凡此皆是意，不是外面。有上即有下，有前即有後，有左即有右。如意要向上，即寓下意。若將物掀起，而加以挫之之力，斯其根自斷，乃壞之速而無疑。

虛實宜分清楚，一處自有一處虛實，處處總有此一虛實。周身節節貫串，勿令絲毫間斷。

七、李亦畬五字訣

一曰心靜

心不靜則意不專，一舉手前後左右全無定向，故要心靜。起初舉動未能由已，要息心體認，隨人所動，隨曲就伸，不丟不頂，勿自伸縮。彼有力，我亦有力，我力在先；彼無力，我亦無力，我意仍在先。要刻刻留意，挨何處，心要用在何處，須向不丟不頂中討消息。從此做去，一年半載，便能施於身。此全是用意，不是用勁。久之則人為我制，我不為人制矣！

二曰身靈

身滯則進退不能自如。故要身靈。舉手不可有呆相。彼之力方礙我皮毛，我之意已入彼骨內。兩手支撐，一氣貫串。左重則左虛，而右已去；右重則右虛，而左已去。氣如車輪，周身俱要相隨。有不相隨處，身便散亂，便不得力，其病於腰腿求之。

先，以心使身，從人不從己；後，身便從心，由己仍是從人。由己則滯，從人則活。能從人，手上便有分寸。秤彼勁之大小，分釐不錯；權彼來之長短，毫髮無差。前進後退，處處恰合。功彌久而技彌精矣！

三曰氣斂

氣勢散漫，便無含蓄，身亦散亂，務使氣斂入脊骨，呼吸通靈，周身罔間。吸為合、為蓄；呼為開、為發。蓋吸則自然提得起，亦拿得人起；呼則自然沉得下，也放得

人出。此是以意運氣，而非以力使氣也。

四曰勁整

一身之勁，練成一家。分清虛實，發勁要有根源；勁起於腳跟，主於腰間，形於手指，發於脊背。又要提起全副精神，於彼勁將發未發之際，我勁已經接於彼勁，恰好不後不先，如皮燃火，如泉湧出。前進後退，無絲毫散亂。曲中求直，蓄而後發，方能隨手奏效。此所謂「借力打人」，「四兩撥千斤」也。

五曰神聚

上四者具備，總歸神聚。神聚則一氣鼓鑄，練氣歸神，氣勢騰挪；精神貫注，開合有致，虛實清楚。左虛則右實，右虛則左實。虛，非全然無力，氣勢要有騰挪；實，非全然占煞，精神要貫注。緊要全在胸中、腰間變化，不在外面。力從人借，氣由脊發。胡能氣由脊發？氣向下沉，由兩肩收於脊骨，注於腰間，此氣之由上而下也，謂之「合」；由腰形於脊骨，佈於兩膊，施於手指，此氣是由下而上也，謂之「開」。合便是收，開即是放。能懂開合，便知陰陽。到此地位，功用一日，技精一日，漸至從心所欲，罔不如意矣！

八、吳公藻拳論

1. 太極拳總論

拳術一道，不外強健筋骨，調和氣血，修養身心，袪

病延年。實為後天養生之術。

太極拳，乃循太極動靜之理以為法。採虛實變化之妙而為用。其姿勢也中正安舒。其動作也輕靈圓活。故一動無有不動。一靜無有不靜。其動靜之理。與道家之坐功。互相吻合。貫道家之行功。在拳理言之故稱內家。因與道本為一體：老幼婦孺。均可練習。其功用純任自然。學之毫無痛苦。誠有益無害之運動也。

苟能精勤研究。歷久不懈。則愈練愈精。愈精愈微。由徵入妙。由妙入神。不但有益於身心。更能增進智慧。獲益殊非淺也。

2. 太極拳基礎

太極拳以拳架為體。以推手為用。在初學盤架時。基礎至關重要。其姿勢務求正確。而中正安舒。其動作必須緩和。而輕靈圓活。

此係入門之徑，學者循序而進，不致枉費功夫，而得其捷徑也。中者，心氣中和，神清氣沉。其根在腳，即是立點。重心繫於腰脊，所謂命意源頭在腰隙。精神含斂於內，不表於外，乃能中定沉靜矣。正者，姿勢端正，每一姿勢，務宜端正，而忌偏斜。然各種姿勢，各不相同，或仰、或俯、或伸、或屈，非盡中正。是以其發勁，及其用意之方向，而求其重心。蓋重心為全體樞紐，重心立，則開合靈活自如；重心不立，則開合失其關鍵。如車軸為車輪之樞紐，若使車軸，置於偏斜，而不適於車身之重心處，則車輪轉動，進退失其效用矣。故拳架之姿勢，務求正確，則重心平穩，要不自牽扯其重心，而辨別虛實也。

安者，安然之意，切忌牽強。由自然之中，得其安適，乃無氣滯之弊，而能氣遍身軀矣。此由於姿勢安穩，動作均勻，呼吸平和，神氣鎮靜所致。

3. 論「雙重」

雙重者，無虛實之謂也。雙重之病，有單方，與雙方及兩手兩足之分。經云：偏沉則隨，雙重則滯。又云：有數年純功而不能運用者，率為人制，雙重之病未悟耳。故雙重之病，最難自悟自覺，非知虛實之理，不易避免。能解此病，則聽勁、感覺、虛實、問答，皆能融會貫通焉。腳踏車之所以能行動彎轉自如者，均力學也。人坐於車上，手拂之，足踏之，目視之，身隨之，其重心在腰，而司顧盼，以手輔助之，其輪盤置於車之中心，兩足踏於腳磴之上，一踏一提。則輪齒絞練而帶動前進矣。若使兩足同時用力踏之。則車即行停止前進，此蓋雙重之病耳。

夫推手亦然。對方用力推我，吾若仍以力相抵抗之，因而相持，則謂之滯，此即雙方之雙重也。

若我或彼。各順其勢，不以力抵抗，而順對方來力之方向撤回，引之前進，然須不丟不頂，則必有一方之力落空，此即偏沉所致。如我擬攻對方之側面，使其倒地，若以兩手直接推之，而對方氣力強大，不可挫其鋒，須以虛實之法，雙手撫其肩。我左手由彼之右肩下採，同時我右手擊其左肩，此時我之兩手作交叉之勢，同主一方，而發勁成一圓形。則彼可側斜而倒，因彼同時不能上下相顧而失利也。此即吾發勁偏沉所致也。學者悟一而知十，所謂由招熟而漸悟懂勁也。

九、孫祿堂太極拳學論

1.太極拳學自序

乾坤肇造，元氣流行。動靜分和，隨生萬物。是為後天，而有象。先天元氣，賦予後天形質，包含先天元氣。故人為後天合一之形體也。人自有知識情慾，陰陽參差。先天元氣漸消。後天之氣漸長。陽衰陰盛。又為六氣所侵（六氣者即寒、暑、濕、燥、火也），七情所感。故身軀日弱，而百病迭生。古人憂之，於是吃藥以祛其病，靜坐以養其心。而又懼動靜之不能互為用也，更發明拳術，以求復其虛靈之氣。迨達摩東來講道豫之少林寺。恐修道之人久坐傷神，形容憔悴，故以順逆陰陽之理，彌綸先天之元氣，作易筋、洗髓二經。教人習之以壯其體。至宋岳武穆王，益發明二經之體義，製成形意拳，而適其用。八卦掌之理，亦含其中。此內家拳術之發源也。

元順帝時，張三豐先生修道於武當，見修丹士兼練拳術者，後天之力用之過當，不能得其中和之氣，以致傷丹而損元氣，故遵前二經之義，用周子太極圖之形，取洛河之理，先後易之數，順其理之自然，作太極拳術，闡明養生之妙。

此拳在假後天之形，不用後天之力，一動一靜，純任自然，不尚血氣，意在練氣化神耳。其中本一理、二氣、三才、四象、五行、六合、七星、八卦、九宮等奧義。始於一，終於九，九又還於一之數也。

一理者，即太極拳術起點。腹內中和之氣，太極是也；

二氣者，身體一動一靜之式。兩儀是也；

三才者，頭、手、足，即上、中、下也；

四象者，即前進、後退、左顧、右盼也；

五行者，即進、退、顧、盼、定也；

六合者，精合其神，神合其氣，氣合其精，是內三合也；肩與胯合，肘與膝合，手與足合，是外三合也。內外如一，是成為六合；

七星者，頭、手、肩、肘、胯、膝、足，共七拳，是七星也；

八卦者，掤、捋、擠、按、採、挒、肘、靠，即八卦也；

九宮者，以八手加中定，是九宮也。

先生以河圖洛書為之經，以八卦九宮為之緯，又以五行為之體，以七星八卦為之用，創此太極拳術。其精微奧妙，山右王宗岳先生論之詳矣。自是而後，源遠派分，各隨己意，而變其形勢。至前清道咸年間，有廣平武襄禹先生，聞豫省懷慶府趙堡鎮，有陳清平先生者，精於此技，不惜遠道，親往訪焉。遂從數月，而得其條理。後傳亦畬先生。亦畬先生又作五字訣，傳郝為真先生。先生以數十年之研究，深得其拳之奧妙。

余受教於為真先生，朝夕習練。數年之久，略明拳中大概之理。又深思體驗，將夙昔所練之形意拳、八卦拳、太極拳三家合而為一體。一體又分為三派之形式。三派之姿勢雖不同，其理則一也。唯前人只憑口授，無有專書。偶著論說，亦無實練入手之法。余自維淺陋，不揣冒昧，將形意拳、八卦拳、太極拳三派各編輯成書，書中各式之

圖，均有電照本像。又加以圖解，庶有志於此者可按圖模
仿，實力作去，久之不難得拳中之妙用。書中皆述諸先生
之實理。並無文法可觀。期間有舛錯不合者，尚祈海內明
達，隨時指示為謝。

2. 太極拳之名稱

人自賦性含生以後，本藏有養生之元氣。不仰不俯，
不偏不倚，和而不流，至善至極，是為真陽，所謂中和之
氣是也。其氣平時洋溢於四體之中，浸潤於百骸之內，無
處不有，無時不然，內外一氣，流行不息。

於是拳之開合動靜，即根此氣而生，放伸收縮之妙，
即由此氣而出。開者為伸為動，合者為收為縮為靜。開者
為陽，合者為陰，放伸動者為陽，收縮靜者為陰。開合象
一氣，運陰陽，即太極一氣也。

太極即一氣，一氣即太極。以體言則為太極，以用言
則為一氣。時陽則陽，時陰則陰，時上則上，時下則下。
陽而陰，陰而陽。一氣活活潑潑，有無不立，開合自然，
皆在當中一點子運用。即太極是也。

古人不能明示於人者，即此也。不能筆之於書者，亦
即此也。學者能以開合動靜相交處，微悟本源，則可以在
各式圓研相之中，得其妙用矣。

圓者，有形之虛圈是也，研者，無形之實圈是也。斯
二者，太極拳虛實之理也。其式之內空而不空，不空而空
矣。此氣周流無礙，圓活無方，不凸不凹，放之則彌六
合，卷之則藏於密。其變無窮，用之不竭，皆實學也。此
即太極拳之所以命名也。

十、孫劍雲太極拳運動歌訣

太極拳是我國特有的武術項目之一，是一種「內外兼修」的運動（內主靜心養性，外主鍛鍊體魄）；是以柔曲為體，以剛直為用。非柔曲不能化，非剛直不能用。體用則為以柔克剛，牽動四兩撥千斤的技擊方法。練此拳時應氣沉丹田，不偏不倚，內外相合，千萬不可用拙力。應以意行力，意到力到。

關於太極拳的練法有三層意境：初練時，如身在水中，兩足踏地，動作如有水之阻力。第二層則如身在水中，兩足浮起，如汜者浮游水中，能自如運動。第三層則身體輕靈，兩足如在水面上行走，臨淵履冰，神氣內斂，不敢有絲毫散亂，此則拳成矣。

孫式太極拳的姿勢、動作，都有一定的要領，並各有其意義。茲摘要介紹如下：

頭：頭要上頂，但不可用力。下頦自然收斂，頭項正直，精神貫注。全身鬆開，頂、蹬、伸、縮皆用意，而不用拙力，心自虛靈。即所謂虛靈頂勁。

口：口要虛合，舌頂上齶，用鼻呼吸。

胸：胸要含蓄，不可挺出。胸含則氣沉丹田。胸挺則氣湧胸際，上重下輕，腳跟漂浮，為拳家所忌。胸含則氣貼於背，力由脊發是為真力。以上即所謂含胸拔背。

肩：兩肩務要鬆開，下垂。切忌聳肩，否則氣湧於上。

肘：兩肘要向下鬆垂，兩臂自然彎曲。即所謂曲中求直，蓄而後發之意。

　　手：五指張開，塌腕，虎口略圓，手心略內含，如抓抱一圓球之狀。

　　腰：腰必須塌住。因腰是全身動作之樞，力量之源。人之旋轉、進退、虛實變化全靠腰勁貫串。

　　腿：兩腿彎曲，務必分清虛實，即身體重心要放在一腿上。如身體重心移於右腿，則右腿為實，左腿為虛。反之，左腿為實，右腿為虛。分清虛實為太極拳之要義，運動起來轉動輕靈。否則邁步重滯，易為人所牽動。

　　呼吸：所謂氣沉丹田（臍下三寸處），就是指深長之腹式呼吸。但切勿用力往下壓氣，一定要使呼吸純任自然。

　　意與力：太極拳的特點之一是用意不用力。因太極拳要求用活力，全身要鬆開，不使分毫拙力留滯於筋骨血脈之間。要求極柔軟而極堅剛，極沉重而極靈活。意到力到，運用自如。倘用拙力則遲滯不靈。力浮於外就不符合太極拳的要求了。何謂用意不用力，何以活力自生？蓋因意之所至氣即至，如是氣血流注，日日灌輸，周流全身經絡，無時停滯。久練則真正內勁即可產生。

　　動與靜：氣功的靜坐是靜中求動，拳術是動中求靜。練拳時心要靜，精神集中，動作才能圓活。

　　太極拳是一項全身性的運動。所練在神，精神為主帥，身體為驅使；精神能提得起，舉動自能輕靈。心意與形體動作協調一致，方能內外相合為一。練時須注意上下相隨，身體各部完整一致。如有一處動作不整，就會使神氣散亂。練拳時要以意行力，相連不斷，如長江大河，滔滔不絕。「運勁如抽絲」即此意也。

　　為便於讀者記憶，現把這些要點編成口訣如下：

太極拳本內家拳，不用拙力意當先。

虛靈頂勁神貫注，下頦收回即自然。

含胸自然能拔背，切莫形成「羅鍋肩」。

練時沉肩又墜肘，肩聳肘懸不是拳。

塌腰能起全身力，腰不塌住靈活難。

兩腿彎曲分虛實，太極要義在裡邊。

呼吸下沉丹田穴，純任自然莫強牽。

上下相隨成一體，動作綿綿永相連。

動中求靜靜中動，練時神氣務周全。

切記要點莫遺忘，持久習練益自顯。

十一、陳復元太極拳論

1. 開合與陰陽

　　動為陽，靜為陰，一動一靜，即為開合。陰變陽為開，陽變陰為合。此就太極拳之全體而言也。以運化而言，左手領左半身向左方運化者，開為太陽，合為太陰。右手隨之而開者為少陽，合為少陰。右方亦然。剛柔即包於其中。故太極生兩儀，兩儀生四象。兩儀者，陰陽也，亦即開合也。四象者，太陽、太陰、少陽、少陰是也。陰陽開合，互相化生，得其極致，則渾元一氣，循環無端，變動莫測。是以不明陰陽開合者，即不明剛柔動靜之互相為用，偏剛偏柔，不能相濟，則去太極拳之根本遠矣。又吾師品三先生謂：「練拳之道，開合二字盡之。一陰一陽之為拳，其妙處在互為其根而已。」又作七言詩二首，其一云：「動則生陽靜生陰，一動一靜互為根。果能識得環

中趣，輾轉隨意見天真。」其二云：「陰陽無始亦無終，
往來屈伸寓化工，此中消息真參透，太極只在一環中。」

2. 運化轉關

運化為轉關之先機，關即人之周身穴節，故轉關亦曰
轉節。凡初學之人，多尚拙力而無靈勁，故以運化去其滯
氣，使轉關達於虛靈。蓋虛則有以聚，靈則有以應；虛者
集，靈者感；集者靜，感者動。起落旋轉，開合變化，不
能離乎運化轉關。

所謂運化轉關者，即由柔筋活節而至接骨鬥榫（音
筍）。苟不知此，即不足與言動靜之虛靈者也。

3. 虛　實

太極拳動靜瞬息之間，無不有虛實。故其練法中之前
進、後退、左旋、右轉，以舉足為虛，落足為實；向左則
左實，向右則右實；前進則後虛，後退則前虛。倘虛實不
分，必犯抽腳拔腿之弊。精而求之，則一處自有一處虛
實。練時如是，對待敵人時亦復如是。彼虛則我實，彼實
則我虛；虛則實之，實則虛之。臨敵乘機，切勿拘泥定
法，斯為得其要諦。

4. 變　化

變化者，有一手之變化，有一著之變化，有一勢之變
化。然無論一手、一著、一勢，其變而能化，皆由簡單漸
至於詳密。以開合為一手之變化，以轉關為一著之變化，
此即上傳下接之義。唯身法、步法旋轉緊湊，方向之變，

皆屬一勢之變化也。由開展至於緊湊，切莫逾乎範圍，亂其循序，自能積手為著，著合為勢，勢聯成套。始練似覺有界，久練功夫嫻熟，自能豁然貫通，運轉自如，千變萬化，隨心所欲矣。

5. 步　驟

先哲有言：「物有本末，事有終始，知所先後，則近道矣。」如無深淺之別，先後之序，即是失卻根本，無論教者本領若何高強，學者定不能藝超於眾。

故練太極拳術之步驟，有三層功夫：第一步，學時宜慢，慢不宜痴呆；第二步，習而後快，快不可錯亂；第三步，快後復緩，是為柔，柔久，剛自在其中，是為剛柔相濟。教者必由是而教，學者亦必由是而學，則庶乎無差忒矣！

練太極拳術者，因愈慢愈柔者為佳，不宜用力帶氣，又必須知至何時可以換勁，及慢至何時可以速，柔至何時可以剛。此與教授之責攸關，宜從事解釋其發端而至於究竟。繼則實施於法，俾易知用途之次序，為入門之階梯。如能預定進度，因人施教，使學者精神煥發，興趣環生，自必易得門徑，進步迅速。

6. 腰襠之開合

練太極拳者，對腰襠兩部之要點不可不知。一開一合，一動一靜，腰襠各有專注，且貴互用，故宜分析明白。

腰之要點曰：擰腰、活腰、塌腰。

襠之要點曰：鬆襠、合襠、扣襠。

擰腰時襠須扣，不扣則散；活腰時襠需鬆，不鬆則

滯；塌腰時襠須合，不合則浮。凡塌腰合襠者為蓄勁，活腰鬆襠者為柔勁，惟出勁時須扣襠撐腰。

凡姿勢成時，襠宜合，腰宜塌，其義主靜。即本著已停，下著未作，虛靈勁預蓄其中，動則必變必發，故其功效無量。其時間及所趨方向不可預定，遇左則左應，遇右則右應。上下、前後、剛柔、緩急、輕重悉如之。

7.太極拳之圈

聞諸先嚴，太極功夫，以沒圈為登峰造極，非一蹴可就。必須循序漸進，由大圈收至小圈，小圈收至沒圈，復以內勁為其統御，聯貫變化，運用神妙。技至於斯，形式上無從捉摸之矣。

十二、陳伯先太極拳練習概要

1.太極拳練習概要歌

無思無慮靜下來，平心下氣沉丹田。
立身當中正，頭顱不宜偏。
前後頂勁碰起，二目平視直前。
神送前手頭忌動，呼吸深沉自丹田。
耳向後聽心貼背，舌尖輕佻齶齒間。
胸微含，肩裡捲，屈臂泛臀襠開圓。
襠莫扭，亦莫涮，背絲扣形循環纏。
身忌上躥胡亂擺，寧低不高行平線。
雙手相合勿翻動，微貫一氣指肚間。
上行不過眉，下行似鬆開。

內轉拇指界中線，外運勿探沉肘尖。

莫貪莫夾，束肋毛膚相挨。

腰如車輪左右轉，虛實分明互相連。

腳踏忌「八」「丁」，切記合腳尖。

內掌踏地偏重，大、二足趾領先。

寧進不退，下在上先。

注陰不注陽，注後不注前。

無處不太極，纏絲勁當黏。

心意氣力筋骨，手足肘膝胯肩。

內外六合分明，周身上下關聯。

腋腿四窩名「四貴」，左與左對右亦然。

運行結合呼吸，不丟不頂徐延。

靜如山岳動如電，蓄若拉弓發若箭。

捕鼠貓形搏兔鶻，聚精會神莫稍偏。

剛而不僵輕非浮，五陰五陽虛靈現。

著熟懂勁循序進，功久神明自通玄。

謙虛謹慎重武德，急躁狂妄門外漢。

2. 歌訣淺解

「無思無慮靜下來，平心下氣沉丹田。」

練拳時要排除一切雜念，什麼也不牽掛，心要平靜下來。氣要下沉至丹田（在臍下二、三寸之間），臍以上不準有氣。初學時知道把氣沉下就行，不能拘泥，否則易顧此失彼。

「立身當中正，頭顱不宜偏。」

身體須筆直，不得曲背凸胸，左傾右斜。頭應端正，

不得俯仰搖扭。

「前後頂勁碰起，二目平視直前。」

前後頂是指頭部的前囟和後囟。這兩處要有微微碰起的意思，不要挺著脖子硬往上頂。額須稍收斂。兩眼直向前方平視，前後頂也就不易丟失。低頭便失前頂，容易精神不振，暈頭轉向；仰頭便失後頂，容易呼吸緊張，橫氣填胸。

「神送前手頭忌動，呼吸深沉自丹田。」

神指眼神。手向左右內外上下運行時，須以眼神瞟送前邊、上邊的手。不得搖頭晃腦或抬頭低頭去看手。（眼為傳心之官，須注意收斂、收視之功。）呼吸深沉是呼吸鬢髮自丹田和還原丹田。小腹自然地保持鼓盪（不能受壓秕塌），呼吸就會隨之自然了。

「耳向後聽心貼背，舌尖輕佻齲齒間。」

練太極拳很講究和重視「中」。兩隻眼睛看著前面，眼神顧盼著左右，後面像沒法覺察。耳向後聽（也叫返聽），心意貼背，可以防範後面的空虛，維護身體中正不偏。口宜合攏，用鼻孔呼吸，舌尖輕佻上門牙牙根和上齶之間。這樣舌尖容易潮出津液（中醫稱為華池玉池之水）。將其嚥下，既保元氣，又可避免在練拳中出現口乾舌燥和急喘難支的毛病。

「胸微含，肩裡捲，屈臂泛臀襠開圓。襠莫扭，亦莫涮，背絲扣形循環纏。」

胸含，肩自裡捲，背也自拔。但含胸不要誤解為彎腰。練太極拳不論內勁外形，都是從從容容，絕不准放蕩不羈。內勁為心意指使，外形為內勁所摧。手足臂腿都不

准僵硬直滯。運行中，臂腿皆不離弧形、圓形、半圓形。順逆纏繞有一定的曲度，做到「曲中求直」。

臀絕不能垂，也不能斂，必須泛。泛臀絕不是撅屁股。泛臀襠才便於開圓。

襠不開是「人」形，開了襠是「⌒」形。襠在運動中不准扭，也不准涮。扭是彆扭，涮是擺晃。一有扭涮，身便散亂。襠乃腰腿之樞紐，襠支撐著中、下兩盤，對蓄發轉折起極大作用。它如同磅板，運行要平，不准有側、斜、挑、躺的跡象。坐骨尖猶如磅卵。

背絲扣「〰」形，是指下盤的內勁在兩腿根間循環纏繞的形象。初練時是去而復來，久之是一直向內纏繞。

「身忌上躥胡亂擺，寧低不高行平線。」

練拳自始至終，身體都不准胡亂搖擺，更不准忽地上躥。身法要行平線，身法可由高往低保持平衡朝下練，絕不准忽高忽低。

（「跌岔」、「鋪地雞」兩式例外，但兩式都必須結合上式身法的高度，亦各有寓意。）

「雙手相合勿翻動，微貫一氣指肚間。」

拳架中沒有直來直去信掄亂砍的手法，要始終保持兩手四六相合和沉肘塌肩的運行。絕不能使兩手像搖撥浪鼓般的妄動亂翻。手臂運動要輕靈，不要用拙笨的氣力。手指不宜硬並或散開，微微相曲相挨為宜。外運時要以內勁催外形，由腰而肩而肘而手而指梢；內運時則由指梢而手而肘而肩而腰，作順逆往來的轉纏。要沉肘束肋。後指梢微偏重於前指梢。忖著食、中、無名三指肚微微貫上一占氣，覺著微麻就做到要求了。

「上行不過眉。下行似鬆開。」

除「金雞獨立」、「朝天蹬」二式外，手往上運時，不准超過眉毛；手往下運時，意識上應量往下鬆開。但胳膊須保持一定的弧形。

「內轉拇指界中線，外運勿探沉肘尖。」

手向內運時，拇指不要超過身的中線；手向外運時，胳膊莫失弧形，不要犯探、貪的毛病，切記微沉肘尖。陳鑫說：「我守我疆，切莫失界。如若失界，魂飛魄散。」如果失中、失界，就要犯貪、夾的毛病，一量與人推手，易被人乘。

「莫貪莫夾，束肋毛膚相挨。」

手臂外運不要貪探，內運不要夾緊。須自然的使肱部貼近胸和肋，使兩者之間的毛膚有觸覺感，做到「沉肘束肋」。

「腰如車輪左右轉，虛實分明互相連。」

前人曾說：「命意源頭在腰隙。」實際在運動中，其顯示的地方，則在兩肋與盆骨之間。腰的運動一般有兩種：一謂「花腰勁」，一謂「套腰勁」。虛實也就是陰陽、開合、動靜、剛柔等等。處處都有虛實，總之是一個虛實。這裡指的是腰部的虛實。互相連是互相延綿不斷變化的意思。

「腳踏忌『八』『丁』，切記合腳尖。內掌踏地偏重，大、二足趾領先。」

練架忌諱腳踏成「八」字形或「丁」字形，腳尖必須向內合住，起碼須擺正。腳掌內側用力踏地，不要偏重於腳掌外側，腳掌外側更不許翹起。大、二足趾要抓緊地面。要分清虛實，切忌雙重（兩足一樣重）。這些要求都

是為了便於練糁和摸勁。腳步轉換，一律是以腳跟著地轉換，不得以腳尖著地轉換。步的距離，大的是本人一腿之長，小的是中間填下本人一豎腳。遠則起腳不靈，近則狹隘不固。

「寧進不退，下在上先。」

推手時腳步不能輕易後退，練拳時一般也不後退。有些姿勢雖向後退，卻是為了更好地前進。後退時必須寓有前進之意。下在上先是指每一動作每一姿勢，下盤要在上盤之先行動。絕不能手臂掄了半天，腿足還沒有動。

「注陰不注陽，注後不注前。」

前為陽，後為陰。練習太極拳的虛實，須知「剛中寓柔」的道理。在外形上前手前足是陽，但後邊手足的內勁必須偏重。即便是弓步，後腿也須微屈，兩腿彎必須保持窩狀。後腳不能狠蹬，狠蹬則腿彎窩狀不易保持。

「無處不太極，纏絲勁當黏。」

身體四肢百骸都在作圓形或弧形的旋轉，絕不許有直來直往或直上直下的勢和勁，所以叫「無處不太極」。在旋轉運動中，由趾而脛而股，由身而肩而肱而尺骨、橈骨直達指梢的旋轉。就纏絲勁，纏有順逆、內外、前後、上下、左右之別。

「心意氣力筋骨，手足肘膝胯肩。內外六合分明，周身上下關聯。」

心與意合，氣與力合，筋與骨合，謂之內三合；手與足合，肘與膝合，肩與胯合，謂之外三合。練拳時須各與各（如心與意）相合，總起來叫六合。六合包括了周身內外的各自關係，也可以說是一個關係，叫「一合」。這就

是所說的「一本萬殊，萬殊咸歸一本」。

「腋腿四窩名『四貴』，左與左對右亦然。」

四貴對照與外三合精神一致，是對外形協調的關鍵要求。須知道「腋窩不得現，腿窩不凸見」的要領。就是腋窩不外露，腿窩要保持窩形，不能成平板形，更不能成凸形。否則就頂而不靈了。

「運行結合呼吸，不丟不頂徐延。」

太極拳為內功拳，主要以內勁為主。內勁是靠呼吸來支配調節的，外形動作是靠內勁催動的，故運行務必結合呼吸。但都是受「意」來指使的。在意的主導下，結合六合的要求，自自然然持久不懈地操練，不讓有斷續處和凸凹處，也就便於做到不丟不頂的境地了。

「靜如山岳動如電，蓄若拉弓發若箭。」

靜要沉穩，動要機靈。總的來說，動靜是既統一又對立，不能呆板對待。蓄與發是指蓄勁與發勁而言。四肢身軀為五張弓，合而為一張弓。這句話的精神，是要在「急來則急應，緩來則緩隨」。「逆來順受，捨己從人」的條件下，蓄而後發的意思。

「捕鼠貓形搏兔鶻，聚精會神莫稍偏。」

練拳時要聚精會神，要有貓捕鼠、鷹抓兔那樣蓄而後發的神氣姿態。虛實轉換要矯健輕靈，身法步法和眼神要協調一致。

「剛而不僵輕非浮，五陰五陽虛靈現。」

練太極拳很重視剛柔互濟。這個剛不是僵硬的剛，是由柔中練出來的剛。重則滯，輕則靈。但輕不是飄浮。僵滯必頂，飄浮必斷、必丟。五陰五陽就是剛柔互濟。陳鑫

說：「純陰無陽是軟手，純陽無陰是硬手，一陰九陽根頭棍，二陰八陽是散手，三陰七陽猶覺硬，四陰六陽顯好手，惟有五陰並五陽，陰陽無偏稱妙手。妙手一著一太極，空空跡化歸烏有。」練到五陰五陽，就能臻於陰陽不偏的虛靈境地。

「著熟懂勁循序進，功久神明自通玄。」

拳論說：「由著熟而漸悟懂勁，由懂勁而階及神明，然非用力之久，不能豁然貫通。」練拳者只要循序漸進，持久努力，就可逐步達到神明玄妙的地步。

「謙虛謹慎重武德，急躁狂妄門外漢。」

武德是練拳者的基本準則。務須做到謙虛謹慎，勤學苦練。倘若急躁求成或狂妄自滿，將終生不得其門而入。

十三、陳立清學練太極拳十三要

1. 靜

靜就是安靜，「平心靜氣」的意思。學太極拳，首先是思想上的靜，那就要求我們除去妄想，排除雜念，做到「心中一物無所著，一念無所思」。這樣，就能意志集中，思想專一，心無二用。其次是需要一個安靜的場所。鍛鍊時，要事先選擇一個清靜的地方。地方清潔衛生，可以免於傳染疾病；環境僻靜，可以脫離一切嘈雜聲的干擾。這樣，才能清心寡慾，去掉輕浮、張狂之氣。

總而言之，我們要在「靜」字上下工夫。靜下來後，就可以專心思考，細心揣摩，對一著一勢的運行、轉換、虛實、開合、纏繞等基本要領，才能逐步領悟，姿勢趨於

正確，較快地納入太極拳的軌道。久後，自會達到「意之所向，全神貫注」之境。

2. 意

太極拳是「以意行氣」練意不練力的內功拳。這就是說，太極拳的一招一式、一舉一動都是以意來做指導的，領先的。什麼是意？意就是心思，就是思想。思想想到哪裡，手就運行到哪裡。心裡怎樣想，四肢百骸就怎麼做，絕不是憑著力氣鼓著手足在運行。用意則輕靈自如，用力則僵硬遲滯。一切動作總是以意領先的。拳論說「以心為主，而五官、百骸無不聽命」，「全身意在神，不在氣，在氣則滯」和「意之所向，全神貫注」就是這個意思。

簡單地說，意就是大腦，就是腦神經。大腦是全身神經的樞紐，發號施令的指揮部，周身肌膚、骨節、五臟、六腑無不聽命。所以說，太極拳是在腦神經意識的支配下而運動的。

3. 慢

慢就是緩慢的意思，一般學拳的人，往往在迫切要求學習的思想指導下而急於求成，殊不知快與慢的利弊和二者間的辯證關係。俗語說「欲速則不達」，「慢工出細活」，確有它的道理的。初學時，不要想幾天、十幾天或幾十天就學完一套拳。要樹立一個慢慢學的思想。這就是說，不學則已，學就要循序漸進，老老實實地，一步一個腳印地一著一式地學。一著熟悉後，再學下一著。決不可粗枝大葉，不求甚解快速地學。

　　學得慢，對手足部位、定型、運行、上下承接、虛實轉換等基本要領就能看得多，聽得多，練得多，領會的地方也就多。學得慢，也是反覆熟悉、鞏固、加深理解的過程，也是鍛鍊、認識、實踐、校正的過程。姿勢、動作就會逐漸趨於正確，運行就會走上正軌，而經久不易改變和遺忘。學得快，手足錯亂，運行呆滯，對行氣、運轉更是茫然。天長日久，姿勢謬誤，醜態百出，校正起來實在困難，常言「寧教千遍，不改一著」，就是這個意思。

　　學得雖慢，可是一遍過手，收到基本上趨於正確的效果。即使稍有差錯，校正起來也是輕而易舉的。如果學的快了，著著勢勢不夠真切，差錯橫生，校正起來，精力和時間不知耗費到何等程度！所以，學得慢，實際是快；學得快，實質是慢，這就是二者的辯證關係。

　　其次，在鍛鍊時，由始至終應該順從自然慢慢地運行，不宜於快，但也不宜過慢，形成前後不清或上下不接的現象。只有在緩慢運行中才能思想集中，全神貫注，精心去思考揣摸運行規律，內勁轉換，腰背圓活等。當姿勢趨於正確、定型，運轉納入規律後，是可以適當變快的。在快的運動中，大小轉關必須認真，不可一帶而過，形成錯亂無章。快練一段時間而後再慢下來。就這樣慢慢快快，快快慢慢，快慢相間的進行鍛鍊。但必須做到快而不亂，慢而不散。總而言之，學練時，應持以「此在平居，去其欲速之心」。

4.真

　　真就是認真。「世界上怕就怕『認真』二字」。學拳

也是如此，須樹立一種一絲不苟的認真學習態度。在學習過程中，一著一勢要循規蹈矩，手、眼、身、法、步的基本要求必須認真對待，決不可走馬觀花，輕率對之。

鍛鍊時，要細心揣摩、檢查、校正。每一姿勢力求自然舒展，正確大方。這樣，就易於走上運行規律，經久而不致變形了。

5.柔

柔就是輕柔、柔軟。柔並不是輕而飄浮和軟而無力，而是軟如棉花、堅如剛的無堅不摧的剛毅勁。這裡所說的力，不是拙笨之力，不是僵硬之力，而是先天發自丹田（實際是腰脊）之力。

拳論說「太極拳決不失綿軟」，又說「運勁的功夫，先化硬為柔，然後練柔成剛」。我們在日常生活中，無不經常地從事體力勞動，哪怕是輕微的勞動。在勞動過程中，用慣了局部的拙力。每當不能勝任時，還要有意地鼓勁使用一些僵硬力，把胳膊、腿用成了僵直的習慣。因而，在初學太極拳時，胳膊、腿的一舉一動總是帶有僵勁、滯氣，沒有一點綿軟的意思，那麼，輕靈、圓和就更談不上了。

這種僵硬之力不去，體內自然之氣的剛勁就無從發生，好像封閉的爐火，就不能發熱生焰了。所以，初學太極拳的人，要在「柔」字上下工夫，決不能僵直。

柔的目的，就在化硬摧僵。僵去則剛生，硬去則剛發，這就是「有心求柔，無心成剛」的道理。周身柔和了，也就輕靈圓和了，習練日久，自會趨於剛柔相濟了。

6. 正

正就是端正。「身法正者，身樁端正，無所偏倚」。這就是說，頭宜正直，虛虛領起，如以線牽引，自然欲起。塌腰泛臀，腰脊無凸凹之形。身軀不俯，不仰，不歪，不斜。手足、肘膝、肩胯上下相照，身樁自然形成「上下一條線」（百會、脊椎、會陰上下成一直線），「無偏無倚，無過不及」了。

身樁端正，則上下通達，氣血運轉就暢通無阻，不僅利於氣沉丹田，而且利於腰脊旋轉，還可穩健身樁，不失重心，也就不易失機失勢，永遠處於不敗之地。

7. 連

連就是聯貫的意思。練拳從始到終，運勁如抽絲，綿綿不斷如圓環，絲毫沒裂痕，處處無斷摺。勁是由外形表現出來的。外形的手、膊、足、腿的運行轉換也是如此。特別是在前後轉關時節，不僅要有承上啟下之意，而且要有聯貫無隙之形，著著勢勢自然緊密結合，形成有機的聯繫。久後，「一氣呵成」和「勁斷意不斷，意斷神可接」的妙處，則亦不求而自得也。

8. 勻

勻就是均勻，勻稱。練拳時，姿勢要始終保持在同一水準上（個別的例外），不可忽高忽低如洪水波濤起伏無常。運行時不可忽快忽慢，須勻和而穩健。呼吸更宜勻和自然，緊密地和動作的上下、開合結合在一起。姿勢忽高忽低，運行忽快忽慢，自會引起氣血運轉的忽弛忽張忽強

忽弱，從而破壞了勻和平衡，引起失調，以致影響呼吸，發生緊促和鬆弛不正常現象。這樣下去，不但無益於身心的健康，反而有損身心，不可不以為戒。

9. 圓

圓就是圓和。太空渾圓，空空無物而富有無限生機。太極乃無極而生，太極亦圓，但有陰陽之別，動靜之機。太極拳是依據「吐納」、「陰陽」等哲理創造發明的，所以太極拳的運動也就離不開一個「圓」字。

從它的外形上看，四肢的上下、左右、前後運動，從不直來直往，總是作圓環或弧線運動，如太空中的行星（地球）環繞恆星（太陽）的公轉運動。拳論說：「至於手足運動，不外一圈，絕無直來直去。」直來直去則呆滯，屈伸遲鈍而無彈力；圓弧運動則柔和自如，彈性自生。從內勁上看，腰脊旋轉催動四肢螺旋纏絲，如行星（地球）的自轉運動，從而產生了週而復始的陰陽開合，千變萬化。自然形成氣血協調，神志舒暢，四肢軀幹輕靈圓和，隨心所欲。內外雖然有別，但不是分裂孤立的，而是相輔相成的有機統一體。由外引內，以內催外，內外一致，緊密配合。兩者關係如此，不可顧此而失彼，妙手高峰指日可攀矣。拳論說「妙手一運一太極」。明確地說，太極拳的一舉一動始終不離一個「圓」字。

10. 鬆

鬆就是放鬆，鬆弛。既然放鬆，當然就不能緊張。鬆不是單指某一部分的放鬆，某一關節的放鬆，而是指的周

身肌膚、骨節處處鬆開。前面說過，練太極拳是以意為主導的，所以練拳時，不僅要「骨節鬆開」，肌肉、皮膚也要鬆開，更重要的是意識上的放鬆。

一句話，就是周身放鬆。決不能趁著就勢，臆造做作。周身放鬆後，肌膚鬆弛，韌帶放長，關節也就自然鬆開；四肢百骸由僵變柔，由硬變軟，運轉也就輕靈圓和，彈性的爆發勁就會自然發生無堅不摧的效果。鬆而有沉，不能懈。懈則浮飄，散而無根；沉則輕靈穩固而有力，身軀形成上虛下實、胸空腹實的狀態。

11. 隨

隨是跟隨、相隨的意思。跟隨就是上引下隨，左走右跟，周身一體，「上下相隨，一氣貫通」。不是左行右停，上動下滯，各不牽連相關。四肢百骸必須做到「一動無有不動」和「一靜百靜」。形成規律後，就不致產生顧此失彼招前不顧後的現象了。拳論說：「上欲動，而下自隨之；下欲動，而上自領之；上下動，而中部應之；中部動，而上下和之；內外相連，前後相需，所謂一以貫之者，其斯之謂歟。」周身相隨，而後自然達於「不假思索，不煩擬議，誠不期然而已然」的境界了。

12. 恆

恆就是堅持，從不停頓。我們無論從事什麼工作，只要有持之以恆的堅強毅力，堅強不懈的學習態度，反覆認識、實踐，再大的困難，都必定會克服，有所收穫，有所前進。學拳也是如此。許多人在初學時，表示態度誠懇，

決心堅強。一旦學會拳路，思想上認為已經學會了，學習勁頭也就放鬆了一口氣。殊不知這才是「萬里長征」路上邁出的第一步，其中的深奧和樂趣，必須長期堅持鍛鍊，逐漸領悟，才能獲得。由於鬆了一口氣，過些時期，又覺得這也沒啥，練不練就是那麼一回事，慢慢就會形成想著就練，不想就算，三天打魚，兩天曬網，自流下去，甚至以後根本不練，忘個一乾二淨。其不知以往耗時費神之可貴！流水流汗之可惜！「冰凍三尺，非一日之寒」，其意亦在誨人「貴在堅持」耳！

雖然要求我們每日堅持鍛鍊，但不必硬性規定具體的時間和趟數。可根據個人的身體健康、心情舒暢等實際情況來決定，但每日不得間斷。總而言之，每日鍛鍊，量力而行，不可過量。過量時，反損身心。當你有所領悟，覺得奧妙，那就欲釋而不能了。

13. 虛

虛就是虛心，謙遜。在學練太極拳時，要虛心謙遜，甘當小學生，不要不懂裝懂。因為學習任何東西，都是沒有止境的，學拳也不例外。

拳術的一招一式，內涵豐富，千變萬化。自己學習，雖有一知半解，而其深奧理法還需長期反覆認識、實踐，決不能高傲自滿。即令功夫上身，而不足之處尚多，所以要處處持以謙遜，敬老愛幼，不妄非議。自滿則學藝之門自封，前進之路自堵；非議則矛盾滋生，招惹是非。我們應當有自知之明，常以「虛心使人進步，驕傲使人落後」為座右銘，經常對自己進行鞭策和激勵。

十四、石磊太極拳三論

1. 一論太極拳的纏絲勁

（1）太極拳纏絲勁的形成

太極拳行功時，不僅和一般內功拳相同，要引導內氣在肢體中不停頓地收放運轉，還要使肢體不停頓地做屈伸進退的螺旋纏繞運動，二者結合，就形成了太極拳特有的纏絲勁。換句話說，太極拳的纏絲勁，就是以內氣的運轉為動力，肢體做螺旋屈伸進退的太極拳特有的一種勁。太極拳纏絲勁是太極拳的精華，是太極拳區別於其他拳種的重要標誌之一。

陳鑫說：「太極拳，纏法也。纏法如螺絲形運於肌膚之上……而要莫非以中氣行乎其間，即引即進，皆陰陽互為其根之理也。」又說：「纏絲者，運中氣之法門也。不明此即不明拳。」

內氣，我國傳統醫學稱之為真氣或元氣，在陳鑫的著作裡，多稱之中氣或丹田氣。它是人體內部的一種特殊物質，不是呼吸的空氣。內氣充沛，則身強力壯；內氣不足，則體弱力薄；內氣消失，則生命終止。練習太極拳的重要內容之一，就是培植和運用內氣。關於內氣的產生、貯存和運轉，陳鑫在《陳式太極拳圖說》一書中有詳細的闡述，主要論點就是：氣生於腎，貯於丹田，出入於命門，順骨而行，充於肌膚，發於丹田復歸於丹田。

劃弧轉圈和螺旋形的屈伸進退，是太極拳在外形上的特點。太極拳行功時，手足和身軀都不停頓地劃弧和轉圈。有的是順時針轉，有的是逆時針轉；有的向前轉，有

的向後轉；有的轉正圓，有的轉斜圓，有的轉橢圓，有的還是像古太極圖的轉圈。並且，在手足伸縮進退的同時，既要有以肩肘胯膝為軸作弧形運轉的大圈，又要有以股肱骨骼為軸做正反纏繞的小圈。後者是太極拳纏絲勁的表現形式，尤為重要。

太極拳纏絲勁是內氣收放運轉同肢體螺旋形屈伸進退的結合。只有內氣的收放運轉，而無肢體的螺旋形屈伸進退，或者只有肢體的螺旋形屈伸進退而無內氣的收放運轉，都不能構成太極拳的纏絲勁。

（1）太極拳纏絲勁的分類

區分太極拳纏絲勁，常見的方法，是分為順纏和逆纏，就是：小指側向手心旋裏或小趾側向足心旋裏叫順纏。大指側向手心旋裏或大趾側向足心旋裏叫逆纏。這種方法，沒有同內氣的收放結合起來，顯得過於簡單。陳鑫把纏絲勁分為十二種，就是「進纏，退纏；左纏，右纏；上纏，下纏；裡纏，外纏；順纏，逆纏；大纏，小纏」，則顯得過於繁瑣。根據太極拳纏絲勁的內涵和特點，把它區分為出勁順纏、收勁順纏、出勁逆纏、收勁逆纏四種纏絲法，比較容易掌握。

① 出勁順纏。凡手足向外伸展，內氣循臂腿內側向前斜纏而下至於手足者，稱為出勁順纏。

② 收勁順纏。凡手足向裡屈收，內氣循臂腿外側向後斜纏而上至於肩胯者，稱為收勁順纏。

③ 出勁逆纏。凡手足向外伸展，內氣循臂腿外側向前斜纏而下至於手足者，稱為出勁逆纏。

④ 收勁逆纏。凡手足向裡屈收，內氣循臂腿內側向

後斜纏而上至於肩胯者，稱為收勁逆纏。

（3）太極拳纏絲勁的功能

在醫療保健方面，以內氣運轉為內容的纏絲法，有利於疏通經絡，增強臟腑功能，鍛鍊肌膚、骨骼和關節。出勁纏絲著重疏導手三陰和足三陽經氣，收勁纏絲著重疏導手三陽和足三陰經氣。手足每轉一圈，十二經和任督二脈都得到疏導。《靈樞‧本藏篇》說：「經脈者，所以行血氣而營陰陽，濡筋骨，利關節者也。」經絡疏通了，臟腑機能就可加強，肌膚、骨骼和關節就可能得到濡養。纏絲法的劃圈旋轉與通常的手足屈伸相比，能使更多的肌膚、骨骼和關節參與活動，也有利於提高肌膚張弛的機能，增強骨骼和關節的柔韌性。

在技擊競賽方面，纏絲勁是太極拳各種技擊方法的基礎。太極拳主張因勢利導，借力打人。與人交接時，肢體螺旋形的屈伸進退，能夠避免同對方來力頂抗，化減來力強度，便於利用力學原理適當加力，根據自己的需要，改變力的方向，動搖對方身體重心，造成我順人背的形勢。纏絲勁的沾連法，還能夠沾連住對方的肢體，使其不易脫離。陳鑫說：「拳中必用纏絲者，沾連之法全在於此，引進之法亦在於此。」又說：「唯以柔軟纏絲法接之，未沾住人身則已……如既沾住，則吾以纏絲法捻住其皮肉，纏而繞之，沾之，連之，黏之，隨之，令其進不得進，進則前入坑坎；退不得退，退則恐我擊搏，故不敢硬離去。此纏絲勁之在拳中最為緊要妙訣也。」

纏絲勁還是技擊爆發力的基礎。身軀和四肢的纏絲法，可以使內氣的收放運轉暢通無阻；可以使全身勁力以

腰脊為樞紐節節貫穿，達於手足；可以使關節運動幅度增大，靈活性提高，穩定性加強；可以使全身肌肉一部分充分鬆弛，另一部分充分緊縮，增強肌肉的伸縮機能。因而當技擊發放時，內氣自丹田猝發，肌肉張弛倏然一轉，就可做到勁力完整，爆發力增強。

（4）練習纏絲勁應注意事項

太極拳纏絲法要求周身內外密切協調，需要經過長期練習才能掌握。

在練習太極拳纏絲勁時，還應注意以下事項：

① 貴用意，尚行氣，戒用力。太極拳重內不重外，重意不重形，重氣不重力。練習和運用纏絲勁，首要是培植和運用內氣。要用意念引導內氣在肢體中做螺旋形循環運轉。

② 腰為樞紐，手足相隨。纏絲勁以腰脊命門穴為樞紐，上通手指，下通足趾。行功時，身體同側手足的纏法一般相同；右手如是順纏，右足一般也是順纏；右手如是逆纏，右足一般也是逆纏。左側手足也如此。

③ 順逆出入，循環無間。太極拳行功，「往復須有摺疊，進退須有轉換」。手足運動，要劃圈旋轉，不走直線，不走回頭路。纏絲勁從順到逆，從逆到順，從收到出，從出到收，循環無間。陳鑫詩云：「陰陽無始又無終，來往屈伸寓化工，此中消息真參透，圓轉隨意運鴻蒙。」

④ 吸蓄呼發，純任自然。人的呼吸對內氣的運轉和纏絲勁的收放起著引導和推動作用。吸氣可以引導內氣從手足四梢向丹田回收，此時多為收勁纏絲；呼氣可以引導內氣從丹田外發通向手足，此時多為出勁纏絲。但是，初

學太極拳的人，首先要注意呼吸自然。開始，只要做到每一動作的起點是吸氣、落點是呼氣就行了，在拳勢運行的中間過程，呼吸要純任自然。隨著功夫的增長，纏絲法與呼吸就會逐步協調起來。

2. 二論太極拳的開合

任何拳術都講究開合，太極拳尤其重視開合。陳鑫說：「學太極拳，學陰陽開合而已。」又說：「太極拳之道，開合二字盡之。」但在當今一些太極拳論著裡，由於各派拳家在區分開合時，確定範圍各自不同，包括的內涵互有差別，往往使初學者感到概念混亂，無所適從。然而，如果把區分開合時的不同重點和方法以及包括的相應內涵分別予以剖析，找出開合轉換的一般方式，那麼，分清太極拳的開合，掌握開合轉換的基本規律，也是不難做到的。

（1）開合的區分

一般講，所謂開，是指肢體和內勁向外伸展放大的意思；所謂合，是指肢體和內勁向內收斂縮小的意思。具體講，不僅整體要有開合，一臂一腿也有開合，一手一足也各有開合。研究太極拳各種形式的運動，有時著眼於肢體的屈伸，有時著眼於內勁（內氣）的收放，有時著眼於纏絲勁的順逆，有時著眼於整體，有時著眼於某一局部。因之，開合的內涵，常有明顯的差別。

① 以肢體的屈伸來區分開合：身軀四肢伸展向外者為開，身軀四肢屈縮向內者為合。

② 以內勁（內氣）的收放來區分開合：內勁（內氣）由丹田外發運向手足四梢者為開，內勁（內氣）由手

足四梢內收蓄歸丹田者為合。太極拳重意不重形，重內不重外。所以這種區分開合的方法最為重要。

③ 以纏絲勁的順逆來區分開合：內勁由大指（趾）過手（足）背，向小指（趾）翻轉的順纏勁為開；內勁由大指（趾）過手（足）掌，向小指（趾）一側翻轉的逆纏勁為合。

④ 以陰陽動靜的變換來區分開合：「動而生陽則為開，靜而生陰則為合」。就是說，由靜到動為開，由動到靜為合。拳勢練習，起勢時為開，成勢時為合。

⑤ 以呼吸的變換來區分開合：「吸為合，為蓄；呼為開，為發。」（李亦畬《五字訣》）就是通常說的「合吸開呼」。這裡需要說明的是，所謂「合吸開呼」是著眼於吸氣時肢體屈縮，內勁蓄收；呼氣時肢體伸展，內勁發放。有些太極拳論著裡，曾提出與此相反的「開吸合呼」，這是根據胸廓的擴張與收縮來區分開合，就是吸氣時胸廓擴張為開，呼氣時胸廓收縮為合。由於著眼角度不同，結論就有了差異。

由於人們在探討太極拳的開合時，注重的範圍（外形、內勁、纏絲、呼吸等）各自不同，區分開合的方法各有標準，有時同一個拳勢動作，就外形而論可稱之為開，就纏絲勁而論則可稱之為合。一個拳勢的相應部位，如左右兩隻手，可以是雙開，可以是雙合，也可以是一開一合。

（2）開合轉換的基本規律

開與合是對立的統一，相互依存，相互轉化。太極拳是一種運動形式，肢體不能只伸不屈，也不能只屈不伸；內氣不能只放不收，也不能只收不放；呼吸不能只呼不

吸，也不能只吸不呼。實踐中，開合的轉換，有以下幾條
基本規律。

① 在太極拳運動中，開與合是互相化生的。就是陳
鑫說的「一開連一合，開合互相承」。

② 拳勢中，手足的屈伸與內氣的收放通常是一致
的。就是：肢體由屈而伸時，內氣通常是由丹田向外發至
手足四梢；肢體由伸而屈時，內氣通常是由手足四梢收歸
丹田。陳鑫曾說：「凡左右纏絲精，伸展胳膊向外去者，
皆是由肩、由腋纏到指頭；往裡收束者，引進其精，皆是
由指甲、指肚纏至肩、纏至腋。」又說：「周身之精，往
外發者，皆發於丹田，向裡收者，皆收於丹田。」

但是也有少數拳勢身肢的屈伸和內氣的收放恰巧相反。
以外形而論，可稱之為開，以內氣而論，又可稱之為合。

③ 足腿起步時常用順纏開勁，落步時常用逆纏合
勁；手臂引化時有時用順纏開勁，有時用逆纏合勁，但擊
發時則常用逆纏合勁。陳鑫說：「纏絲精即道也者，不可
須臾離也。」在陳鑫的著作裡，很多地方都以纏絲勁的順
逆來區分開合。

上述幾條，只是開合轉換的基本規律。實際上，在太
極拳練習時，特別是在太極推手競技時，開合的變換還要
複雜得多。雙方肢體沾黏連隨劃圈運動，為了「知人」和
不被人「知」，在由合到開的過程中，有時突然作一個小
圈合勁，而後繼續外開，是謂「開之再開」；在由開到合
的過程中，有時突然作一個小圈開勁，而後繼續內合，是
謂「合之再合」。

只要我們知道了開合的區分方法和開合轉換的基本規

律，就基本上明確了太極拳的開合。

3. 三論太極拳的虛實

陳鑫說：「開合虛實，即是拳經。」楊澄甫說：「太極拳術以分虛實為第一義。」太極拳家之所以如此重視虛實問題，不僅是因為在太極拳運動中，周身各個環節，普遍存在有一虛一實，「一處有一處虛實，處處總此一虛實」（武禹襄《太極拳論》），還因為在研究和確定虛實問題時，由於注重的對象（整體或局部、外形或內勁）有所不同，區分虛實的方法及相應的內涵互有差異，致使這一問題顯得頗為複雜。

（1）怎樣區分虛實

虛與實是相對的，是相比而言的。在太極拳運動中，所謂虛，是比較輕鬆靈活的意思；所謂實，是比較沉著充實的意思。這是區分虛實的一般原則。實際上區分虛實的方法多種多樣，是個十分細緻的問題。

① 以承擔體重的多少來區分兩腳和兩腿的虛實。承擔體重較多的腳和腿為實，承擔體重較少的腳和腿為虛。比如「金剛搗碓」成勢，左腳承擔體重較多，為實；右腳承擔體重較少，為虛。「懶紮衣」成勢，右腿屈弓，承擔體重較多。為實；左腿蹬伸，承擔體重較少，為虛。這種區分方法比較簡單，為太極拳家普遍採用。

② 以著力的大小來區分虛實。著力較大者為實，著力較小者為虛。這是區分人體各相應部位（如兩手、兩肘、兩肩、兩足、兩膝、兩胯等）的虛實時常用的方法。以兩手和兩臂而論，用以攻擊對方的手和胳膊著力常大，

常實；作為輔助的另一隻手和胳膊著力常小，常虛。

③ 以外形的開合來區分虛實。身肢伸展外開時為實，身肢收縮內合時為虛。這種方法，既適用於區分整個姿勢的虛實，也適用於區分手足四肢的虛實。

④ 以內氣的收放來區分虛實。內氣從丹田外發達於手足，則手足為實，內氣從手足內收，歸於丹田，則手足為虛。這是在練拳有了一定基礎，做到內氣鼓盪之後，區分身軀和四肢的虛實時常用的方法。

⑤ 以意念的傾注與否來區分虛實。意念傾注於某部位，則該部位為實；意念不注於某部位，則該部位為虛。這種方法，廣泛適用於區分人體各個部位的虛實。

在研究太極拳的虛實問題時，有時著重區分兩腳的虛實，有時著重區分兩手的虛實，有時著重區分一手一腳的虛實，有時著重區分身體兩側的虛實，有時著重區分某一具體部位的虛實。往往由於所指範圍的不同和區分方法的差別，在同一拳式中，身體的同一部位，既可稱之為虛，又可稱之為實。

正因如此，我們在探討太極拳的虛實問題時，首要的步驟，就是弄清楚區分虛實的各種方法。

（2）虛實轉變的基本規律

太極拳行功時，周身內外無處不在運動中，無時不在運動。因而，身軀和四肢各相應部位的虛實，不是固定不變的，而是不斷地相互轉化的。在拳勢練習中，虛實的轉變有下列基本規律：

① 身體兩側對稱部位的虛實相互轉變。太極拳的各個拳式，從起勢到定勢，身體兩側對稱部位（如左右手、左

右足、左右腰眼等）的虛實，都要相互轉變一次或數次。一般說，兩足承擔體重的多少要相互轉變，兩手著力的大小要相互轉變，外形的開合、意念的傾注也要相互轉變。

②身體同側手足的虛實上下相隨。陳鑫在「人身纏絲精圖」的註釋中說：「足之虛實因乎手，手虛足亦虛，手實足亦實。」就是說，身體同側的手足，如左手和左腳（或右手和右腳），要麼都是虛，要麼都是實。這是由於在拳勢運行中，身體同側手足的屈伸和內氣的收放常常一致的緣故；是以同側的手足而論，不是與異側的手足相比。

還應指出，以勁力的傳遞方式說，身體異側的手足是相互聯繫的。就是左足（腿）和右手（臂）相互聯繫，右足（腿）和左手（臂）相互聯繫。所以有的拳家又指出：「左手實則左足應虛，右手虛則右足應實。」

③前手和後腳常實，後手和前腳常虛。這是就技擊發放時兩手和兩足著力的大小而論的。就是說，拳勢向外發放時，位處前方的某隻手和位處後方的某隻腳用力常大，位處較後的某隻手和位處較前的某隻腳用力常小。這裡，兩腳的虛實，不是以承擔體重的多少做區分的標準，而是同兩手一樣都是以用力的大小做區分的標準。即使如「野馬分鬃」式，在成勢發放時，前腿屈弓承擔體重較多，後腿蹬伸承擔體重較少，但是，後腿（後腳）的用力，卻比前腿（前腳）較大。所以此時的後腿（後腳）也可不稱之為虛，而稱之為實。

④虛實轉變在太極圈中。太極拳的手足運動和內氣運轉均走圓圈。每轉一圈，虛實就相互轉變一次。半圈由虛轉變為實，半圈由實轉變為虛。一般說，手足屈縮和內

氣向丹田回收的半圓，手足是由實到虛；手足伸展和內氣從丹田外發的半圈，手足是由虛到實。陳鑫曾有詩描繪這種情況：「所畫之圈無正斜，無非一圈一太極。」

⑤ 吸與虛實協調一致。練習太極拳的初級階段，呼吸與動作不可能完全協調。隨著功夫的長進，呼吸與拳勢的開合虛實，就會逐漸協調起來。一般情況是：手足屈縮，內氣向丹田回收，拳勢由實變虛時，為吸氣；手足伸展，內氣由丹田外發，拳勢由虛變實時，為呼氣。拳論說的「吸為合為蓄，呼為開為發」，就是指此。

還須說明，太極拳行功時，有時為了突出身體某一部分的特殊作用，常常略而不提該部位的虛實變化，僅僅同身體另一部位的或虛或實並列對比，甚至只強調該部位「宜虛」或者「宜實」。比如：頂勁虛，足底實；胸虛，腹實；心虛，丹田實；手虛，足實等等。

按照陳鑫的說法，這叫做「上虛下實」。又說：手心宜虛，手指和掌根宜實；足心宜虛，足趾，足掌和足踵宜實。按照陳鑫的說法，這叫做「中間虛，前後實」。還有一些部位，如襠部（兩大腿根之間）和腋部，只講「宜虛」，從不講實。不過，總的說來，太極拳行功時，虛實的相互轉變是絕對的，是貫串始終的一對基本矛盾。

十五、顧留馨《太極拳論》解

王宗岳是清乾隆年間的山西人（故稱山右）。1795 年他在河南洛陽教書，1798 年在河南開封教書。他的武術著作有《太極拳論》一篇，解釋長拳和十三勢內容的殘稿一

篇，修訂了《打手歌》一篇和《陰符槍譜》，共四篇。

《太極拳論》以太極兩儀立說；解釋「十三勢」以八卦、五行立說；《陰符槍譜》以陰符立說。陰指暗，符指合，故陰符意為「靜為陰動則符」，正如陰符槍法的原則「靜如處女，動如脫兔」。

王宗岳少年時讀過經史，也讀過《內經》《道德經》及兵法等書，兼通擊刺之術（擊劍、刺槍），槍法最精。

《太極拳論》實際上是概括性很強的總結推手經驗的論文，它所依據的理論是我國古代哲學樸素的陰陽學說，「一陰一陽謂之道」，以此作為太極拳的基本理論，就使太極拳在廣泛流傳中不致練成剛拳、硬拳，也不致練成柔拳、軟拳，而是大家公認的有柔有剛、剛柔相濟。這應該說是《太極拳論》的主要貢獻。

下面，對《太極拳論》逐句逐段試作解釋。

「太極者，無極而生，陰陽之母也」

所謂太極，古人「謂天地未分之前，元氣混而為一，即太初、太一也」（《易·繫辭》）。這是我國古代的天體演化論，把太極形容為陰陽兩氣，混沌未分。也有人解釋「太極」是屋中最高處正梁的中心，意為最高、最中心的東西。

太極圖呈圓形，內含陰和陽兩個半弧形的類似魚形的圖案。太極拳採用這個名稱，象徵著太極拳是圓轉的、弧形的、剛柔相濟的拳術。

「無極而生」，周敦頤（1017-1073 ）所著《太極圖說》說 ：「無極而太極，太極動而生陽，動極而靜；靜而生陰，靜極復動。一動一靜，互為其根。分陰分陽，兩

儀立焉。……陰陽一太極也，太極本無極也。」王宗岳說
：「太極者，無極而生。」就是根據《太極圖說》而立論
的。「陰陽之母也」意指陰陽兩氣包含在「太極」之中，
所以說「太極」是「陰陽之母」。

「動之則分，靜之則合」

古人認為太極是一個渾圓體，包含陰陽兩氣。動時這
個渾圓體就起變化，分陰分陽，所以說太極生兩儀，亦即
「動之則分」。靜時仍然是一個渾圓體，陰陽變化雖然相
對靜止，但陰陽的道理完全具備，所以叫做「靜之則
合」。

「無過不及，隨屈就伸」

推手要根據客觀情況的變化來屈伸進退，要隨著對方
的動作而採取攻防動作，不可主觀，不可盲動，要隨對方
的屈伸而屈伸，人屈我伸，人伸我屈，要和對方的動作密
切不離，不要過與不及，要不頂不丟；對方進一寸，我退
一寸；進一分，退一分。退的少了成為「頂」，退的多了
成為「丟」。

「直來橫去，橫來直去」是武術各流派的共同經驗，
太極拳推手還有形象上纏繞絞轉的「黏隨」特點，可練習
皮膚觸覺和肉體感覺，以利瞭解對方的動向、力點和快
慢，作出判斷來克制對方。這比單憑目力來判斷對方動向
的拳種，多了一種偵察能力「聽勁」。

「人剛我柔謂之走，我順人背謂之黏」

推手時要放鬆，攻和防都如此，逐漸練出一股「柔
勁」來，剛勁好像一根硬木頭，堅實但變化少。柔勁好比
鋼絲繩，變化多。俗語說軟繩能捆硬柴。但從理論上講，

柔能克剛，剛也能克柔。 單純的柔是不夠用的，太極拳主張「柔中寓剛」、「剛柔相濟」，黏與走都要以柔為主，柔久則剛在其中，人以剛來，我以剛去對抗，這是兩方相抗，不是「引進落空」、「借力打人」的技巧，而應該「人剛我柔」地把對方力量引開，使之落空不得力。

所以學太極拳推手一開始就要放鬆，心身都要放鬆。對方剛來，我總是柔應，使對方不得力，有力無處用，這叫做「走化」，目的是我走順勁，造成有利於我的形勢，使對方走背勁，造成不利於對方的形勢。

當對方來勁被我走化形成背勁時，我即用黏勁加力於其身手，使之陷入更不利的地位，從而無力反擊。黏好像膠水、生漆黏物一樣，黏走相生，剛柔相濟，這是推手的重要原則。

「黏」這個字，是三百餘年前俞大猷、戚繼光等提出來的，武術書上最初見於明朝俞大猷的《劍經》，在他的對打棍法（**不是套路的對打**）中有時用「黏」字。到清初，太極拳推手就完全用黏勁，於是「黏」的用途日廣。

練「黏」可使人的反應變快，觸覺靈敏，所以能做到隨對方來勁黏走相生，克敵制勝。

「動急則急應，動緩則緩隨」

動作快慢要決定於對方動作的快慢，不能自作主張。首先，手臂放鬆，觸覺靈敏，才能急應緩隨，處處合拍。只有觸覺靈敏了，才能做到「彼微動，己先動」，才能制人而不為人所制。

「雖變化萬端，而理唯一貫」

動作雖然千變萬化，而黏走相生，急應緩隨的道理是

一貫的。

「由著熟而漸悟懂勁，由懂勁而階及神明」

這是太極拳推手功夫的三個階段：即著熟、懂勁、階及神明。

① **著熟**

著是打法、拳法、拳勢，譬如看棋。中國武術各拳種的套路，就是各個不同的「勢」聯貫組成的，每「勢」都有它的主要攻防方法和變化方法，錯綜互用，這就稱作「拳術」、「拳法」、「拳套」。不講技擊方法的套路，稱作體操、舞蹈、導引或八段錦。有些拳種只講姿勢優美，實用性差，稱作花拳繡腿，是表演藝術性的武舞（講究實用性的稱作武藝）。

練太極拳推手，首先是身法、手法、步法、眼法和每勢的著法（攻擊和防禦的方法）要練得正確、熟練；特別是練拳架，首先姿勢要正確，拳套要聯貫熟練和呼吸配合好。然後在推手、散打中進行試用，捉摸每個著法用得上，還是用不上；用上了，用勁對不對等。這是前人教太極拳的次序，即首先要懂得每勢的著法和變化，不可瞎練，漫無標準地劃圈。

② **懂勁**

著法練熟即可逐漸悟出用勁的黏隨、剛柔、虛實、輕重以及屈中求直、蓄而後發等道理。現在有些人學推手好談懂勁，但不研究著法，這是跳班、越級的方法。只追求勁，不講求著法，往往無從捉摸，不著邊際。因為，「勁附著而行，勁貫其中」，著法如果不從實際出發，捨近就遠，勁也就隨著「著法」而失去應有的作用。懂勁以後，著法的使用

才能巧妙省力。著法和懂勁都要和呼吸自然結合，不屬拳法的動作不可能結合呼吸，例如，兩個吸或兩個呼湊在一起的動作就不可能結合呼吸。懂勁質量愈高，推手時威脅對方的力量也越大，著法的使用也更能得機得勢。

懂勁主要是從推手實踐中悟出來的。只練拳不練推手，對懂勁是談不上的。想像出來的懂勁，一接觸實際就不行。

③ **階及神明**

「階及」意即逐步上升，亦即台階、梯子，須一步一步爬上去。「神明」意即神妙高明，隨心所欲，形成條件反射，熟能生巧。「由著熟而漸悟懂勁，由懂勁而階及神明」這句話，總的意思就是踢、打、跌、摔、拿等著法熟練後，逐漸悟出「勁」貫其著中的技巧，掌握「勁」這個總鑰匙，不求用著，而著法自然用得巧妙，最後達到「妙手無處不渾然」的程度。

「然非用力日久，不能豁然貫通焉」

「用力」係指練功夫，不是指用力氣。全句意為：不經過勤學苦練，就不能豁然貫通（忽然完全悟解）。

堅持練拳推手，鑽研拳理，會有好幾次「豁然貫通」，功夫是沒有止境的。青年時期、壯年時期和老年時期，各有一次或多次對拳理的「豁然貫通」。透過向有經驗的師友學習、交流和反覆研究拳理，功夫才能練到自己身上，對療病保健，增強體質才有幫助。

太極拳發展至今，主要的傳統套路有陳、楊‧武、吳、孫五式，陳式還有老架、新架和趙堡架三種，都是講究每勢的著法的。傳統套路都有這種講究著法、運氣的特點。

懂得著法，拳套才容易練正確，不致練得千奇百怪，也才能和呼吸結合得好，「氣與力合」，療病健身的效果較高，又可節省練拳的時間。

「虛領頂勁，氣沉丹田」

「虛領頂勁」意為頭頂要輕輕領起往上頂著，便於中樞神經安靜地提起精神來指揮動作。關於氣沉丹田，說法不一。這裡可能是指腹式深呼吸，吸時小腹內收，膈肌上升，胃部隆起，肺部自然擴張。呼時小腹外突，膈肌下降，胃部復原，胸廓自然平正。

身心兼修，內外並練，著重在內壯，這也是被稱作「內功拳」的太極拳的一個特點。

「氣沉丹田」不可硬壓丹田，也不可一味「沉氣」，而要「氣宜鼓盪」，並且練拳時的腹式呼吸只能用逆式，不能用順式。順式是吸氣時小腹外突（氣沉丹田），呼氣時小腹內收，結合在拳套內就只能始終「氣沉丹田」，有降無升，所以一定要用逆式。

如果用順式腹式呼吸，對練拳推手都是無益的，因為攻的動作都要借地面反作用力，必須氣沉丹田，勁才能往前發。哪能有勁要往前發，而呼氣時小腹卻內收之理？

逆式深呼吸是引進時吸氣，小腹內收；發勁時小腹外突，氣沉丹田。

內功拳種的「形意」、「八卦」、「武當」「內家拳」，都是用腹式逆呼吸的。

王宗岳高度概括了太極拳的理論（那時只有陳式太極拳一種，沒有流派），對呼吸運氣只講了一句「氣沉丹田」。

「虛領頂勁，氣沉丹田」基本上概括了太極拳對立身中正、鬆靜自然地運氣練拳和推手的要求。

「不偏不倚，忽隱忽現」

「不偏不倚」是說身體姿勢不要歪斜而失去中正。不偏是指形體上、神態上都要自然中正，不倚是不丟不頂，不要依靠什麼來維持自己的平衡，而要中正安舒，獨立自主。

「忽隱忽現」是說行氣運勁要似有實無，忽輕忽重，虛實無定，變化多端，使對方難以適應，顧此失彼。

「左重則左虛，右重則右杳」

承上文，既要做到「不偏不倚忽隱忽現」，還要做到，對方從左方用力攻來，我左方虛而化之，虛而引之不與頂抗，使來力落空；如對方從右方用力來攻，則我右方虛而化之，虛而引之，也不與頂抗，使來力落空。這就是不犯雙重之病。練到處處能虛而化之，虛而引之，就是棋高一著，從而使對方縛手縛腳。「虛」和「杳」都是不可捉摸的意思。

「仰之則彌高，俯之則彌深，進之則愈長，退之則愈促」

「彌」字作「更加」解釋。我運用黏化劃弧的引進落空的方法，對方往上進攻，我高以引之，使有高不可攀、腳跟浮起、凌空失重的感覺；如對方往下進攻，我低以引之，使其有如臨深淵、搖搖欲墜、愈陷愈深的感覺；若對方前進，我漸漸引進，使其摸不到我身上，有進之則愈長而不可及的感覺，經我黏逼進攻，對方越退越感覺不能走化。

這四種情況都是黏走相生，不丟不頂，我順人背，我得機、得勢，彼不得機、不得勢而出現的。

上述推手技巧只要認真實踐，人人都可有不同程度的進步。但這種推手技巧可說是無止境的，因之可說是一種活到老、學到老的健身防身的技術。

推手雙方功力相等，不容易發揮出這樣的技巧，如果差距大了（例如力量、耐力、速度、靈敏、技巧等相差大了），這種高級技巧就會顯示出來。

「一羽不能加，蠅蟲不能落，人不如我，我獨知人」

這是形容觸覺、內體感覺的靈敏度極高，稍微觸及，便能感覺得到，立即走化。功夫練到技術高了，便能做到：一根雞毛、一隻蒼蠅或一隻小蟲輕輕觸及人體任何部位，都能感覺得到並立即有行動對付；在推手時，便能做到他不知我，我能知他。

「英雄所向無敵，蓋皆由此而及也」

這句說明王宗岳是唯我獨尊的。他生於二百多年前，那時，中國武術家還認為近身搏鬥技巧在戰場上還能發揮決定性的作用。

「斯技旁門甚多，雖勢有區別，概不外壯欺弱，慢讓快耳」

這種拳術技巧的門派是很多的，它們雖然姿勢動作不一樣，但不外乎是力大打力小，手腳快打手腳慢。

「有力打無力，手慢讓手快，是皆先天自然之能，非關學力而有（為）也」

所謂有力打無力，大力勝小力，手快勝手慢，都是先天賦有的本能，不是學出來的。看來，這兩段話，有宗派觀點，有形而上學的論點。說其他拳種是「旁門」，而自己是正門，是正宗，這確是宗派觀念。

力大勝力小，有力打無力，手快打手慢，是一種規律，但力量和速度也不是先天自然之能，也需要學習鍛鍊才能加大力量，加快速度。因此，「非關學力而有（為）也」這句話是錯誤的。

太極拳從名字的含義來講是有柔有剛，有輕有重，有快有慢，既要練習「四兩撥千斤」，又要練習「渾身合下力千斤」，所以單純強調一方面，就有片面性，就是知其一而不知其二了。

「察四兩撥千斤之句，顯非力勝；觀耄耋禦眾之形，快何能為」

察（打手歌）裡有「四兩撥千斤」一句話，顯然不是用大力來勝人；看到年紀耄（意為七八十歲）或耋（意為八九十歲）的人還能應付眾人的圍攻，取得勝利，可是老人體力比較差，動作此較遲鈍，還能禦眾取勝，說明「快」也不一定能取勝。

過去認為《打手歌》是王宗岳的作品，有人從拳論中「察四兩撥千斤之句」的「察」字來判斯《打手歌》是王宗岳以前人的作品，這是很對的。後來核對了陳家溝原有的四句《打手歌》，才斷定現在六句的《打手歌》是經過王宗岳修訂的。

這四句話是強調小力勝大力的技巧作用。

「立如秤準，活如車輪，偏沉則隨，雙重則滯」

始終保持平衡，身法端正，要像秤準一樣；身手圓活如車輪旋轉，不但不受來力，還能把來力拋出去；無論來力多麼直大，要黏著走化，不要頂抗，如果黏著處放鬆走化不受力，這叫做「偏沉」。能做到「偏沉」，就能順

隨，使對方有力也不得力，有力無處用。推手時要避免兩方相抗，如果兩方相抗，不能夠「偏沉則隨」，動作就會滯鈍，結果還是力大者勝力小者。

「**每見數年純功，不能運化者，率皆自為人制，雙重之病未悟耳**」

常常見到勤練太極拳推手多年的人，不能很好領會「懂勁」和「黏隨走化」的道理，往往不能制人，反而被人所制，這都是用力頂抗，犯了「雙重」之病而不自覺所致。

王宗岳這段話是在二百年前講的，那時候太極拳不作為老弱病人練的拳，而是體格強壯者練的拳，他們不懂「雙重」之病，不能制人，大都為人所制。而現在練推手的大都是力量不大的人，基礎薄弱的人，加上不懂「雙重」之病，不懂著法，難怪有些練摔跤的人或練拳又硬又快的人說，一般練太極拳的是豆腐架子。

「**欲避此病，須知陰陽；黏即是走，走即是黏，陽不離陰，陰不離陽；陰陽相濟，方為懂勁**」

要避免這個「用力頂抗，不能走化」的毛病，就要懂得陰陽的變化。陰指柔、虛、輕、合、蓄勢、吸氣等；陽指剛、實、重、開、發勁、呼氣等。

沾連中隨時可以走化，所以黏也是走；走化中隨時可以轉化為沾連，所以走也是黏。有開有合，開中有合，合中有開；有虛有實，虛中有實，實中有虛；這樣虛實、剛柔、開合，變化靈活，才可以使對方顧此失彼，不知所措，應接不暇，處處被動。陽剛不能離開陰柔，陰柔不能離開陽剛。有陰有陽，有虛有實，有柔有剛，陰陽相濟，虛實相互變，柔剛錯綜，才算是懂勁。

「懂勁後，愈練愈精，默識揣摩，漸至從心所欲」

懂勁以後，黏走相生，越練越細巧精密，一面實踐，一面多思考，常常默想捉摸其中道理，學思並用，就能逐漸做到從心所欲，身手更為輕靈，威脅力更大，搭手即能判斷對方力量的大小、長短、動向、快慢，依著何處即從何處反擊。

「本是捨己從人，多誤捨近求遠。所謂差之毫釐，謬之千里。學者不可不詳辨焉。是為論」

推手本來是捨己從人的技巧，順應客觀規律，不自作主張；如果自作主張用固定的手法，逆客觀規律，必然會出現丟、頂、硬撞，不能引進落空，反而引進落實，造成失敗，這是多誤於捨近求遠。差之毫釐，結果是謬之千里。

練拳、推手也是這樣，學的人要詳細辨別這個道理。

十六、馮志強「纏絲行功歌」

太極亂環應求精，上下相隨妙無窮。
引彼深入亂環內，四兩可撥千斤動。
手腳齊動橫有豎，縱放屈伸不露形。
纏絲靠法是真訣，左顧右盼莫丟頂。
三節發力螺旋勁，精神領起勢要驚。
式式中定混元氣，引進落空箭出弓。
上驚下取君須記，乘虛巧取任意行。
閃展騰挪扳山力，哼哈二氣顯神通。
欲知環中法何在，發環落點即成功。

附錄 民間流傳太極拳拳論技法節選

文者體也，武者用也。文功在
武用於精氣神也，為之文體。武功
得文體於心身也，為之武事⋯⋯

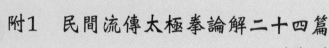

附1 民間流傳太極拳論解二十四篇

（僅供參考）

一、太極力、氣解

氣走於膜、絡、筋、脈；力出於血肉皮骨。故有力者，皆外壯於皮骨，形也；有氣者，內壯於筋脈，象也。氣血功於內壯，血氣功於外壯。要之，明於氣、血二字之功能，自知力、氣之由來矣。氣力之即以然，自知之，則能用力行氣。分別行氣於筋脈，用力於皮骨，大不相侔也。

有氣無力，無氣純剛。有氣為勁，無氣為力。勁則剛柔相濟，力則硬直。

二、太極正功解

太極者，圓也。無論內外、上下、左右，不離此圓也。太極者，方也。無論內外、上下、左右，不離此方也。

夫圓者出入，方者進退，隨方就圓之往來也。方為開展，圓為緊湊，方圓規矩之至，其孰能出此以外哉。

如此，得心應手，仰高鑽堅，神乎其神；其隱顯微，明而且明，生生不已，欲罷不能也。

三、太極拳體用解

理為精、氣、神之體，精、氣、神為身之體。身為心之用，勁為身之用。身心有一定之主宰者，理也；精、氣、神有一定之主宰者，意誠也。理者天道，意誠為人道，皆不外意念須臾之間。要知天人同體之理，自得日月流星之氣。其意氣之流行，精神自隱微乎理矣。夫而後言乃武，乃文，乃聖，乃神則得矣。若特以武事論之於身心，用之於勁力，仍歸於道之本也，故不得獨以末技云爾。勁由於筋，力由於骨。如以持物言之，有力能執數百斤，是骨節毛皮之外操也，故有硬力。如以全體之有勁，似不能持幾斤，是精氣之內壯也。雖然若是，功成後猶有妙出於硬力者，修身，體育之道有然也。

四、太極懂勁解

自己懂勁，階（接）及神明，為之文成。而後採戰身中之陰七十有二，無時不然。陽得其陰，水火既濟，乾坤交泰，性命保真矣。於人懂勁，視聽之際，遇而變化，自得曲成之妙，形諸神明，不勞運動知覺也。功至此，可謂取往咸宜無須有心之運用乎。

五、太極平準腰頂解

頂為準，故曰「頂頭懸」也。兩手即平左右之盤也。腰即平之根株也。「立如平準」，所謂輕重浮沉，分釐絲

毫則偏，顯然矣。

有準，頂頭懸。腰之根株，即下尾閭至命門為一垂線。歌曰：上下一條線，全憑兩手轉，變換取分毫，尺寸自己辨。「車輪兩命門，大纛（古代軍旗）搖又轉；心令氣旗使，自然隨我便」。滿身輕利者，金剛羅漢練。對待有往來，是早或是晚；合則即發去，不必凌霄箭；涵養有多少，一氣呵而遠。口授須秘傳，開門見中天。

六、太極四隅解

四正即四方也，所謂掤捋擠按也。初不知方能使圓，方圓復始之理無已，焉能避出隅之手哉！緣人外之肢體，內之神氣，弗辨輕靈方圓四正之功，始出輕重浮沉之病，則有隅矣。譬如：半重偏重滯而不正，自然為採挒肘靠之隅手。或雙重填實，亦出隅手也。病多之手不得已以隅手扶之而歸園中方正之手。雖然，至底者，肘靠亦由此以補其所以云爾。然即功夫能致上乘者，亦須獲採挒之功，而使之歸大中至正矣。

是則四隅之所以為用者，乃因失體而補缺云云。

七、太極膜、脈、筋、穴解

節膜、拿脈、抓筋、閉穴，此四者，功由尺寸分毫得之，後而求之。膜若節之，血不周流；脈若拿之，氣難行走；筋若抓之，身無主地；穴若閉之，神昏氣暗。

節膜、抓筋之半死；單脈拿之似亡；單筋抓之勁斷；

死穴閉之無生。

總之，氣血精神若無，身何有主地。如能節拿抓閉之功，非得真傳不可能也。

八、太極尺寸分毫解

功夫先練開展，後練緊湊。開展成而得之，才講緊湊；緊湊得成，才講尺寸分毫。由尺進之成功，而後才能寸進、分進、毫進，此所謂尺寸分毫之理也，明矣。

然尺必十寸，寸必十分，分必十毫，其數在焉。故曰對待者，數也。知其數，則能得尺寸分毫。然雖知其數，苟非秘授，安能量之哉；分毫內即有點穴功也。

九、太極輕重浮沉解

雙重為病，病於填實，與沉不同也。雙沉不為病，自爾騰虛，與重不一也。雙浮為病，抵如縹緲，與輕不同也。雙輕不為病，天然輕靈，與浮不等也。

半輕半重不為病，偏輕偏重為病。半者，半有著落也，所以不為病。偏者，偏無著落也，所以為病。偏無著落，必失方圓。半有著落，豈出方圓。半浮半沉為病，失於不及也。偏浮偏沉，失於太過也。半重偏重，滯而不正也。半輕偏輕，靈而不方也。半沉偏沉，虛而不正也。半浮偏浮，茫而不圓也。

夫雙輕不近於浮，則為輕靈。雙沉不近於重，則為離虛。故曰為上手輕重半有著落，則為平手。除此三者之

外，皆為病手。蓋內之虛靈不昧，自能治於外，氣之清明，流行乎肢體也。若不窮研輕重浮沉之手，徒勞倔并不及泉之嘆耳。然有方圓四正之手，表裡精粗無不到，則自太極大成。又何慮四隅出方圓矣。所謂「方而圓」「圓而方」，超乎象外，得其寰中之上手也。

十、太極文武解

文者體也，武者用也。文功在武用於精氣神也，為之文體。武功得文體於心身也，為之武事。夫文武猶有火候之謂，文武使於對待之際，在舒捲得其時中，文體之本也。在蓄發當其可者，武事之根也。故曰：武事文為，柔軟體操也。精氣神之筋勁，武事武用，剛硬武事也。心身之骨氣也。文無武之預備，為之有體無用；武無文之侶伴，為之有用無體。如獨木難支，孤掌難鳴。不唯文體武事之功，事事諸如此理也。文者內理也，武事外數也。有外數無內理，必為血氣之勇，失於本來面目也，欺敵必敗。內有文理無外數，徒思安靜之學，未知「用」以採戰，差微則亡耳。文武二字豈可而不解哉。

十一、太極下乘武事解

太極之武事，外操柔軟，內含堅剛。常求柔軟之於外，久而久之，自得內之堅剛。非有心堅剛，實有心之柔軟也。所難者，內要含蓄堅剛而不施於外，終柔軟。而迎敵，以柔軟而應堅剛，使堅剛盡化無有矣。

其功何以得乎？要非沾黏連隨之功已成，自得運動知覺，方為懂勁。而後神而明之，化境極矣。夫四兩撥千斤之妙，功不及化境，將何以能是。所謂懂勁，由沾黏連隨得其視聽輕靈之功耳。

十二、太極懂勁先後論解

夫未懂勁之先，常出頂偏丟抗之病。即懂勁之後，恐出斷接仰俯之病。然未懂勁故然病易出，勁即懂何以出病手？緣勁似懂非懂之際，正在兩可，斷接無準，故出病。神明及又未及，俯仰無著，亦出病。若不出斷接俯仰之病，非真懂勁弗能不出也。故為真懂，因視聽有由，即得其確也。知眇、瞻、顧、盼之視覺，起、落、緩、急之聽覺，閃、還、撩、了之運覺，轉換進退之動，則為真懂勁。而後則能階及神明，攸往有由矣。

有由者，由於懂勁，自得屈伸動靜之妙。有屈伸動靜之妙，開合升降又有由矣。由屈伸動靜，見入則開，遇出則合，看來則降，就去則升，夫而後才為真及神明也，明呼此豈可日後不慎於行坐臥走，飲食溺涵之功有關，以協進其效，是則所謂及中成大成也哉。

十三、太極節拿抓閉尺寸分毫解

對待之功，即得尺寸分毫於手，則可量之矣。然而，論節拿抓閉之手易，若節膜、拿脈、抓筋、閉穴則難，非自尺寸分毫量之不可得也。節不量，由按可得膜；拿不

量，由摩而得脈；抓不得量，由推而得筋；閉非量不能得其穴；由尺盈而縮之寸分毫也。此四者，雖有高授，然非自己功夫久者，無能貫通焉。

十四、太極拳表解

1. 主旨

以心行氣——意到氣亦到。務令沉著，久則內勁增長。但非格外行氣。

以氣運身——氣動身亦動。氣要順隨，則身能便利從心。

神宜內斂，氣宜鼓盪——此有不許硬壓丹田之意。足見氣沉丹田，亦當徐徐行之。

氣宜直養而無害——養先天之氣。養氣則順乎自然，故無有窮盡。非運後天之氣，運氣則流弊增大，是有窮盡。

2. 周身宜輕靈

輕——以心意為主。如拳之微微一動，便作一舉想。如無意識續示，即不再進，方謂之真輕。

靈——如手由低處舉高處，做無數一舉想，而才有隨意變化之妙，方謂之真靈。

心為令——如有主帥發令。心為主帥，身為驅使；精神能提得起，自然舉動輕靈。如喚手足開時，心意與之俱開；合時，心意與之俱合。內外一氣，渾然無間，則其動猶靜也，即能得到虛靜的境界。

氣為旗——如表示其令之旗。又氣如車輪。

腰為纛——如使旗中正不偏。又腰如軸。腰為一身樞紐，腰動則先天之氣如車輪旋轉，氣遍全身而不滯。蓋無處不隨腰動圓轉。

3.姿　勢

總根於腳，發於腿，主宰於腰，形於手指。由腳而腿、而腰、而手，宜上下相隨，完整一氣。其貫串一氣處，所謂「運動如抽絲，邁步如貓行」，進腿自然得機得勢。但用意不用力，始終綿綿不斷，週而復始，循環無窮，如長江大河滔滔不絕。故太極拳稱「長拳」。

若有一處不貫串則斷。斷則舊力已盡，新力未生之際，最易為人所乘，故曰「勿使有凸凹處，無使有斷續處」。有一不動，則必至散亂。如手動而腰腿不動，則手愈有力，身愈散亂。蓋虛實變化，皆由腰轉動，故曰：「命意源頭在腰隙。」初學者，宜先求其開展，使腰腿皆動，無微不動。然皆是意，所謂「內外相合，上下相隨」。又謂「一動無有不動，一靜無有不靜」。如是，則於肢腰任何部分，皆無偏重之虞。

步法——分虛實。虛步以能隨意起落為度。實步，即彎腿而不伸直。如全身皆坐在右腿，則右腿為實，左腿為虛。坐左亦然。如是方能轉換輕靈，毫不費力。否則，邁步重滯，自主不穩。又須做「川字步」，即當兩足開步立時，足尖，俱宜向前。

軀幹——含摺疊。即往復所變之虛實，外看雖似未動，其中已有摺疊，有轉換。進退，必須變化步法，故雖

退仍是進。

含胸——胸略內含。含使氣沉丹田。否則，氣湧胸際，上重下輕，腳跟易浮。

拔背——使氣貼於背。有蓄機待勢之功。

中樞——虛靈頂勁。頭容正直，神貫於頂，謂之頂勁。須有虛靈自然之意。不可用力，名「頂頭懸」。

尾閭中正——謂頭頂如懸空中，同時宜閉口，舌抵上齶。忌咬牙怒目。尾閭宜正，否則脊柱先受影響，精神亦難於上達。

立身——中正（由於中樞之姿勢正確），安適（由於周身鬆勁），穩如泰山。

4. 鬆　靜

兩臂鬆——沉肩。使兩臂鬆開下垂，以為沉氣之助。否則，兩肩端起，氣易上浮，全身皆不得力。

墜肘—使兩肘有向下鬆垂之意，以為沉氣之助。否則肩不能沉，近於外家之斷勁。手指亦宜鬆展，指拳須鬆，庶幾全身悉任自然之旨。又手掌表示前推時，手心微有凸意，為引申力勁之助。但勿用力。

腰鬆——腰鬆則氣自下沉。能使兩足有力，下盤穩固。上下、虛實，有不得力處，全恃腰部轉動合宜，以資補救其感覺靈敏，轉動便利。蹲身時，注意垂臂，忌外突。

全身鬆——全身鬆開方能沉著。因是不致有分毫拙勁留滯，以自束縛，自然輕變化，圓轉自如。

鬆勁總說——周身無處不鬆靜，即在用意而不用

力。意之所指，氣即至焉；氣之所至，身即動焉。如是，則氣血流注全身，略無停滯，所謂「意氣能換得靈，乃有圓活之趣」。且欲沉著，必須鬆靜，故曰「沉而不浮，靜如山岳；周流不息，動若江河」。

5. 應　用

太極拳全用柔勁，具伸縮性，虛實故宜分清，全觀來勢而定。彼實則我虛，彼虛則我實；實者忽虛，虛者忽實，反覆無端。彼不知我，我能知彼，則吾發勁無不勝者。欲探其妙，須明瞭用勁之法。曰黏，曰走。走以化敵；黏則制敵，二者互相為用。黏則不丟，走亦不頂。不丟者，不離；不頂者，不抗。黏勁即走勁，合而用之化勁。走主退，黏主進，進退相濟，不離、不抗方為懂勁。

所謂「彼不動，己不動；彼微動，己先動」。彼屈則我伸，彼伸則我屈，忽隱忽顯，變化莫測。勁之動作，俱作圈形。一圈之中，即含有無數走、黏，不外一順序。我順彼背，故有「四兩撥千斤」之句。

十五、太極血氣根本解

血為營，氣為衛。血流行於肉、膜、絡；氣流行於骨、筋、脈。甲為骨之餘，髮毛為血之餘。血旺則髮毛盛，氣足則筋甲壯。故血氣之勇，力出於骨，皮毛之外壯；氣血之體用，出於肉、筋之內壯。

氣以血之盈虛，血以氣之消長。消長、盈虛，週而復始，終身用之不能盡者也。

十六、審敵法

與人對敵，先觀其體大小，如身體大，必有莽力，我以巧應之；如其身體瘦小，必巧我以力攻之。此謂遇弱者力取，遇強者智取。

無論其人大小，如彼高勢，我可以低勢；如彼低勢，我可以高勢，此謂高低陰陽之法也。

欲觀敵人之動作，先觀其眼目情形，次觀其身手。如敵想用拳打，先觀其肩尖必凸起，或觀其後撤。如敵欲用腳蹬，其身必先昃。理之所在以定情形。如能先知，何其不勝。如敵喜色交手，我以柔化之；如敵怒目突來，其心不善，我用力十分擊之。此為出乎爾者，反乎爾者。望敵無怒，練太極拳的人，先禮後兵。

與人對敵，出手快慢不等。如敵手慢，我使沾黏連隨手；如敵手快、亂打，我心要靜，膽要壯，觀其最後來近之手，我專注一方；或左右化之而還擊。

常言：不慌不忙，順手牽羊。為太極「動急則急應，動緩則緩隨」之理。

與人對敵，其法不一，如敵來近、上搭手、下進步，走即黏、黏即走。如敵竄躍為能，不敢來近，我以十三勢擇一勢等之；不要遂其竄躍，如虎待鹿之理。敵為卦外之行走，我為太極之中點。我注靜。穩也；敵之動，躁也，躁火上升而不能忍，十分鐘定來攻擊，此為相生相剋，敵不難而入內圈矣。此太極生兩儀、四象、八卦，定而不可移也。

太極用功法有三：分天盤、人盤、地盤。先練順，次

練勁，後練巧；先開展，後緊湊。如此練法，然後可用矣。

十七、太極拳練法（一）

不強用力，以心行氣。
步如貓行，上下相隨。
呼吸自然，一線串成。
變換在腰，氣行四肢（梢）。
分清虛實，圓轉如意。

十八、太極拳練法（二）

以心行氣，不用拙力；純任自然，筋骨鮮（先）折曲之苦，皮毛無磋磨之勞。不用力，何能有力？

蓋太極練功，沉肩墜肘，氣沉丹田。氣能入丹田，為氣總機關，由此分運四肢百骸。以氣周流全身，意到氣到。練到此地位，其力不可限量矣。先師云：「極柔軟，然後極堅剛。」蓋此意也。

十九、太極拳指明法

用力不對，不用力不對，綿而有剛對。丟不對，頂不對，不丟不頂對。黏不對，不黏不對，不即不離對。浮不對，重不對，輕靈鬆活對。膽大不對，膽小不對，膽要壯心要細對。打人不對，不打人不對，將敵制心服對。

二十、八法

掤：向上托起的意思。在搭手時，逆著對方的勁承而向上，使對方之勁不得下降。如用之得法，可將對方掀起。

捋：在搭手時，對方向我擠，則我可向後下方捋。如用之得法，可引對方先前傾倒。

擠：是以手臂擠對方，使之無法動彈，然後將對方擠出去。

按：凡遇對方擠時，隨即含胸拔背，鬆腰下沉，用手下按，以破彼前擠之勢。

採：不管對方之力怎樣攻，均可採而化解，然後擇其弱而攻之。

挒：凡是轉移對方之力而進攻其身者，都叫挒勢。因敵由側方攻之，則必能以小力取勝。

肘：用肘攻，必由曲使方能奏效。太極拳用此法甚多。

靠：用靠必須接近敵身，但須在時機合適時用之，不可輕用。

二十一、研手法（一）

筋骨要鬆，皮毛要攻。
節節貫串，虛靈在中。

二十二、研手法（二）

舉步輕靈神內斂：

舉步周身要輕靈，尤須貫穿；氣宜鼓盪，神宜內斂。

莫叫斷續一氣研：

勿使有凹凸處，勿使有斷續處。其根在腳，發於腿，主宰於腰，形於手指，由腳而腿、而腰，總須完整一氣。向前退後，乃得機得勢，有不得機得勢處，其病必於腰腿間求之。

左宜右有虛實處：

虛實宜分清楚，一處自有一處虛實，處處總此一處虛實。上下、前後、左右皆然。

意上寓下後天還：

凡此皆是意，不在外面。有上即有下，有前即有後，有左即有右。如意要向上，即寓下意。若將物掀起，而後以挫之力，則其根自斷，必其壞之速而無疑。總之，周身節節貫串，勿令絲毫間斷耳。

二十三、太極拳陰陽論剛柔

太極——是動則為剛，靜則為柔；開者為剛，合者為柔。陽為剛，陰為柔。

太極拳——是發勁為剛，蓄勁為柔；放為剛，運為柔。陽為剛，陰為柔。總之，太極不離陰陽；太極拳不離剛柔。陽者為剛，陰者為柔。

太極是陽不離陰，陰不離陽，陰陽相悖。太極拳是剛

不離柔，柔不離剛，剛柔相濟。

二十四、練太極拳要有恆心

打太極拳必須要有恆心。就是對太極拳要有恆心，有決心，有耐力，持之以恆。要天天鍛鍊，無論寒暑風雪，從不間斷，天長日久自能心領神會，悟到拳中奧妙。如果三心二意、朝三暮四、一曝十寒中間斷，就會徒勞無益，貽誤終身。

有道是：「一日練拳，一日功；一日不練，十日空。」「千遍萬遍重複練，攻到熟時巧自生。」「披星戴月三更天，晨起習練太極拳。練拳辛苦苦中樂，心寬體健養天年。」

附2 太極拳拳論歌訣三十二首（僅供參考）

一、八法秘訣

（1）掤勁意何解？

如水負舟行。先實丹田氣，次須頂頭懸；全身彈簧勁，開合一定向；任有千斤重，飄浮亦不難。

（2）捋勁意何解？

引人使之前。順其來勢力，輕靈不丟頂；力盡自然空，丟擊任自然；重心自維持，莫為他人乘。

（3）擠勁意何解？

用肘有兩方。直接單純意，迎合一動中；間接反應力，如球撞壁還；又如錢投鼓，躍然聲鏗鏘。

（4）按勁意何解？

運用如水行。柔中猶寓剛，急發勢難當；遇高則膨滿，逢窪向下潛；波浪有起伏，有孔無不入。

（5）採勁意何解？

如權之引衡。任爾力鉅細，權後知輕重；牽動只四兩，千斤亦可平；若問理何在？槓桿之作用。

（6）挒勁意何解？

旋轉如飛輪。投物於其上，脫然擲丈尋；君不見漩渦，浪捲如旋紋；落葉墜其上，忽然便沉淪。

（7）肘勁意何解？

方法有五行。陰陽分上下，虛實須辨清；連環勢莫當，開花捶更凶；六勁融通後，運用始無窮。

（8）靠勁意何解？

其法肩、背、胸。斜行勢用肩，肩中亦有背；一旦得機勢，轟然如山崩；仔細維重心，失中徒無功。

二、亂環訣

亂環術法最難通，上下隨合妙無窮；
陷敵深入亂環內，四兩千斤著法成。
手腳齊進橫豎找，掌中亂環落不空；
欲知環中法何在，發落點對即成功。

三、打手四字訣

沾、黏、連、隨：
沾者，留戀繾綣之謂也；
黏者，提上拔高之謂也；
連者，捨己勿離之謂也；
隨者，彼走此應之謂也。
要知人之知覺運動，非明沾黏連隨不可。斯沾黏連隨之功夫，亦甚細矣。

四、打手四病訣

頂、偏、丟、抗：
頂者，出頭之謂也；
偏者，不及之謂也；
丟者，離開之謂也；
抗者，太過之謂也。
　　要知於此四字之病不明，不但沾黏連隨之攻亦斷，亦不明知覺運動也。初學打手，不可不知也。所難者，沾黏連隨，即不許頂偏丟抗，是所不易也。

五、十三勢行功訣

　　掤手兩臂要圓撐，動靜虛實任意攻。
　　搭手捋開擠掌使，敵欲還著勢難逞。
　　按手用著似傾倒，二把採住不放鬆。
　　來手凶猛挒手用，肘靠隨時任意行。
　　進退反側應機走，何怕敵人藝業精。
　　遇敵上前迫近打，顧往三前盼七星。
　　敵人逼近來打我，閃開正中定橫中。
　　太極十三勢中法，精意揣摩妙更生。

六、十三勢用功訣

　　逢手遇掤莫入盤，沾黏不離得著難。
　　避掤要上採挒法，二把得實無急緩。

按定四正隅方變，觸手即占先上先。
捋擠二法乘機使，肘靠攻在腳跟前。
遇機得勢進退走，三前七星顧盼間。
周身實力意中定，聽探順化神氣關。
見實不上得攻手，何日功夫是體全？
操練不按體中用，修到終期藝精難。

七、十八在字訣

掤在兩臂，捋在掌中，擠在手背，按在腰攻；
採在十指，挒在兩肱，肘在曲使，靠在肩胸；
進在雲手，退在轉肱，顧在雲前，盼在背鬃；
望在有隙，勝在縱橫，滯在雙重，通在輕靈；
虛在當守，實在必中。

八、八字法訣

（一）

三換兩捋一擠按，搭手遇掤莫讓先。
柔中有剛攻不破，剛中無柔不為堅。
避人攻守走採挒，力在驚彈走螺旋。
逞勢進去貼身肘，肩胯膝打靠為先。

（二）

三換兩採一擠按，搭手遇掤莫讓先。
柔中有剛攻不破，剛中無柔不為堅。
避人攻守五行體，七星八卦用為先。

妙在全憑能借力，引進落空奧無邊。

九、五字經訣

彼從側方入，閃展無全空。
擔化對方力，搓磨試其功。
歙含力蓄使，沾黏不離宗。
隨進隨退走，拘意莫放鬆。
拿閉敵血脈，扳挽順勢封。
軟非用拙力，掤臂要圓撐。
摟進圓活力，催堅戳敵鋒。
掩護敵猛入，撮點致命攻。
墜走牽挽勢，繼續無失空。
擠他虛實現，攤開即成功。

十、陰陽訣

太極陰陽少人修，吞吐開合問剛柔；
正隅收放任君走，動靜變化不須愁；
生剋二法隨著用，閃進全在動中求；
輕重虛實怎的是？重裡顯輕勿稍留。

十一、虛實訣

虛虛實實神會中，虛實實虛手行功；
練拳不懂虛實理，枉費功夫終無成；

虛守實發掌中竅，中實不發藝難精；
虛實自有虛實在，虛虛實實攻不空。

十二、推手八法要訣

八法須認真，四正為根本。
兩臂莫平行，上下緊相跟。
掤撐圓而沉，捋抱順且韌。
擠排化在先，按推勁要整。
採拿須拔根，挒驚務相稱。
肘屈勿輕使，靠崩必貼身。

十三、二十字訣

彼閃擔搓歉，黏隨拘拿扳。
軟掤摟摧掩，撮墜續擠攤。

十四、「太極拳譜譯義」歌訣七首

（一）

順項貫頂兩膀鬆，束烈下氣把襠撐；
胃音開勁兩捶爭，五趾抓地上彎弓。

（二）

舉步輕靈神內斂，莫叫斷續一氣研，
左宜右有虛實處，意上寓下後天還。

（三）

拿住丹田練內勁，哼哈二氣妙無窮。

動分靜合屈伸就，緩應急隨理貫通。

（四）

忽隱忽現進則長，一羽不加至道藏。

手快手慢皆非似，四兩撥千運化良。

（五）

掤捋擠按四正方，採挒肘靠斜角成。

乾坤震兌乃八卦，進退顧盼定五行。

長拳者，如長江大河，滔滔不絕也。

（六）

十三勢者，掤、捋、擠、按，採、挒、肘、靠，此八卦也。進步、退步、左顧、右盼、中定，此五行也。合而言之，曰十三勢。掤、捋、擠、按，即坎、離、震、兌，四正方也。採、挒、肘、靠，即乾、坤、艮、巽四斜方也。進、退、顧、盼、定，即金、木、水、火、土也。

（七）

極柔即剛極虛靈，運若抽絲處處明；

開展緊湊乃縝密，待機而動如貓行。

十五、十三勢歌

十三總勢莫輕視，命意源頭在腰隙。

變轉虛實須留意，氣遍身軀不少滯。

靜中觸動動猶靜，因敵變化示神奇。

勢勢揆心須用意，得來不覺費功夫。

刻刻留心在腰間，腹內鬆靜氣騰然。
尾閭中正神貫頂，滿身輕利頂頭懸。
仔細留心向推求，屈伸開合聽自由。
入門引路須口授，功夫無息法自休。
若言體用何為準，意氣君來骨肉臣。
詳推用意終何在，益壽延年不老春。
歌兮歌兮百四十，字字真切義無遺。
若不向此推求去，枉費功夫貽嘆息。

十六、太極拳走架打手白話歌

太極之拳技法精，妙處全憑常用功。
站立周身要中正，按定身法做得成。
鬆肩沉肘須下勢，裹襠護臀在前胸。
提頂吊襠上承意，含胸拔背自然能。
初學走架逐日練，虛實開合分得清。
兩手從腰間拿起，前手拿到與臉平。
後手護心在胸前，虛靈頂勁身居中。
全身下勢須坐腿，一動一靜陰陽明。
兩膊支撐從腰動，身成一家無散形。
上下相連活無滯，二人再練推手功。
彼此進退跟隨動，無窮變化在腰中。
手尖莫把腳尖過，內有彈勁發人輕。
四正四隅合是意，不丟不頂隨著行。
捨己從人樞紐動，引進落空神妙靈。
發人全使腳跟勁，主宰在腰兩膊騰。

不先不後技術明，不知不覺藝成功。

十七、口頭流傳打手歌

（一）

掤捋擠按須認真，上下相隨人難進，
任他巨力來打我，牽動四倆撥千斤。
引進落空合即出，沾黏連隨不丟頂。

（二）

掤捋擠按須認真，引進落空任人侵；
周身相隨人難進，四兩化動八千斤。

十八、授秘歌（「先天拳」「長拳」歌訣）

無形無象（忘其有己）；全身透空（內外如一）；
忘物自然（隨心所欲）；西山懸馨（海闊天空）；
虎吼猿蹄（鍛鍊陰精）；泉清水靜（心死神活）；
翻江倒海（元氣流動）；盡性立命（神定氣足）。

十九、八字歌

掤捋擠按世間希，十個藝人十不知。
若能輕靈並堅硬，沾黏連隨俱無疑。
採挒肘靠更出奇，行之不用費心思。
果能沾黏連隨字，得其環中不支離。

二十、太極人盤八字歌

八卦正隅八字歌，十三之數知幾何？
幾何若是無平準，丟了腰頂氣嘆哦。
「不斷」要言只兩字，君臣骨肉細琢磨。
功夫內外均不斷，對待之數豈能錯。
對待於人出自然，由茲往復於地天。
但求捨已無深病，上下進退永連綿。

二十一、打穴歌

身似弓兮勁似弦，穴如的兮手如箭。
按時揆兮須肘正，千萬莫要與穴偏。

二十二、十六關要論

蹬之於足，行之於腿，縱之於膝；活潑於腰，
靈通於背，神通於頂；流行於氣，運之於掌，
通之於指，斂之於髓；達之於神，凝之於耳，
息之於鼻，呼吸於口；往來於腹，渾噩一身，
全身發之於毛。

二十三、「三十七」心會論

腰脊為第一之主宰，
猴頭為第二之主宰，

心地為第三之主宰；
丹田為第一之賓輔，
掌指為第二之賓輔，
足掌為第三之賓輔。

二十四、「三十七」周身大用論

一要心性與意靜，自然無處不輕靈；
二要遍體氣流行，一定繼續不能停；
三要猴頭永不拋，問盡天下眾英豪；
如問大用緣何用？表裡精粗無不到。

二十五、八法八要

掤要撐，捋要輕，擠要橫，按要攻；
採要實，挒要驚，肘要衝，靠要崩。

二十六、手足篇

手要毒，眼要奸，腳踏中門襠中鑽。
眼有鑑察之精，手有撥轉之能，腳有行體之功。
兩肘不離肋，兩手不離心；
乘其無備而攻之，出其不意而去之。
腳起而鑽，腳落而翻，不鑽不翻，以寸為先。
肩要催肘，肘要催手，腰要催胯，胯要催膝，膝要催足。其深察之。

二十七、約言

順人之勢，借人之力，接人之勁，待人之巧。

二十八、五字經

雙重行不通，單重道成功，單雙皆非是，勝在掌握中。
在意不在力，走重不走輕，輕重終何在？蓄意始可行。
遇力得相牽，千斤四兩成，遇橫單重守，斜角成方形。
踩定中門位，前足奪後踵，後足從前印，放手即成功。
趁勢側方入，成功本無情，輾轉急要快，力定在腰中。
捨直取橫過，得橫便正中，去留隨意走，變化何為窮。
貪謙皆非是，丟捨難成名，武術無善作，含形誰知情。
情同形異理，方為武道宏，術中陰陽道，妙在五言中。

二十九、太極進退不已功

掤進将退自然理，陰陽水火相既濟。
先知四手得來真，採挒肘靠方可許。
四隅從此演出來，十三架式永不已。
任君開展與收斂，千萬不可離太極。

三十、太極圈

退圈容易進圈難，不離腰頂後與前。
所難中土不離位，退易進難仔細研。

此為運動非站定，倚身進退並比肩。
能如水磨催緩急，云龍鳳虎象周全。
要用天盤從此覓，久而久之出天然。

三十一、太極上下名天地

四手上下分天地，採挒肘靠有由去。
採天靠地相應求，何患上下不既濟。
若使挒肘習遠離，迷了乾坤遺嘆息。
此說亦名天地盤，進用肘挒歸人字。

三十二、身形腰頂

身形腰頂豈可無，缺一何必費功夫。
腰頂窮研生不已，身形順我自伸舒。
捨此真理終何及，十年數載亦糊塗。

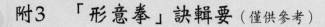

附3 「形意拳」訣輯要（僅供參考）

起為鑽，落為翻。起為橫之始，鑽為橫之終，落為順之始，翻為順之終。起橫不見橫，落順不見順。起是去，落是打。起亦打，落亦打。起落如水之翻浪，方是真起落也。

肘不離肋，手不離心，出洞入洞緊隨身。手起如鋼銼，手落如釣竿。起如箭，落如風，追風趕月不放鬆；起如風，落如箭，打倒還嫌慢。起勢如崩牆倒，落地如樹栽根。

打法定要先上身，手腳齊到方為真。拳如烈炮龍折腰，遇敵好似火燒身。

起無形，落無蹤；手似毒箭，身如反弓。

足打七分手打三，五行四梢要齊全，氣隨心意隨時用，硬打硬進無遮攔。

拳打三節不見形，若見形影不為能。手到腳不到，打人不得妙，手到腳也到，打人如薅草。拳不空回，空回非奇拳。拳打人不知。

遠了便上手，近來便加肘；遠了用腳踢，近了便用膝。

進退旋轉活妙靈，五行動如雷鳴。風吹浮雲散，雨打沉灰淨。五行合一體，放膽即成功。

與敵相交，不可拘使成法，須相敵之情形而用之。交

勇者不可思誤，思誤者寸步難行。

心猿已動，拳勢始用。剛柔虛實，開合起落。能在一思進，莫在一思存；能在一氣先，莫在一氣後。

神氣要舒展不拘，運用要圓活不滯。清虛其心，輕鬆其體。乘其無備而攻之，尤其不意而出之。進即閃，閃即進，不必遠求。

拳無拳，意無意，無意之中是真意。

不招不架，只是一下；犯了招架，便有十下。

頭打起意占中央，渾身齊到人難當；腳踩中門奪地位，就是神仙也難防。

肩肋一陰反一陽，兩手只在洞中藏；左右全憑蓋勢取，縮長二字一命亡。

肘打幾處人不明，好似猛虎出木籠；和身輾轉不停勢，左右暗撥任意行。

手打起意在胸膛，其勢好似虎撲羊；黏實用力須展放，兩肘只在肋下藏。

胯打陰陽左右便，兩足交換須自然；外胯好似魚打挺，裡胯藏步變勢難。

膝打要害能致命，兩手空晃擾上中；妙訣勸君勤習練，強身勝敵樂無窮。

腳打踩意不落空，消息全憑後腳蹬；蓄意須防被敵覺，起勢好似捲地風。

附4　「八卦掌」訣輯要（僅供參考）

八能：搬、攔、截、推、托、扣、帶、領。

四德：順、逆、和、化。

九要：塌、扣、提、頂、裹、鬆、垂、縮、起鑽落翻分明。

三害：努氣、拙力、腆胸提腹。

八卦掌虛實論

出手有虛有實，虛亦可實，實亦可虛。虛手如己及敵身，即可實打；實手如敵避開或制住，即須變虛，另發它著。故發著不可先發力，須貼敵身，方可貫力。

力應是活勁，不可用死力。須一發即回，如此則勁常蓄，隨意變用。若盡力發出，則手足皆滯笨而不善變矣，自易為敵所制。

八卦掌的三個鍛鍊步驟

一、是定架子

二、是活架子

三、是變架子

第一步：一定要先練定架子，這是八卦掌打基礎的步

驟。定架子就是亦步亦趨,慢慢地、規規矩矩地按八卦掌
的動作練習,不能貪快。

第二步:練活架子,活架子是步法不停地練走。換式
時,不要把步法停住,應迅速向前邁出去,每次都如此換
步,就完全變成活步法。八卦掌的活架子,走起來如游
龍,如飛鳳,妖妖嬈嬈,飄飄蕩蕩,非常美觀好看。

第三步:練變架子。變架子是隨意變化,有時把第一
掌放在最後,有時把第八掌作第二掌,有時把第四掌作第
二掌練,這樣隨意穿插進行練習,就可以千變萬化,無窮
無盡,變化萬端。

八卦掌歌訣摘錄

胸期空兮氣須沉,背緊肩垂臂前伸;
氣到丹田縮穀道,直撥巔頂貫精神。
用時最要是精神,精神煥發耳目真;
任憑他人飛燕手,蟻鳴我聽龍虎吟。
力要剛兮更要柔,剛柔偏重力難收;
過剛必折真物理,優柔太甚等於休。
剛在先兮柔後藏,柔在先兮剛後張;
他人之柔腰與手,我則吸腰步穩揚。
只會使力不會存,力過猶如箭離弦;
不但無功卻有害,輕輸重折且失身。
力要足兮著要準,即或使空三不紊;
著套著兮無窮極,精神法術在手純。
力足發自筋與骨,骨中出硬筋須隨;

足根大筋運腦脊，發勁跟步力能催。
步法動時腰先提，收縮合宜顯神奇；
足欲動兮腰不動，跟蹌邁步慢時機。
未曾動梢先動根，手快不如半步根；
進退出入只半步，制手避著而安神。
眼到手到腰腿到，心真神真力又真；
三真四到合一處，防己有餘能制人。
打人須憑膀為根，膀在肩端不全伸；
攻欲進時進前步，先進合步枉勞神。
掌使一面不為功，至少仍須兩面攻；
一橫一直三角手，使人如在我懷中。
他不來時我叫來，他前來時我化開；
不必身避憑身取，步步不離二胯哉。
穿梭直入勢難停，先發制人顯他能；
若遇此手接連根，不如跨步側身靈。
此掌與人大不同，未擊西兮先聲東；
指上打下誰得知，捲珠倒流更神通。
高打矮兮矮打高，斜打胖兮不須搖；
前遇瘦長憑將帶，年邁無功上下瞧。
八卦之手不進拿，我拿人兮我也差；
設前人多不方便，直出直入亦堪垮。
多少拿法莫垮技，二手拿一力固奇；
任他神拿怕過頂，穿鼻刺目勢難敵。
對禦眾敵相法先，未曾進步退當然；
退當審勢知變化，以逸待勞四兩牽。

八卦掌的鍛鍊方法

順項提頂，溜臀收肛；鬆肩沉肘，實腹暢胸；滾鑽爭裹，奇正相生；龍形猴相，虎坐鷹翻；擰旋走轉，蹬腳摩脛；曲腿蹚泥，足心涵空；起平落扣，連環縱橫；腰如軸立，手似輪行；指分掌凹，擺肱平肩；椿如山岳，步似水中；火上水下，水重火輕；意如飄旗，又似點燈；腹乃氣根，氣似雲行；意動生慧，氣行百孔；展放收緊，動靜圓撐；神氣意力，合一集中；八掌真理，俱在此中。

（按：太極、形意，八卦三家拳術，理法基本一致。現代技術逐步公開，為相互經驗交流提供了條件，均在各自的技法中，汲取了新鮮血液。但汲取旁門經驗，必須懂得消化，切莫生搬硬套，囫圇吞棗。）

趙會珍拳姿

趙會珍練功

弟子馮凱拳姿

弟子黃永強拳姿

弟子王玉銘曹豔華對練

王青甫教焦景頌練劍

弟子孟洪霞刀姿

弟子陳康拳姿

參考文獻

〔1〕沈家楨，顧留馨. 陳式太極拳. 北京：人民體育出版社，1963.

〔2〕楊澄甫. 太極拳選編. 北京：中國書店，1984.

〔3〕陳鑫. 陳式太極拳圖說. 上海：上海書店影印出版社，1986.

〔4〕陳正雷. 陳式太極拳械匯宗（一二三）. 北京：高等教育出版社，1989.

〔5〕郭福厚. 太極拳秘訣詳解. 天津：天津科學技術出版社，1993.

〔6〕邵偉華. 周易與預測學. 石家莊：花山文藝出版社，1996.

〔7〕溫縣陳氏太極拳研究會. 陳氏太極拳志（卷一）. 鄭州：中州古籍出版社，1996.

〔8〕孫劍雲. 孫式太極拳詮真. 北京：人民體育出版社，2003.

〔9〕馮志強，孫劍雲. 太極拳全書. 北京：學苑出版社，2006.

〔10〕馮志強，孫劍雲. 太極拳全書. 北京：學苑出版社，2006.

王青甫、趙會珍弟子名單

楊虎山	楊鐵群	付占全
劉軍虎	孟冀胄	賈慶軍
劉永強	齊建芳	左玉龍
劉　帥	邱赤源（女）	李從從（女）
聶志勇	梁荷蔭（女）	孟紅霞（女）
袁　青（女）	習盼會	楊連村
徐英峰	劉岩波	周建新
連志勇	李淑梅（女）	劉文彥
白海霞（女）	杜秀芬（女）	解彥龍
李振兵	榮慶敏（女）	薛剛剛
王志龍	王玉銘	郭尚武
王　青	于永庭	孫書靜（女）
王愛軍	李瑋紅（女）	陳風堂
劉振華	李　娜（女）	張淑芳（女）
焦景頌	王軍會	曹彥華（女）
丁志強	黃永強	秘玉彩（女）
孫福查	王　東	霍明軍
陳　康	薛銀秋	張立輝
馮　凱	王蘭霞（女）	劉春蕾（女）
閆志勇	鄭淑潔（女）	李　玲（女）
劉明泉	康鐵英（女）	申振軍

邢　崇　　　　　趙國寧

馬會強　　　　　武瑞華（女）

王勝傑（女）　　劉　平

劉　軍　　　　　楊建英

蔡巧恩（女）　　吳建新

王文秀（女）　　提朝華（女）

楊立招　　　　　孫慶國

張淑英（女）　　李會峰

王國燕（女）

趙文輝

趙志勇

鄧海敏（女）

陳彩霞（女）

台永利

孫國傑

趙海濤

馬現峰

宋　濤

李桂榮（女）

何玉鳳（女）

李海霞（女）

李　偉

楊旭濤

郭恆軍

蘇海超

趙秋風（女）

2007 年 9 月參加在秦皇島舉辦的河北省武術太極錦標賽，與省、市武協領導合影

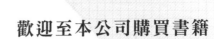

歡迎至本公司購買書籍

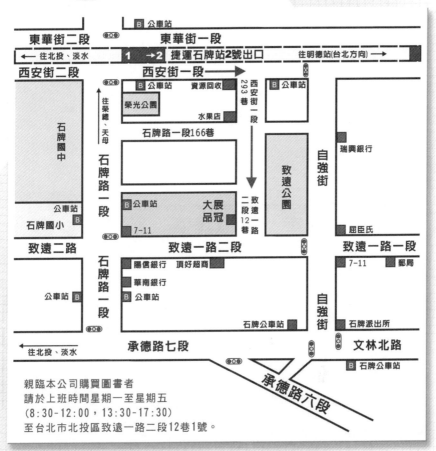

親臨本公司購買圖書者
請於上班時間星期一至星期五
(8:30-12:00，13:30-17:30)
至台北市北投區致遠一路二段12巷1號。

建議路線
1.搭乘捷運
　　淡水信義線石牌站下車，由月台上二號出口出站，二號出口出站後靠右邊，沿著捷運高架往台北方向走(往明德站方向)，其街名為西安街，約80公尺後至西安街一段293巷進入(巷口有一公車站牌，站名為自強街口，勿超過紅綠燈)，再步行約200公尺可達本公司，本公司面對致遠公園。

2.自行開車或騎車
　　由承德路接石牌路，看到陽信銀行右轉，此條即為致遠一路二段，在遇到自強街(紅綠燈)前的巷子左轉，即可看到本公司招牌。

國家圖書館出版品預行編目資料

陳式太極拳　太極論道/王青甫、趙會珍編者.
——初版——臺北市，大展，2019 [民 108.08]
面；21公分—（陳式太極拳；11）
ISBN　978-986-346-254-5（平裝）
1.太極拳
528.972　　　　　　　　　　　　108009333

陳式太極拳　太極論道

編　　者/王青甫、趙會珍
責任編輯/張玉芳
發行人/蔡森明
出版者/大展出版社有限公司
社　　址/臺北市北投區（石牌）致遠一路2段12巷1號
電　　話/（02）28236031，28236033，28233123
傳　　真/（02）28272069
郵政劃撥/01669551
網　　址/www.dah-jaan.com.tw
E-mail/service@dah-jaan.com.tw
登記證/局版臺業字第2171號
承印者/傳興印刷有限公司
裝　　訂/眾友企業公司
排版者/菩薩蠻數位文化有限公司
授權者/河北科學技術出版社
初版1刷/2019年（民108）8月

定價/380元

●本書若有破損、缺頁請寄回本社更換●

大展好書　好書大展
品嘗好書　冠群可期

大展好書　好書大展
品嘗好書　冠群可期